全国各类院校素质教育规划教材

U0838478

XUESHENG XINLI
JIANKANG JIAOYU

学生心理
健康教育

（修订版）

主　编：王秋梅　孙文永
副主编：张学河　赵中波
梁春艳　许　成
参　编：徐志宏　路俊智
蔺　莉
主　审：陈　华

一个人心理健康程度，直接关系到其本身的整体素质
关系到提高社会适应的质量、劳动技能的质量和生命的质量

中国商业出版社

图书在版编目(CIP)数据

学生心理健康教育(修订本) / 王秋梅,孙文永主编.
—北京:中国商业出版社,2012.02 印
ISBN 978-7-5044-6019-6

Ⅰ.学… Ⅱ.①王…②孙… Ⅲ.心理卫生-健康教育-专业学校-教材 Ⅳ.G479

中国版本图书馆 CIP 数据核字(2007)第 159462 号

责任编辑:龚凯进
封面设计:于凤丽

中国商业出版社出版发行
(北京广安门内报国寺 1 号　邮编:100053)
新华书店总店北京发行所经销
北京科丰华文化发展有限公司激光照排
北京航天伟业印刷有限公司印刷

787×1092 毫米　开本:1/16　印张:12.5　字数:300 千字
2012 年 2 月第 2 版　2012 年 2 月第 1 次印刷

定价:27.80 元

*　*
(如有印装质量问题可更换)

序

“心之官则思。”大千世界,芸芸众生,心接外物,感由心生,思虑所致,或安静、或动作、或舒适、或忧虑,莫衷一是。这些纷繁变幻的思虑,加在青春年少、处世未深、感情纯净,又课业繁重对前途充满困惑和希望的学生身上,郁结不散,要是得不到适当梳理、引导,难免会产生一定的心理问题,严重的还会危害心理健康,产生意想不到的心理疾病。据不完全统计,当前我国大学生中至少有 1/3 的学生患有各种心理障碍或疾病。职业学校的学生也不能摆脱心理疾病的困扰,相比较大学生,他们年纪更小,却要更早地接受社会化的洗礼。因此,他们更有可能遭受更多的心理挫折,受到更多的心理障碍和疾病的伤害。这些已严重地影响了青年学生的健康成长。

西方社会很早就开始了对心理疾患的研究和诊治,他们在这方面摸索出了许多行之有效的方法。在西方发达国家,心理健康专家是受人尊敬的职业,所有学生都会接受心理健康教育和测试检查,凡患有心理疾病的学生亦可堂而皇之地接受治疗。而心理健康教育在中国刚刚兴起,很多学生对其知之甚少,并未能及时地得到心理健康专家的指导,更遑论去接受治疗。目前学校由于规模较小,条件有限,专业人才缺乏,在心理健康教育和辅导方面就显得更加力不从心。

正如文中所说,心理健康是指一种高效而满意的、持续的心理状态。在这种状态下,个体的内心世界能保持安定乐观并充满活力,能高度发挥人的积极性和创造性。我们的青年是国家的未来,他们不仅要有“没有身体的缺陷和疾病”、“完整的生理状态”的生理健康,更要有“完整的心理状态和社会适应能力”的心理健康。他们只有在身心愉悦的情况下,才能更好地创造未来,建设和谐社会。“心病还须心药医”,我们编写这部书的初衷就是要针对学校学生的心理特点,探索一条适用于学校开展心理健康教育的道路,为他们开出一副妙手回春的“心药”。

在本书的编写过程中汇聚了多位经验丰富的学校校长和心理健康教育专家,他们在各个章节中以案例分析的方式对症下药,深入剖析心理疾病患者的心路历程,诊治病因,提出辅导方案,帮助他们摆脱心理障碍和疾病的困扰,重获心理健康。在此基础上,本书立意谋篇,蔚为体系。

本书共有九大章节,分别从认识心理问题、认识自我、培养学习能力、培养适应能力、培养情绪管理能力、学会与人交往、学校学生性心理辅导、学校学生恋爱心理辅导、心理辅导等方面入手，绘制学校学生的心理健康图，使学生能够在学习之余，获得心理健康的基本知识，逐步营造自身内心世界的完美与和谐。

当然，由于成书较为仓促，不足之处，尚望就教于方家，共襄斧正。若尽绵力，为编者之大慰，为青年之心理健康谋福祉颇。

华北电力大学　陈华

2012 年 2 月

编写说明

党和国家十分重视学生的心理健康,曾多次向各级各类学校提出要求:“通过多种方式对不同年龄层次的学生进行心理健康教育和指导,帮助学生提高心理素质,健全人格,增强承受挫折、适应环境的能力。”

职业院校学生的心理健康问题,近几年日益成为职业教育工作者研究的重要问题。大家知道, 人的心理随着实践的发展而逐渐形成一种具有多水平、多层次、多功能的反应活动系统。它既有从无意识到有意识的不同水平, 有从稍纵即逝的心理过程到稳固的个性倾向与个性特点的不同发展层次;又有知、情、意等不同心理活动对环境和个体本身进行认识、预测、控制、适应和调节的不同功能, 使人在与环境相互作用的过程中保持平衡。因此,一个人心理健康程度,直接关系到其本身的整体素质,关系到提高社会适应的质量、劳动技能的质量和生命的质量。

现代社会对人的综合素质要求越来越高, 要求学校培养的人才必须适应社会的需要。职业院校培养的是生产、服务、管理一线的中高级技能人才。如果职业院校的毕业生掌握了熟练的现代化技术,而其心理有很多缺陷,那么可以认为, 这种教育不能算是成功的。有鉴于此,我们提出了学生要“学会学习、学会创造、学会关心 、学会生存、学会合作、学会负责”的基本要求。正是意识到学生心理健康教育的重要性,为此各校开始建立心理咨询室,开设心理健康教育课程, 建立学生心理健康档案。在多年工作、调查、积累的基础上, 我们编写了这本颇具特色而又实用的《学生心理健康教育》, 本书具有以下特点:

符合心理科学的原理,具有知识性;

涵盖了学生心理辅导的各个方面, 内容充实, 具有针对性;

语言通俗易懂,大部分案例取自职业院校, 贴近学生生活, 具有可读性;

心理训练具体完整,具有可操作性。

基于上述特点,我们很乐意向各类院校的广大学生、教师以及家长们推荐这本《学生心理健康教育》, 我们相信《学生心理健康教育》对大家一定会有帮助。如果它能在学生心理素质的提高和良好心理品质的形成上发挥其应有的作用, 我们会感到非常欣慰。

本书主编由广东省电子商务技师学院(副院长)王秋梅、济南技术学院商贸分院院长孙文永担任;副主编由乐山职业技术学院张学河、济南技术学院赵中波、安徽省巢湖职业技术学院梁春艳、徐州技师学院许成担任;广东省电子商务技师学院伍世晓老师配图。其中参加编写的有济南技术学院商贸分院院长孙文永(第一章); 江苏徐州技师学院蔺莉、路俊智老师(第二章);徐州技师学院许成老师(第三章);安徽省巢湖职业技术学院梁春艳老师(第八章);乐山职业技术学院徐志宏老师(第四章);乐山职业技术学院张学河老师(第五、六章);广东省电子商务技师学院王秋梅副院长(第九章);济南技术学院赵中波院长(第七章),全文由王秋梅老师总纂。

编者

2012 年 2 月

目 录

目 录

第一章 认识心理问题…………(1)
第一节 心理健康概念和标准…………(1)
第二节 常见心理问题及心理疾病…………(4)
第三节 学生心理辅导的内容和基本原则…………(11)
第四节 心理辅导训练…………(16)

第二章 认识自我…………(22)
第一节 认识自我的重要性…………(22)
第二节 认识自我 热爱自己…………(26)
第三节 超越自卑…………(34)
第四节 心理辅导训练…………(40)

第三章 培养学习能力…………(46)
第一节 学生学习问题的成因与对策…………(46)
第二节 学习心理测试…………(53)
第三节 培养学习能力…………(56)
第四节 心理辅导训练…………(63)

第四章 培养适应能力…………(68)
第一节 适应能力概述…………(68)
第二节 适应能力测试…………(70)
第三节 应对挫折与压力…………(79)
第四节 心理辅导训练…………(85)

第五章 培养情绪管理能力…………(89)
第一节 情绪的概念…………(89)
第二节 情绪测试…………(91)
第三节 不良情绪及其缓解办法…………(96)
第四节 心理辅导训练…………(100)

第六章　学会与人交往 …………………………………………………………（106）
第一节　人际交往概述 ……………………………………………………（106）
第二节　人际关系评价与辅导 ……………………………………………（114）
第三节　和谐师生关系 ……………………………………………………（119）
第四节　心理辅导训练 ……………………………………………………（121）

第七章　学生性心理辅导…………………………………………………………（128）
第一节　学生性生理与性心理 ……………………………………………（128）
第二节　学生性心理问题 …………………………………………………（132）
第三节　学生性心理保健 …………………………………………………（136）
第四节　心理辅导训练 ……………………………………………………（141）

第八章　学生恋爱心理辅导 ……………………………………………………（146）
第一节　学生恋爱心理 ……………………………………………………（146）
第二节　学生恋爱心理评价 ………………………………………………（149）
第三节　学生恋爱心理辅导 ………………………………………………（152）
第四节　心理辅导训练 ……………………………………………………（156）

第九章　职业心理辅导 …………………………………………………………（163）
第一节　职业心理辅导的意义 ……………………………………………（163）
第二节　职业倾向测试 ……………………………………………………（165）
第三节　职业心理辅导 ……………………………………………………（174）
第四节　创业以及创业品质的培养 ………………………………………（176）
第五节　职业生涯设计 ……………………………………………………（181）
第六节　心理辅导训练 ……………………………………………………（184）

参考书目 …………………………………………………………………………（190）

第一章　认识心理问题

第一节　心理健康概念和标准

〔案例分析〕一位心理不健康的男生

1. 背景资料：

19 岁男生，某学校大二学生。来访者主诉内容：

“每次做作业我都要反复检查许多次，我害怕遗漏出错，睡觉前总是想着当天发生的事情，以至无法入睡。打球的时候总觉得大家都在看着我，我简直就是个很愚笨的人……”

2. 案例分析：

本案例临床诊断是：自卑倾向、强迫倾向、社交恐惧倾向。经过 SCL90 测验，该来访者强迫因子分高达 4.30，人际敏感因子分高达 4.30，抑郁因子分 3.4，焦虑因子分 4.20，敌对因子分 2.0，恐怖因子分 3.0，偏执因子分 3.8，精神病性因子分 4.0。

为了进一步了解病情，心理辅导员指导来访者对自己病情形成的原因和经过进行非常详细的思考，并写成文字。经过分析，基本可以了解来访者的发病时间、经过、原因等情况。在这一份资料中，来访者写道：“……可以说，15 岁之前我是一个非常乐观的男孩，学习成绩好，对人有礼貌，受到父母的疼爱。然而，15 岁以后，我的噩梦开始了，我一直在和这个恶魔作斗争，可是它把我打败了。自从它来到我身边，我再没有停止过烦恼。老师，我同意您的诊断，我那时的确暗恋上一位女生，我不想被别人识破真相，我总是偷偷地看那位女生，可是我觉得自己简直就是在犯罪。我感到从未有过的恐慌，我害怕父母知道后会骂我，我害怕影响了自己的学习，可谁知道越是害怕就越感到紧张……就这么恶性循环，无法自拔。如今我的病情越来越严重了，我不敢看任何女人，包括我的女老师，我很害怕自己爱上她们。每次做作业我都要反复检查许多次，我害怕遗漏出错。睡觉前总是想着当天发生的事情，以至无法入睡，打球的时候总觉得大家都在看着我……我简直就是个很愚笨的人，我想也许只有死亡才能结束我的痛苦。”

3. 辅导方案：

由于学校心理辅导工作的特殊性质，对于重症心理疾病患者需要及时地转介，为了有效地对这位来访者进行专业的心理治疗，征得来访者同意，心理辅导员协同专业心理治疗机构一起，对其进行了系统的心理辅导和治疗，在心理治疗的基础上辅助药物治疗，心理治疗主要采取认知疗法、行为疗法等技术，效果比较明显，目前该来访者仍在接受治疗。

〔心理常识〕

上述男生被诊断为具备自卑、强迫症、社交恐惧症倾向，明显处于不健康的心理状态。那么，怎样才算是心理健康呢？下面，让我们来了解一下心理健康的概念和标准。

一、心理健康的概念

(一)健康的含义

世界卫生组织(WHO)1948 年把“健康”界定为“不但没有身体的缺陷和疾病,还要有完整的生理、心理状态和社会适应能力(Health is physical mental and social well - being)”。“没有身体的缺陷和疾病”、“完整的生理状态”就是生理健康,而“完整的心理状态和社会适应能力”则是心理健康。

(二)心理健康的含义

心理健康是指生活在一定社会环境中的个体,在高级神经功能和智力正常的情况下,情绪积极稳定、行为适度,具有协调关系和适应环境的能力,以及在本身及环境条件许可的范围内所能达到的心理最佳功能状态。我们可以从广义和狭义两种角度来理解心理健康。

从广义上讲,心理健康是指一种高效而满意的、持续的心理状态。在这种状态下,个体的内心世界能保持安定乐观并充满活力,能高度发挥人的积极性和创造性。

从狭义上讲,心理健康指人的基本心理活动过程内容完整、协调一致。即认识、情感、意志、行为、人格等的完整和协调,在遇到障碍和困难问题时,能以社会认可的行为去克服它、适应它。

心理按其健康程度可分为三种状态。一是正常状态,简称**常态**。个体在一般没有较大困扰的情况下,心理处在正常状态之中。个体的常态行为基本与其价值观、道德水平和人格特征相一致。这种状态一般称为心理健康。二是不平衡状态,简称**偏态**。是指个体心理处于焦虑、恐惧、压抑、担忧、矛盾、应激等状态。一旦个体处于不平衡状态,他会首先通过“心理防御机制”来进行自我调节。如果无效,就得借助他人疏导,使之消除不平衡,恢复正常状态。这种状态一般称为心理问题。三是不健康状态,简称**变态**。它包括神经症、人格障碍、性变态、精神病等。这时必须到医疗部门求助于心理治疗和药物治疗。这种状态一般称为心理疾病。

(三)生理健康与心理健康的关系

心理是脑的机能,是客观现实的反映。心理与生理密切相连,那么,生理健康与心理健康的关系也是很密切的。**生理健康是心理健康的基础**。人的遗传、体质、解剖结构、生理、生化等生理因素即生理健康状况,是心理健康的物质基础。一个人的遗传因素正常、发育成长状况良好,这就为他的心理健康提供了物质前提。相反,缺乏正常的遗传因素,成长发育受阻碍,就容易导致这个人心理不健康。**心理健康也影响生理健康**。一个人如果精神受到过度刺激,或长期忧郁,都会影响机体的正常活动,从而引起疾病。

二、心理健康的标准

关于心理健康的具体标准见仁见智。由于人的心理现象是十分复杂的,它不仅受生理状况的制约,而且还受到社会文化传统、风俗习惯、价值观念等多种社会因素的制约。因此,心理健康很难像身体健康那样制订出明确的定量化标准。借鉴心理学家提出的各种心理健康标准,根据职业大学生的心理特点、年龄特征和角色特征,我们提出如下心理健康的基本标准:

（一）智力正常

智力包括观察力、记忆力、注意力、想像力、思维能力等。能正确、客观地认识自然和社会，头脑清醒，能以积极正确的态度面对现实问题、困难和矛盾，既不回避也不空想，能够进行正常的生活、工作、学习。

（二）人际关系和谐

人际关系贯穿于社会生活的各个方面，是个人与社会联系的基础和媒介，因而在人的生活环境中，人际关系占有重要地位。良好、和谐的人际关系是一个人心理健康的指标之一。一个善于与人交往的人，能够接受他人，悦纳他人，能以尊重、信任、友爱、宽容、理解的态度与人相处，能分享、接受、给予爱和友谊，与集体保持协调的关系，能与他人同心协力，合作共事，乐于助人，因而也能被他人或团体所接纳，从中获得安全感、自信心，情绪积极稳定，个性得到发挥和发展。相反，人际关系不良的人，总是与集体和周围的人格格不入，因而缺乏安全感和归属感，经常产生消极的情感体验，有的甚至会形成各种心理问题或心理疾病。

（三）情绪积极稳定

情绪对人的认知过程和行为反应有重要影响，长期处于消极、否定的情绪状态，容易使人产生心理异常。心理健康的人能保持平静的心境，在生活中愉快、乐观、开朗、满意等积极情绪状态总是占优势的，虽然也会有悲、忧、愁、怒等消极情绪体验，但一般不会长久，他们有适度表达和控制情绪的能力，并能进行自我调节，不致引起理智丧失或行为失调。

（四）意志品质良好

健全的意志品质表现为意志行动的自觉性、果断性、坚韧性、自制性。在学习、工作、生活中能自觉确定活动的目的，不畏困难和挫折，知难而上，持之以恒；需要做出决定时，能毫不犹豫，当机立断；还能够为了达到目的而控制一时的感情冲动，约束自己的言行。

（五）自我意识正确

心理健康的人能体验到自己存在的价值，既能了解自己，又悦纳自己，有自知之明，对自己的能力、性格和优缺点都能做出恰当的、客观的评价；对自己不会提出苛刻的、非分的期望与要求；对自己的生活目标和理想也能定得切合实际，自信而不自卑，因而对自己总是满意的，即使对自己无法补救的缺陷，也能安然处之。

（六）个性结构健全

个性也称人格，是指一个人的整个精神面貌，即具有一定倾向性的心理特征的总和。它包括个性倾向性：需要、动机、兴趣、理想、信念、人生观、价值观等，也包括个性心理特征：气质、性格和能力。心理健康人的个性结构是有机统一的、稳定的、健全的。因此必须具有正确的人生观、价值观、理想和信念；必须注重自身的修养，具备良好的人格品质，如自信、乐观、宽容、独立、勤奋、坚强、灵活等；遇事冷静理智，不感情用事；需求合理，言行一致。如果一个人的行为表现不是一贯的、统一的，则说明他可能存在心理健康问题。

（七）环境适应良好

对环境的适应能力是人赖以生存的最基本条件，“适者生存”是生物进化的普遍规律。在人的一生中，内外环境是不断变化的，有的变化还很大，因此要求人们对各种变化做出相应的适应性反应。而对变动着的环境能否适应，是心理健康的重要标志。有的人适应能力较差，环境一旦改变，就紧张、焦虑、失眠；有的人则适应能力良好，很快就能随遇而安。

(八)心理行为符合年龄特征

在人的生命发展的不同年龄阶段，都有相对应的心理行为表现，从而形成不同年龄阶段独特的心理行为模式，心理健康的人应具有与同年龄多数人相符合的心理行为特征。职业大学生应该是精力充沛、反应敏捷、行为果断、热情奔放的，过于老成、过于幼稚、过于依赖都是心理不健康的表现。

三、正确对待心理健康标准

心理健康标准是一个必须慎重对待的问题，只有从以下几方面进行全面、准确的理解，才能正确地把握这一标准。

首先，心理不健康与有不健康的心理和行为表现不能等同。

心理不健康是指一种持续的不良状态。偶尔出现一些不健康的心理和行为并不等于心理不健康，更不等于已患心理疾病。因此，不能仅从一时一事而简单地给自己或他人下心理不健康的结论。

其次，心理健康与不健康不是泾渭分明的对立面，而是一种连续状态。

从良好的心理健康状态到严重的心理疾病之间有一个广阔的过渡带，在许多情况下，异常心理与正常心理、变态心理与常态心理之间没有绝对的界限，只是程度的差异。

其三，心理健康的状态不是固定不变的，而是动态变化的过程。

随着人的成长，经验的积累、环境的改变，心理健康状况也会有所改变。

其四，心理健康的标准是一种理想尺度。

它不仅为我们提供了衡量是否健康的标准，而且为我们指明了提高心理健康水平的努力方向。每一个人在自己现有的基础上作不同程度的努力，都可以追求心理发展的更高层次，不断发挥自身的潜能。

第二节　常见心理问题及心理疾病

〔案例分析〕他到底怎么了

1. 背景资料：

“我们宿舍里有一位同学最近表现出一种极其反常的现象，他不停地说自己是个小偷，说大家都在这么议论他，他说听到别人在议论他，可我们并没有说过什么。老师，他到底怎么啦？”

2. 案例分析：

本个案中的男生表现属于异常现象，但由于是初期发作，他能够进行一般性的交谈，能够进行心理测验，也有求医的目的。因此在辅导过程中，一定要仔细地分析，区别正常与异常表现。

3. 辅导经过：

这位表现反常的男生看起来很瘦弱，双眼布满血丝，他显得很疲倦，说话时紧锁着眉头，似乎感到头痛。不停地说："我偷了同学的鼠标，他现在很恨我，他在我面前晃动着两只脚，我要关灯，他不给我关……"

根据这位男生表现出来的症状，基本诊断他的病与精神分裂症有关。按照有关要求，我们必须对他做进一步的检查。首先，指导他做一套心理测验，即"MMPI"（明尼苏达多项调查表），结果显示，他的Sc（精神分裂症状）得分高达83，可以怀疑为"精神分裂症"前期发作。其次，对照心理学上判断人的心理正常与异常的标准，对该男生做相关的诊断，可以基本诊断为精神状态异常。

个案中的男生的临床表现是很典型的：第一，他已出现了幻觉，听到别人在议论他；第二，他的人格特征发生了变化，也就是说他原来是个比较喜欢安静的人，可发病前期说话很多，唠唠叨叨的。

深入分析这位男生的病因，我们发现有两个比较关键的因素：一是他的家族中有人患有精神分裂症；二是发病前他正在准备参加成人高考，学习基础差，家人对他的要求很高，他感到学习压力很大，因而出现发病征兆，必须马上送往专业的精神病医院治疗。

4.辅导效果评价：

由于治疗及时，这位男生的病情得到有效控制，治疗结果比较令人满意，休学一年以后，他又重返校园，完成了学业，现帮助家人做小本生意，情绪基本稳定。

〔**心理常识**〕

早在一个世纪前，心理学家荣格就提醒人们，要防止远比自然灾害更危险的人类心灵疾病的蔓延。他认为，随着人们对外部空间的拓展，人的心灵的提升却停滞了；人们在智力方面收获过剩，心灵方面却沦丧殆尽。精神生活中的深度不安折磨着现代社会中最敏感的人：苦闷、焦灼、孤独、冷漠……几十年过去了，荣格的担心成为现实。随着社会的发展，竞争加剧，许多人不堪重负，精神濒临崩溃的边缘，杀人、自杀等恶性事件频频发生，抑郁症被世界卫生组织称为"世纪病"。还有更多的人，虽然表面看来一切正常，但内心也在默默忍受越来越大的心理压力。据有关资料显示，目前人类群体中心理健康者占10%，比较健康者占40%，不健康者占40%，有精神病者占10%。也就是说正常人中有将近90%或多或少存在不健康心理。据心理学家的统计，人群中有80%的人在不同的年龄段、部分人甚至一生中都存在不同程度的心理疾病、人格缺陷、不良行为和心理问题。

一、一般心理问题

心理问题是指影响人们正常行为和学习效能的不良心理，它是由大脑功能失调引起的心理与行为的异常表现。按其程度轻重可分为一般心理问题和心理疾病。职业大学生常见一般心理问题大致涉及以下几个方面：

1.学校适应问题

大学生由中学进入职业院校学习，首先遇到的就是对职业院校的适应问题。有许多学生特别是刚入校的新生，由于不能很好地顺应职业院校的教学特点和生活环境，不能很好地完成角色的转换，不能很好地协调师生、同学之间的人际关系，不能很好地选择专业等原因，而产生学校适应不良综合症。学校适应不良综合症是职业院校新生中最常见的一种适应障碍，并由此可引发学生一系列心理、行为问题。其症状主要表现为情绪障碍、行为障碍、生理功能障碍。

●情绪障碍。抑郁、焦虑、厌烦、易激怒、依赖性增强等是常见表现。学生虽有情绪困扰，但不认为有病，而常述以情绪性问题，如“同学和我作对”、“老师不喜欢我”等。

●行为障碍。有的表现为能力抑制，如因学习能力抑制产生学习困难，因活动能力抑制而逃避文体活动等。有的表现为社会退缩，如逃学、打架、抽烟、酗酒、泡网吧、夜不归宿等。有的表现为行为倒退，如喜欢童稚性游戏，学习无目标，生活无计划等。

●生理功能障碍。头晕脑胀、失眠、心悸、乏力、腰酸背痛等，身体检查却没有特定的躯体疾病。

2. 自我意识问题

在职业大学生的自我发展中，既存在着自我认识、评价与实际情况之间的差距，同时又存在着理想自我与现实自我的差距。这不仅反映了学生对理想自我的追求和对自尊、自强的渴望，同时也预示了他们将经历很多的困难和挫折。心理学研究结果表明，理想自我与现实自我之间的过分失调往往是产生学生心理问题的重要原因。如何协调理想自我与现实自我的差距，以及如何正确看待自己，将是职业大学生面临的一个非常重要的课题。职业大学生自我意识问题主要表现为以下相互矛盾的倾向：过度的自我接受与过度的自我拒绝；过强的自尊心与过度的自卑感；自我中心与从众心理；过分的独立意识与过分的逆反心理。其中，最有代表性的是自卑心理。

自卑是自我情绪体验的一种形式，是个体由于某种生理或心理上的缺陷或其他原因所产生的对自己的能力或品质评价过低，担心失去他人尊重的心理状态。职业大学生自卑主要表现在：(1)消极的自我评价。表现在对自己的生理条件如外貌、身高等，以及对学习、交往等各方面能力的评价上，认为自己明显不如他人。(2)超概括化或泛化。即由于某一方面的原因造成的自卑情绪容易泛化到其他方面。例如，有的人由于身体引起的自卑，使他感到自己的言谈举止及社会交往能力均不如别人。(3)敏感性和掩饰性。具有自卑感的学生往往对自己的不足和别人对自己的评价很敏感，常把别人与自己无关的言行看成是对自己的轻视。由于担心自己的缺陷被人知道，因而常加以掩饰或否认，有时表现出较强的虚荣心。具有自卑感的学生常用回避与别人交往的方法来避免别人看出自己的缺陷和不足。

3. 人际关系问题

人际交往以及交往基础上建立起来的人际关系不仅直接影响着学生在校期间的学习和生活，而且直接影响了他们的心理健康。因为人类的适应，最主要的是人际关系的适应，人类的心理障碍主要是由人际关系失调而引发的。良好的人际关系使人获得安全感和归属感，得到支持与理解，给人精神上的愉悦和满足，促进心理健康；不良的人际关系使人感到压抑和紧张，承受孤独与寂寞，身心健康就会受到损害。调查表明，在职业大学生中，多数学生对自己的人际交往和人际关系不满意。他们有的孤僻独处，不想交往；有的焦虑抱怨，不会交往；有的紧张恐惧，害怕交往。不少学生为此感到困惑、矛盾和痛苦。因此，帮助和指导学生消除交往障碍，建立良好人际关系，是职业大学生心理健康教育的一个重要任务。

职业大学生人际关系问题其表现主要有：嫉妒、孤独、猜疑、虚荣、敌对、冷漠、恐惧、自卑、狭隘等等。

●猜疑。猜疑心理是一种由主观推测而产生的不信任的复杂情绪体验。猜疑心重的人往往整天疑心重重,无中生有,认为人人都不可信,人人都不可交。猜疑心理是学生交往中的一种消极心理,如有的学生在学习生活中遇到挫折愿望不能实现时,便疑心谁跟自己过不去。当受到老师批评时,总是疑心谁向老师打了小报告,疑心与自己竞争的人使绊子,疑心与自己有过节的人伺机报复等。甚至有人对自己稍微表现出一丝异常,就怀疑是对自己有成见。个人一旦掉进无端猜疑的陷阱,必定处处神经过敏,事事捕风捉影,对同学失去信任,对自己心生疑窦,既损害正常的人际交往,又影响个人的身心健康。

●孤独。孤独心理就是因缺乏与人的交流而产生的孤单、寂寞的情绪体验。心理上的孤独并不等于一个人独处,真正的孤独,往往产生于那些虽有表面接触,但缺乏情感和思想交流的人。不管是置身于人群,还是独居一室,只要对周围的一切缺乏了解,不与身外的世界沟通,他就会产生孤独感。新同学来到一个新的环境,人生地不熟,如果没有人同他交流思想感情,理解体贴他们,自己又不善于与别人交往,就容易产生孤独心理。孤独的荒漠使人迷失,寂寞的火山使人恐惧。严重的孤独会使人产生挫折感、狂躁感,令人心灰意冷,严重的还会厌世轻生。

●嫉妒。嫉妒是学生中常见的心理问题。同学之间在学习成绩、竞赛、奖励、长相、穿着、交友、家庭条件等方面的盲目攀比,容易产生嫉妒心理。较多表现为拖后腿、施绊子、说风凉话、打小报告、挖苦讽刺、造谣中伤等形式。嫉妒既损人,又毁己。由于嫉妒,使朋友远离,陷自己于孤立境地;危害正常的学习和生活;使自己品质低下,私欲膨胀,违纪违法;长期处于压抑、自扰之中,容易导致神经系统功能紊乱,心理出现异常变态。

●敌对。敌对心理具体表现为经常与同学发生摩擦,难与老师相处,易于把别人本来中性的甚至友好的表示看作恶意,而采取敌视对抗态度。经常对人施以恶作剧行为,甚至攻击性行为,并以此为乐。

4. 学习心理问题

职业大学生的学习心理问题主要有三个:一为厌学,二为考试焦虑,三为考试作弊。

●厌学。由于受到社会分配不公、脑体倒挂现象以及知识贬值、读书无用错误思想的影响;由于学生对所学专业并非出于自愿或缺乏对专业的认识了解;由于学生进入职业院校以前学业不良,学习动机和学习习惯不良;由于学校办学质量差等原因,造成学生厌学。其主要表现是:学习动力不足,学生认为自己的学习只要能毕业,分配了工作,学好学坏都无所谓。60分万岁,61分多余;学习兴趣不高,对所学专业不感兴趣,认为自己的学习没有价值,或迫于家长要求,在学校混日子;根本不学习,整日浑浑噩噩,无所事事,作业靠抄袭,考试靠作弊,经常迟到、旷课。

●考试焦虑。考试焦虑是学生对考试情境的一种以紧张不安为主要特点的不良应激反应。调查表明,几乎所有的学生都有过考试焦虑的经历和体验。部分学生因过度考试焦虑而导致心智下降,形成不良人格,发生心身疾病。考试焦虑的症状主要表现在:心理反应——紧张,担忧,苦恼,恐惧,注意力涣散,感知、记忆、思维障碍;生理反应——肌肉紧张,心率过快,呼吸短促,胃肠不适,多汗,尿频,头疼,失眠等;行为反应——躁动不安、手足无措。

●考试作弊。职业大学生中考试作弊现象是比较普遍的,甚至某些学校屡禁不止。考试作弊歪风盛行,危害是多方面的。学生在考试作弊中表现出的许多心态,如好逸恶劳、不劳而获、投机侥幸、急功近利等,无疑会对学生产生很大影响。学生在弄虚作假、互相欺骗的氛围中，学生身心健康成长几乎是一句空话。可以说，考试作弊是毒害学生健康成长的精神鸦片。此外，考试作弊助长了学生不思进取、纪律松弛、厌学逃课等现象的发生，影响了教学质量的提高，影响了校风、学风的建设。

5. 性心理问题

职业大学生正处在青春期，伴随性生理的成熟，会有性心理的觉醒、涌动。但受到我国传统文化观念与教育方式的影响，不少学生在性方面却处于浅薄、幼稚甚至无知的状态，也有一些学生出现性的认知与行为异常。职业大学生常见性心理问题包括性意识困扰、性行为心理困扰、异性恐惧、早恋、同性恋倾向等。

(1)性意识困扰

常见的性意识困扰有被异性吸引、常想到性问题、性幻想及性梦等表现。

“常想到性问题”是指在遇到有吸引力的异性时想到与对方有关的性意念、裸体表象、性感部位及体验到自身性冲动等，或是在阅读与性有关的书刊时，产生对性的臆想等。

“性幻想”通常表现为在某特定因素诱导下，“自编”、“自导”、“自演”与异性交往内容有关的联想。性幻想可导致生理上的性兴奋、性器官充血，也可偶尔出现性高潮。

“性梦”，是进入青春期以后的梦中出现与性内容有关的梦境，一般认为与性激素达到一定水平和睡眠中性器官受内外刺激及潜意识的性本能活动有关。性梦中可以伴有男性遗精、女性性兴奋等。

以上三种情况是性冲动的间接发泄形式，属于正常的心理、生理现象。但由于认识的偏差，常常造成学生的性意识困扰，出现不同程度的心理冲突，表现有焦虑、厌恶及内心不安、恐惧、自责等。严重的可出现失眠、注意力不集中、情绪抑郁、不愿与人(尤其是异性)交往，并常陷入焦虑、矛盾、困惑和苦闷之中，从而会影响其日常工作和生活，甚至会干扰自我的正常发展。

(2)性行为心理困扰

从性生理发育的角度讲，随着性生理成熟，在性本能的驱动下，学生会发生某种性行为。然而由于种种原因，这些性行为活动在事发当时或事隔多年之后，对一部分个体构成了心理困扰，并给其带来了不良的影响。

●手淫。这是构成学生心理困扰的重要方面之一，对手淫行为的生理和道德评价的误区是其主要原因。过度手淫者在手淫时，常有紧张不安、内疚自责等负性情绪伴随，并出现血压升高、心率加快、出汗等机体反应。如长期、反复出现，显然对学生身心健康是十分有害的。

满脑子都是他的影子，我知道这是一份无望的情感，但是我无法阻止自己的情感

●异性恐惧。异性恐惧者一方面在异性面前感到异常的紧张和恐惧，另一方面，他们又有与异性接近的强烈愿望，这种愿望有的是

鲜明地存在于意识之中，有的是以内驱力的形式埋藏于潜意识里，由此带来的心理冲突伴有严重的焦虑情绪，有的甚至出现异性关系妄想等心理症状。

●未成年人恋爱。这是指未成年的学生异性之间过早地发生或发展着的恋爱现象。由于他们知识、经验不足，情感不够成熟，易冲动，易受暗示，缺乏应有的意志品质，缺乏理智，一旦陷入感情的漩涡，轻则荒废学业，难以自拔，重则发生婚前性行为，对身心健康造成极大影响，甚至发生违法乱纪、轻生自杀等极端行为。

●同性恋倾向。职业院校某些学生中确实存在有同性恋倾向，而且由于学生多数住校，因此具有同性恋倾向的学生除对某一同性学生好感、爱慕，学习与生活形影不离外，还有同吃一碗饭，同睡一张床，同盖一条被，互相欣赏和爱抚身体等情形发生。这种倾向与真正意义的同性恋现象相比，尚有区别，大都在青春期以后发生变化，有的人成为终身的朋友。

二、心理疾病

心理疾病是一类以精神活动失调或紊乱为主要表现的疾病。学生常见的心理疾病主要包括神经症、精神病等。

1. 神经症

神经症又称为神经官能症，是指人的整体心理活动的某些方面受到损害，这时大脑一般未见品质性损害，只是高级神经机能活动失调，使人对生活环境和人际关系的适应产生较多困难。神经症（包括其他精神疾病）的诊断有严格的标准，包括症状表现、严重程度和病程等，不能因为某些方面的相似（甚至相同）而随便“对号入座”。神经症主要根据不同症状可分为神经衰弱、癔症、焦虑症、强迫症、恐怖症、疑病、网瘾症等。

●神经衰弱。特征是易兴奋，易激怒，易疲劳，易衰竭；失眠，头痛，抑郁；注意力涣散，记忆力减退，情感脆弱等。

●癔病。即“歇斯底里”。除痉挛发作（抽搐）、肢体震颤外，患者表现为言语运动抑制（发音器官和声带机能正常，但不能用言语答复问题、表达意见。虽努力试图说话，但只发出嘶哑或耳语般的声音。此即“缄默症”和“失音症”）、感觉过敏（即使轻微触摸，皮肤过敏区亦可引起剧烈疼痛）、麻木（躯体感觉缺乏或视听机能障碍）、情感爆发（突然精神失常、哭笑、狂怒、叫喊、吵骂、打人、打自己、毁物或悲伤、流泪且伴随幼稚、做作的动作表情，人多时发作更频繁，发作时间短，其间患者心中大体意识得到，但自觉控制不住，此为本病常见发作形式）、意识朦胧（对周围的感知觉迟钝，有的患者可出现梦游症）、假性痴呆和童样痴呆（在意识模糊的背景下，患者突然说不出自己姓名、年龄、普通物品名称、答问荒谬或答非所问，实则智力并无障碍。如问猫有几条腿，答 3 条；问 2 + 2 = ？答为 6，等等。而表现顽皮、幼稚、模仿儿童、自称“小宝宝”，“才 3 岁”、见周围人称“叔叔”、“阿姨”等，则为童样痴呆）、癔病性遗忘症（突然遗忘姓名、亲人名字、经历等）。

●焦虑症。以焦虑情绪反应为主要症状，同时带有植物性神经功能紊乱。患者常感到内心有说不出的紧张、恐惧和难以忍受的不适感，总是惶恐不安，忧心忡忡，对前途似有无穷的忧伤与哀愁，担心未来不幸福，不顺利。焦虑反应在正常人身上也会发生，尤其在可能造成心理冲突、挫折的某些社会生活情境中，心理上的紧张和期待会促发正常人的焦虑反应。正常人通过不断的适应可以逐渐减少并摆脱焦虑反应，而焦虑症病人却经常发作和难以摆脱焦虑反应。

●强迫症。强迫症状是指患者主观上感到有某种不可抗拒的和被迫无奈的观念、情绪、意向或行为的存在。这种心理异常表现为：

①强迫观念。如不由自主在头脑中出现某种想法、观点，虽努力摆脱，但都徒劳，故十分苦恼。如某青年学生患者头脑中反复出现“我是一个美男子”的念头，以及“好山好水好地方”的歌词，以致无法看书、学习。又如写好信后老是怀疑写错或漏字等等。

②强迫意向。如患者走到江边、井边就产生跳下去的冲动，看到菜刀就出现拿刀杀人或杀自己的意向等等。患者决不会真正做出这些行为，只是不能控制这些意向的出现。

③强迫行为。如走在街上，数自己的步数、大楼层数、电线杆数；上楼数台阶数，明知无意义，仍要数下去，否则心中不安；或做出患者自己才懂得含义的行为，如在无人处走三步后必须跳一步，一臂碰椅另一臂也必定要碰椅，起恐惧的情境通常都很相称，令人难以理解，即一种不合理的恐惧感。这种心理异常主要表现为：

①社交恐惧。害怕在众人面前露面，尤其回避与别人谈话，害怕会见生人，恐惧异性。

②旷野恐怖 。路经空旷处恐惧万分，与此相类似的还有闭室恐怖（害怕封闭的空间，如电梯、地铁、车船）和高空恐怖。

此外还有动物恐怖、利器恐怖、不洁恐怖、黑暗和雷雨恐怖等等。

●网瘾症。网瘾症是网络成瘾症的简称，是一种过度使用互联网行为的心理疾病，患者无法摆脱时刻想上网的念头。其主要表现为：对网络操作出现时间失控，而且随着乐趣的增强，欲罢不能，难以自拔。这些人多沉溺于网上自由聊天或网上互动游戏，并由此忽视了现实生活的存在，或对现实生活不再满足，初时只是精神上的依赖，渴望上网。而后可发展成为躯体上的依赖，表现为情绪低落、头昏眼花、双手颤抖、疲乏无力、食欲不振等。

2. 精神病

精神病主要有以下三方面的特征：第一，患者的反应机能受到严重损害，对客观现实的反映是歪曲的，可出现精神失常现象，如幻觉、妄想、思维错乱、行为怪异、情感失常等，因而丧失正常的言行、理智与行为反应；第二，社会功能有严重损失，不能正常处理人际关系和参与社会活动，甚至给公众社会生活造成危害；第三，不能理解和认识自身的现状，不承认自己有精神病，对自己的处境完全丧失自知力。常见的精神病主要有情感性精神病、反应性精神病、精神分裂症。

●情感性精神病。主要表现为躁狂抑郁症，是以情感活动过分高涨或低落为基本症状的精神疾病。其特征为躁狂状态或抑郁状态反复出现。两次发病之间有明显的间隔期。间歇期间，精神状态可以完全正常。躁狂抑郁症患者往往有自杀倾向。其躁狂状态表现是:①情绪高涨。这是一种强烈而持久的喜悦和兴奋。眉飞色舞,谈笑风生,由于自制力减弱,对接触到的事物往往做出过分的情绪反映。②思想奔逸。联想过程明显加快,说话口若悬河,滔滔不绝,但见解肤浅,内容重复。③行为活动增多,天不亮即起床,开始忙碌,做一些不着边际的事,往往有头无尾,见异思迁。其抑郁状态表现是:①情绪低落,言语减少,疲乏无力,无精打采,一筹莫展,静坐一隅,独自伤心,羞于见人。②感到自己思想迟钝,脑子变笨。重者自责自罚,因罪恶妄想而拒绝进食,甚至想用自杀了结自己"罪恶"的一生。③运动机能受到抑制,动作迟缓,卧床少动,甚至呈现体僵状态。

●反应性精神病。反应性精神病即人们平常所说的"受刺激而得的"精神病,是由剧烈或持久的精神紧张性刺激直接引起的。临床上可分为急性和慢性两种类型。前者是在急剧而强烈的精神因素作用下迅速发病,表现为突然的呆木,意识模糊,有的出现反应性兴奋,如狂奔乱叫等。后者多数是由长期持续的精神因素所引起的,病程经过较长,表现为反应性抑郁,经常唉声叹气,不停倾诉内心的忧伤或是反应性偏执状态。

●精神分裂症。精神分裂症是一种常见的重性精神病。其发病率在精神病中居首位,其心理异常的表现主要是精神活动"分裂",即认识过程、情感过程、意志行为和个性特征等各方面统一性的失调。患者联想散漫,情感淡薄,言行怪异,脱离现实。其心理异常表现为思维障碍(包括联想、逻辑、妄想障碍)、情感障碍、意志行为障碍、感知觉障碍等。如一患者每见穿木板鞋的人即持敌对态度,其理由是"穿木板鞋的人反对我"。经医生追问,他解释说:"我的名字有一个'林'字,'林'由双木构成,木板鞋的'板'字由'反'、'木'两字构成,板就成了反木,就是反我,所以我恨穿木板鞋的人。"这是一种逻辑推理障碍。

第三节　学生心理辅导的内容和基本原则

〔案例分析〕被遗弃的女孩

1. 背景资料:

"我是一个弃婴,从小被人收养,我觉得自己很可怜、很孤独,好像世界上没有一个可以信赖的人,我感到身边的人都在回避我,甚至他们都在虚伪地对待我,这真的让我受不了。生活对我是那样艰难,我该怎么办?"

2. 辅导经过:

经过了解,辅导员发现这位女生能够非常清晰地记得自己童年时期的某些感受,在她四五岁时,有人说她是个弃婴,她那时感到非常害怕,她很怕家人不要她,别人都不爱她。后来随着年纪增长,她逐渐地接受了现实,但她对他人的感情越来越淡,她常常感到自己被世界上所有的人都遗弃了。

由于从小就被父母抛弃,这位女生所感觉到的"被遗弃感"是非常强烈的。养父母以及同学们对她的关心和爱护在她看来似乎是在敷衍她,同学和家人渐渐地觉得她是个自私的人,也就渐渐地不太理睬她。于是她的"被遗弃感"就越来越强烈了。

严格地说,这是一个心理生病的女孩,如果她身体上有病,大家都不会远离她。可是,她的心理疾病往往表现出人格上的障碍,她显得自私、不讲道理、不可理喻,大家就这么离她越来越远了。但是,她是一个非常需要关心的人,家庭和学校,父母、老师以及同学们应该形成一个强有力的心理支持系统，应该给予她帮助，使她的“被遗弃感”逐渐消失。在这个过程中，她个人要不断地改变自己的认知，学会心理调试。

3. 咨询对话过程：

来访者：我从小就被收养，家人对我很好，尤其是养父母，从来不让我受半点委屈。可是，有时候我总会有一种不自在的感觉，我甚至会觉得他们完全没有必要收养我。

辅导员：为什么这样说呢？你觉得自己与别的孩子不一样，是吗？

来访者：我在生活中遇到不如意的时候，就会觉得这都是养父母的过错，是他们把我养大，硬要我活在这个世上并让我经历了那么多不开心的事情。

辅导员：我很遗憾你有这样的想法。我本人虽有亲生父母，但从小也受过不少苦，生活中不如意的事情也十有八九，我无法埋怨的父母，也不能抱怨生活。我想，快乐是一种选择，快乐是一种人生态度。你说呢？

来访者：我也知道父母给予我的抚育之恩，但是我不能感激他们的救命之恩，我觉得他们没有必要收养我。

辅导员：我们做个假设吧。如果有一个小生命需要你的帮助，你将如何选择呢？你会尽己所能帮助这个小生命吗？……现在这个失去亲人的小生命就是你，你需要别人的帮助，你的养父母承担起这个责任，他们义无反顾地把你拉扯大，他们不但保全了你的生命，还给予你无限的关爱。如今他们供你上学，对你真可谓情深意长啊。

来访者：我明白，我很清楚自己是很贪心的，总想跟其他人比较。老师，我应该怎么办呢？

辅导员：我给你布置几个作业：一是建议你做个调查，看看别人是否也有不如意的事情；二是请你找机会与养父母沟通，了解他们的心思以及他们对你的期望；三是多尽孝心，帮家人做点力所能及的家务活，替父母分担一些忧愁。当你能够真正地把自己当作他们亲生的孩子时，你就能够享受到亲情带给你的快乐和幸福……

4. 辅导结果评价：

这位被亲生父母遗弃的女孩最初无法接受自己不同于别人的命运，当她能够理解并接受现实的时候，她的状态得到了改善。进行咨询前她经常失眠，经常与养父母发生一些不愉快的争执。经过咨询以后，这位女孩的心理状态有所改善，她最终能够在关心别人的同时获得快乐。她在一篇日记中写道：“我原以为自己是世上最可怜的人，其实我的养父养母更值得别人同情。他们养大了我，我却从来没有为此而感激他们。我的确是个自私的人，一天到晚只知道自己的感受，完全没有顾及其他人的体验。我不能接受被人遗弃的现实,我不停地用这个不能改变的现实来折磨自己,折磨那些关心我的人。”

〔心理常识〕

一、心理辅导的内容

根据职业大学生心理健康教育的目标,即提高全体学生的心理素质,帮助学生树立心理健康意识,培养学生乐观向上的心理品质,增强心理调适能力,促进学生人格的健全发展;帮助学生正确认识自我,增强自信心,学会合作与竞争,培养学生的职业兴趣和敬业乐群的心理品质,提高应对挫折、匹配职业、适应社会的能力;帮助学生解决在成长、学习和生活中遇到的心理困惑和心理行为问题,并给予科学有效的心理辅导与咨询,提供必要的援助,提高学生的心理健康水平。我们把职业大学生心理辅导的内容概括为以下几个方面:

1. 学习心理辅导

帮助学生认识和适应职业院校的生活和学习环境,调整心态,建立信心;帮助学生培养正确的学习态度和学习方法,养成良好的学习习惯,体会成功的愉悦,激发学习兴趣,提高他们的思维能力、创新能力和操作能力;指导学生克服厌学情绪,解除考试焦虑,增进专业技能以及学会科学用脑等。

2. 职业心理辅导

帮助学生了解未来要从事的职业以及所学专业的培养目标、学习目标和生活目标,培养职业兴趣;培养良好的职业意识,了解社会、认识社会,关注现实和未来职业选择的关系,树立正确的职业理想;帮助学生做好就业的心理准备,确立就业目标或继续学习的发展方向;引导学生利用学习和各种实践机会熟悉社会、体验社会、体验职业,通过与择业有关的心理测量,帮助学生认识自己的心理能力与特长,树立正确的择业观、职业观、创业观,培养创新精神和实践能力。

3. 情绪、意志心理辅导

包括学生情绪、意志特点分析,不良情绪产生的原因诊断,不良意志品质的改善,以及指导学生自我调控情绪、训练意志品质等。帮助学生树立合作与竞争意识,增强迎接职业挑战的信心,提高生活和社会适应能力,学会应对压力与挫折,保持健康、良好的心态。

4. 人际关系心理辅导

帮助学生了解和掌握人际交往的知识、方法,克服交往障碍,指导社会交往实践,提高人际交往能力,建立良好的同学关系、师生关系和亲子关系;帮助学生融入集体,正确处理个人与集体、个人与社会的关系,在集体的建设中培养责任感、义务感、荣誉感、友谊感。

5. 性心理辅导

帮助学生了解青春期性心理现象,包括性知识的传授,性道德的培养;帮助学生学会调控情绪,正确对待异性交往;帮助学生解除早恋、手淫的烦恼和未婚同居等问题。

6. 人格心理辅导

包括学生气质、性格等人格特征的测量,健全人格的培养,不良人格的矫正。帮助学生形成良好的自我意识,鼓励学生在学习和生活中不断认识自己,悦纳自己,完善自己;帮助学生了解生命的意义，珍惜生命，不断完善自己的人格。

7. 行为习惯心理辅导

帮助学生培养良好的生活习惯、学习习惯，帮助学生戒烟、戒酒等，矫正学生打架、骂人、偷盗、破坏公物、拉帮结伙等不良行为。

8. 心理问题的矫治与辅导

帮助学生认识心理异常现象，了解、掌握简单的自我心理调适方法和一定的心理保健常识。对患有心理障碍、神经症、精神疾病的学生给予早期诊断及有效的心理治疗等。

二、心理辅导的基本原则

学生心理辅导工作是一项复杂的系统工程，具有很强的科学性、知识性、专业性和技术性，在实际开展过程中，必须采取科学的方法和态度，除遵循学校教育的一般原则之外，还要遵循学生心理辅导自身所特有的原则。

1. 教育性原则

是指教育者进行心理辅导的过程中，要把心理辅导与学生的道德品质教育、思想政治教育等结合起来，使心理素质、道德品质、思想觉悟的培养与提高相互影响，相互促进，统一发展。要重视正面的启发教育和积极引导，培养学生积极进取、乐观向上的精神，帮助学生树立正确的世界观、人生观和价值观。针对学生在学习、生活、交往中的矛盾冲突所引起的种种心理问题，以及由此而产生的对社会中的人与事的不满言行、错误观点甚至敌对情绪与态度，教育者不应随便附和他们的观点和思想情感，而应该进行实事求是的分析，明辨是非，帮助他们端正看问题的角度，调整看问题的方法，建立积极的思维模式。使学生在发展良好的心理素质和排除各种心理困扰、解除心理问题症结的过程中，不知不觉地受到辩证唯物主义思想的启迪和共产主义人生理想的教育。

2. 发展性原则

学校心理健康教育的最终目标即促进学生的发展，这是“面向全体”教育思想的具体要求。因此，确定学生心理辅导的内容时应“面向全体、注重发展”，选择具有普遍意义的、有代表性的主题内容，重视发挥心理辅导的“预防、促进”功能。例如，职业院校应当把青春期教育作为心理健康教育的主要内容之一，通过举办青春期健康教育讲座、座谈、讨论、观看青春期教育录像、板报宣传、团体辅导以及个体辅导等活动，组织中学生探讨青春期所面临的困扰，帮助每一位学生顺利度过疾风骤雨般的青春期，预防青春期心理、行为问题的发生，促进其健康发展。

3. 全体性原则

是指心理辅导要面向全体学生，全体学生都是心理辅导的对象和参与者，学校的一切教育设施、计划、组织活动都要着眼于全体学生的发展，以绝大多数直至全体学生的心理健康水平和心理素质的提高为学校心理辅导的基本立足点和最终目标。当然，面向全体并不意味着一定要忽视个体。实际工作中，还要考虑在实施这一原则时，具体问题具体对待，使心理辅导发挥最大效益。贯彻全体性原则，教育者应首先了解和把握所有学生的共同需要，以及普遍存在的心理健康问题；其次，对学生要一视同仁，创造条件，最大限度让尽可能多的学生参与其中。

4. 差异性原则

是指学生心理辅导要关注和重视学生的个别差异，根据不同学生的不同需要，开展形式多样的、针对性强的心理辅导训练活动，以提高学生的心理健康水平。人是有差异的，学生也不例外，他们具有自己的个性特点，拥有不同的社会背景、家庭环境、生活经验和价值观念。这就要求心理辅导同学校教育教学工作一样，因材施教，有的放矢，重视个别差异，根据学生心理发展特点和身心发展规律，有针对性地实施教育，使每个学生的心理健康水平都得以提高。贯彻差异性原则，首先是了解学生的个别差异，如年龄差异、性别差异、学习差异、思想差异和心理差异等等；其次是区别对待不同学生，充分考虑学生的年龄特征和个性特征等，灵活采用不同方法、手段和技术；再次是认真做好个案研究，积累资料，总结提炼，增强个别教育的实效。

5. 主体性原则

是指学生心理辅导要以学生为主体，充分尊重学生的主体地位，充分发挥学生的主体作用，把教师的科学辅导与学生的积极主动参与真正有机地结合起来。这是因为，首先心理辅导的目的在于促进学生健康成长和发展，学生时期是学生自我意识、独立性迅速发展的时期，如果学生处在被动的地位，教育就成为一种强制性行为，变得毫无意义。其次，心理辅导是一种助人与自助的活动，“助人”是手段，让学生“自助”才是目的。要达到自助的目的，只有让学生以主体的身份直接参与这一活动，此目的方可达到。与主体性原则密切相关的是自主性原则。学生的自主性是个性心理品质内化的原动力，教师的辅导只能起到指导、督促、帮助启发的作用，重要的是调动学生的积极性，自觉地训练，从而改变自己不良的心理品质，实现心理辅导的目的。

6. 整体性原则

学生心理辅导应追求学生人格的整体性发展，既要重视学生德、智、体、美全面发展，又要注重学生知、情、意、行几方面协调发展，从而达到学生心理素质和整体素质全面提高的目的。学生心理辅导工作，绝不能“头痛医头，脚痛医脚”，就事论事。而应从个体心理的完整性和统一性，个体身心因素与外部环境的制约性、协调性等综合因素出发，全面把握和分析学生心理问题的成因，采取相应的教育与辅导对策。只有这样，才能使学生心理辅导工作更富有成效，更有意义。

7. 活动性原则

活动是心理辅导课的主要特点之一，它的基本含义是：课程所要求学生掌握、养成的知识技能、态度等，主要是通过各种各样的课堂活动来实现。心理辅导课教学不同于其他学科教学，学生心理的发展，良好心理品质的养成，并非仅通过心理学知识的学习可以达到的，更重要的是让学生在丰富多彩的、形式多样的体验性活动和环境中，通过心理教育和训练去完成。心理辅导课的备课，就是设计各种以学生为主体、学生积极主动参与或组织发动的活动；课堂教学的过程就是引导、推动这些活动的过程；学生的学习过程，则是在活动中，经教师的点拨、启发，通过游戏、自叙、情景体验、角色扮演、行为训练、讨论分析等方式，自己教育自己的过程。

教师应指导学生在活动中学习，在活动中经受锻炼，在活动中提高心理适应能力，在活动中掌握心理调节方法。

8. 交友性原则

心理辅导特别需要情感作纽带，这种情感纽带将会在心理辅导中起催化的作用。师生情感的建立，首先源自师生平等、民主的关系。老师只有真正平等地把学生当作朋友，学生才可能无拘无束地敞开自己的心扉，接受老师所进行的强化性的良好心理品质的训练。否则就有可能使学生产生逆反心理、对抗心理。因此，教师在上心理辅导课时，不仅扮演的是老师的角色，更是学生所信赖的朋友。平等的态度、良好的第一印象、耐心倾听和善于启发的工作艺术、始终如一的信赖与期望等等，都将有助于与学生建立友好关系，从而保障心理辅导训练工作的顺利开展。

9. 保密性原则

在心理辅导过程中，教育者有责任对学生的个人情况以及谈话内容给予保密。保密性原则是学生心理辅导工作极其重要的原则，是鼓励学生畅所欲言和建立相互信任的心理基础，同时也是对学生人格及隐私权的最大尊重。在心理辅导过程中，尤其是个别教育与辅导过程中，学生会向教育者泄露很多个人的秘密、隐私、缺陷，以及由此而产生的心理和行为的困扰、矛盾、冲突等。教育者有责任有义务对所有这些信息保密。除此之外，还不得对外公布求助学生的姓名，拒绝任何关于求助学生的调查，尊重求助学生的合理要求等等，这些都是保密的范围。

第四节　心理辅导训练

〔案例分析〕患强迫症的男生

1. 背景资料：

小吴，男，19 岁，是某职业院校高级班一年级学生。入学初，他发现自己看到不顺眼的同学就想“啐”，不久，他竟发展到见人就想“啐”。他明知“啐”人是不礼貌的行为，会引起误解，造成人际关系紧张。但他控制不住自己，见人就不由自主地想“啐”，这种冲动十分强烈，不“啐”就浑身不舒服。这使他苦恼不堪，以致不得不整天躲在宿舍里，连课也害怕上。

2. 案例分析：

小吴主观上能感觉到有一种不能克制、不可抵抗的意向——“啐”存在，而且也意识到这种意向是不合情理的，没必要的，但不能控制自己，这在心理学上被称为强迫症。因为自我强迫和自我反强迫同时存在，使他极度焦虑、恐惧，因此，这是一种典型的冲突性心理疾病。

据悉，一年前，小吴因高考落榜插班到另一所学校，坐在他后面的男生颇爱玩恶作剧，经常在他背上贴胶带、涂墨水，小吴与那位男生经常闹矛盾。高考前夕，那位男生叫来一帮弟兄在下晚自习的时候将小吴打倒在地，并且每人向他“啐”了一口。从那以后，小吴满脑子都是那晚的情景，他在日记里发誓：一定要复仇。

3. 辅导步骤：

第一步，通过启发式谈话，引导小吴发现自己思维上的不合逻辑的因素。

“小吴，每个人无故被当众欺侮后，心里总是特别难受，我能理解你当时的心情，一个人的心灵受伤远比他的身体受伤更为严重。特别是像你这样自尊心很强的男孩，你当时一定想找个缝钻进去,永不出来。是吗?”

为拉近与患者的心理距离,与患者进行共情是必要的。

“那样的奇耻大辱我受不了,现在大家都知道我是个懦夫,我要报仇,要让他们知道我不是懦夫。”

在患者自我暴露的基础上,分析其深层的认知结构,不难看出,他对被人打这件事的负性影响评价过高。

“可是你现在换了环境,没有人知道你的过去。”

“这所学校有我的老乡,我原来班上的同学肯定告诉了他们,他们肯定把这件事告诉了我现在的同学,所以大家都知道。”

患者在认知过程中犯了逻辑错误,因此导致了他不合情理的情绪和行为。

“小吴,当你看到别人无故被欺,你会站到哪一方,支持谁?”

“应该是有理的一方。”

“一般说来,人都是有正义感的,肯定会站到有理的一方。据我所知,你当初是无故被人欺负的,你想想你的同学会支持谁?”

“现在想来应该是我。”

“这就对了,既然他们支持你,他们还会嘲笑你吗?能不能告诉我,你从职校到现在看到过多少次打架,每次被打的人穿什么衣服,长得怎样,叫什么名字?”

“记不太清了。”

“是啊,发生在我们周围的事情太多了,我们要记的东西很多,我们的记忆力是有限的,对于那些与我们毫不相干的事情,我们是不会去记的。像你一样,别人也不会把你被打这件事放在心上,因为这与他们也是毫不相干的。事实上,你的同学也许早已忘记了这件事,而你却坚信他们一直记得,并且逢人就说,还嘲笑你是个懦夫,这就是你的病因所在。你过分夸大被打的消极影响,这是一种在认知过程中产生的错误观念,这种错误的观念继而导致了你不适应的情绪和行为。”

“老师,听您这么讲,我现在觉得这件事真的不值一提,只是我想得过于严重而已。”

第二步,用过度校正法来治疗强迫行为。

当患者明白病因后,采用过度校正法对其进行治疗。过度校正法,是厌恶疗法中的一种,其原理是“物极必反”,由渴望“啐”到反复“啐”,引起生理疲劳,心理厌恶,多次以后就会对“啐”产生恐惧反应,利用这种恐惧反应,使患者形成对这种不良行为的逃避或者避免。因此,建议小吴每次想“啐”的时候,不要控制,找一个合适的地方去“啐”,直到疲劳为止。这样持续一段时间,症状会自然减少或消失。

4. 辅导结果评价:

一周以后,小吴的班主任带来了他的感谢信,并告知小吴的病情有所好转,能坚持上课了。小吴后来也找过心理辅导老师两次,主要是闲聊。心理辅导老师把第一次见面时他交给老师的那一篇日记还给他,并祝他以后心情愉快,学有所成。

〔心理辅导训练〕

一、心理健康自我测试

通过以下的自我测验，可以基本判定自己的心理健康状况。在认为符合自己情况的选项下划“√”。

	无	轻	中	重	很重
1. 身体衰弱感	□	□	□	□	□
2. 身体刺激感	□	□	□	□	□
3. 怕痛	□	□	□	□	□
4. 动作迟钝	□	□	□	□	□
5. 注意难集中	□	□	□	□	□
6. 记性不好	□	□	□	□	□
7. 丧失兴趣	□	□	□	□	□
8. 难摆脱苦恼	□	□	□	□	□
9. 为自己的疾病情绪烦躁	□	□	□	□	□
10. 常为一些小事而着急	□	□	□	□	□
11. 平时情绪易紧张	□	□	□	□	□
12. 关心身体程度超过了现在身体实际健康状况	□	□	□	□	□
13. 遇到紧急的事心跳或出汗	□	□	□	□	□
14. 情绪易波动	□	□	□	□	□
15. 思维迟钝	□	□	□	□	□
16. 想像力贫乏	□	□	□	□	□
17. 容易发怒	□	□	□	□	□
18. 难控制自己情绪	□	□	□	□	□
19. 精神不能放松	□	□	□	□	□
20. 情绪易冲动	□	□	□	□	□
21. 难入睡	□	□	□	□	□
22. 为自己的疾病情绪焦虑	□	□	□	□	□

结果分析：

如果某人对表中22个问题基本上都回答“无”，说明心理健康水平很高；如果对2/3的问题回答是“无”，其余1/3的问题回答为“轻”，说明心理健康水平一般；如果有一半问题的答案是“无”，其余问题的回答比较分散，说明心理健康水平较低；如果问题的回答基本上都是“中”、“重”、“很重”，说明心理不健康。

此测试为简单的自我测验，如果测试后发现自己的心理健康水平较低或心理不健康，也不要过分焦虑和紧张，应找专业人员或心理辅导老师做进一步的测试。如果确实有心理问题，可通过心理咨询、心理治疗或心理辅导训练进行矫治。

二、克服恐惧心理

〔辅导目的〕

1. 帮助学生了解恐惧心理产生的原因；

2. 通过自我调适、自我训练克服恐惧心理。

〔辅导方法〕

1. 个体心理辅导；

2. 系统脱敏训练法——放松训练；想像脱敏；现场锻炼。

〔辅导步骤〕

1. 分析产生恐惧心理的原因

恐惧心理的产生与过去的心理感受和亲身体验有关。在过去受过某种刺激，大脑中形成了一个兴奋点，当再遇到同样的情景时，过去的经验被唤起，就会产生恐惧感。恐惧心理还与人的性格有关。一般从小就害羞，胆量小，长大以后也不善交际，孤独、内向的人，容易产生恐惧感。

2. 采用系统脱敏训练法进行自我调适

①把能引起你紧张、恐惧的各种场面，按由轻到重依次列表（越具体、详细越好），分别抄到不同的卡片上，把最不令你恐惧的卡片放在最前面，把最令你恐惧的放在最后面，卡片按顺序依次排列好。

②进行松弛训练。方法为坐在一个舒服的座位上，有规律地深呼吸，让全身放松。进入状态后，取出上述系列卡片中的第一张，想像上面的情景，想像得越逼真、越鲜明越好。

③如果你觉得有点不安、紧张和害怕，就停下来不再想像。做深呼吸让自己再度松弛下来。完全松弛后，重新想像刚才失败的情景。若不安和紧张再次发生，就再停止后放松，如此反复。直至卡片上的情景不会让你不安和紧张为止。

④按同样方法继续下一个更使你恐惧的场面（下一张卡片）。注意，每进入下一张卡片的想像，都要以你在想像上一张卡片时不再感到不安和紧张为标准，否则，不得进入下一个阶段。

⑤当你想像最令你恐惧的场面也不感到脸红心跳时，便可再按由轻到重的顺序进行现场锻炼。若再出现不安和紧张，亦同样让自己做深呼吸放松来对抗，直至不再恐惧、紧张为止。

三、“相亲相爱一家人”（一节课 45 分钟）

〔辅导目的〕

1. 帮助学生尽快适应新的环境，增进成员间的了解和信任；

2. 强化成员在班级团体中的自我价值感；

3. 凝聚团体的向心力，增强互助合作精神；

4. 通过活动设计激发成员的思考。

〔辅导方法〕

1. 团体辅导训练

2. 分组游戏

3. 歌曲渲染

〔辅导步骤〕

1. 导入

同学们,课前我们学唱了歌曲《感恩的心》。在日常生活中,我们经常会遇到让我们感动的事,这些事就发生在我们身边;就发生在你和同学之间,只要我们学会感恩,用感恩的心去理解别人,信任别人,宽容别人,那么我们这个班级就会像一个大家庭一样充满温暖和温馨,所以我们今天活动的名字叫"相亲相爱一家人"。很高兴能和大家一起来参加活动,也希望同学们在活动中感到轻松和愉快。

2. 分组

请同学们按老师要求的人数分组,如果老师说 5 个人,就 5 个人组成一个小组,老师说 8 个人,就 8 个人一个小组。最后按班级实际人数分成几个小组。

3. 微笑握手

小组内同学之间互相握握手或者轻轻拍拍肩膀,以前熟悉的同学可以增进友谊,以前不熟悉的同学就让物理距离拉近心灵的距离,让我们的心彼此靠近,让我们心心相融。

4. 信任圈

每组围圈请一位成员到中间,其他成员手拉手围圈。练习开始时,圈内人闭上眼睛,自觉地将身体倒向一方,其他成员必须手挽手给予保护,不能让圈内人摔倒。圈内人往哪倒,团体就往哪里接住他,并将他推到中间。反复几次,直到中间的人不再感到紧张,再换其他人到中间去体验。活动充分体现了团队合作精神。

5. 总结

感谢同学们能把自己的感受和体会与大家一同分享,我发现大家有一个共同的感受就是通过活动,同学之间的距离拉近了,互相之间的信任程度增加了。下面我们一起来看一下大屏幕上显示的名人名言,希望同学们能从中受到启发。

6. 最后以歌曲《相亲相爱一家人》结束这节课。

四、克服网络成瘾症

〔辅导目的〕

1. 使学生了解、认识网络成瘾的原因和危害;

2. 通过辅导和训练克服网瘾。

〔辅导方法〕

1. 团体心理辅导

2. 心理测量

3. 认知一行为疗法

〔辅导过程〕

1. 通过辅导员的介绍,使同学们了解互联网以及学生网络依赖的现状。

2. 建立团体互助小组。因为团体内个体的能力、性格等是有差异的,通过辅导者的观测,把有一定共性和互补性的个体组织到一起,组建成 3 ~5 个小组,每组 4 ~6 人为宜。这样活动时可以有分有合,讨论、小组游戏和协作等能够形成良好的氛围。

3. 从认知的角度鼓励小组成员就网络依赖的问题进行主题交流和讨论,与成员共同寻找产生网瘾症的原因及其危害。

●辅导员引导对网络成瘾症原因进行总结:

①心理防御能力缺失;

②学习成绩差,自信心低下;

③人际关系不和，网上寻求伙伴；
④舒缓学习压力，寻求快乐；
⑤寻找自我，满足成就感；
⑥家庭教育失控。
●对网络成瘾症危害进行总结：
①睡眠、休息时间减少；
②造成一系列躯体疾病；
③心理的依赖感，出现急躁、压抑和敏感的情绪状态；
④人际关系的畏缩化；
⑤学习成绩下降；
⑥引发违法犯罪等社会问题。
4. 通过网络成瘾症自测，了解自己的成瘾状况，看到自己的问题。
①每月上网超过144小时，也就是一天4小时以上；
②头脑中一直浮现和网络有关的事；
③无法抑制上网冲动；
④上网是为逃避现实、解除焦虑；
⑤不敢和亲友说明上网的时间；
⑥可能因为上网造成课业及人际关系的问题；
⑦上网比自己预期的时间还久；
⑧花太多钱在更新网络设备或上网上；
⑨要花更多时间上网才能满足。
以上标准中，只要符合5项以上，就说明你已经上网成瘾了。
5. 根据自己的现有依赖程度确定训练目标，制订行动计划。具体内容如下：
●情感宣泄、认知内省；
●放松训练；
●心理暗示与自信心的训练；
●讨论全国学生网络协议及签名；
●确定生活计划，自理安排学习、生活时间，控制上网时间；
●小组交流、座谈，相互监督，进行强化；
●自我总结与反省。
6. 在小组内部制订监督评价机制，对每个成员的行为变化给予反馈、指正以及适当的奖惩。
以上辅导训练活动时间每周1～2次，每次1小时，共计20次。
7. 后续跟踪：为了使训练的效果不至于弱化，在结束训练后辅导者应该给予各团体成员之后一个月的活动建议或计划，包括热线支持、信心座右铭、作息时间安排、适度的宣泄途径、小组支持等。这样辅导的效果会得到进一步延续和巩固。

〔辅导建议〕

团体辅导是网络成瘾者矫治的重要手段，可使他们在上网时间的控制、人际协作、自信心等方面取得明显成效。网络成瘾者的辅导要通过学校、班级和家庭共同协调，效果会更好。

第二章　认识自我

第一节　认识自我的重要性

［案例分析］厌学的男生

1. 背景资料：

有这样一位学生——周强（化名），15岁，对学习无兴趣，上课思想不集中，小动作不断，经常不带书本和作业，上课老想睡觉，放学后不抓紧时间完成作业，只有老师或家长盯着才勉强动笔，成绩不理想，经常遭受老师和家长的批评，与老师和家长之间逐渐形成了一种敌对的关系。

2. 案例分析：

周强对学习虽然无心，但平日里对卫生劳动却特别感兴趣，不管多脏多累的活他都乐意抢着做，老师有什么事情需要帮忙的，他都是一马当先。这学期选班干部，在十来位班干部中，只有他一个是毛遂自荐要当卫生劳动委员，此后辅导老师开始关注周强，希望能帮助他克服厌学的心理。

3. 辅导经过：

师：你劳动这么勤快又有条理是跟谁学的？

强：平时观察奶奶学来的。

师：啊！原来你这么聪明！

强：我爷爷也是这么说。可是爸爸妈妈总是说我笨得像头猪，有些老师也这么认为。

师：那你自己认为呢？

强：我有时聪明，有时笨，尤其是读书的时候特别笨。

师：何以见得？

强：我一碰到书就会反应不过来。

师：其实，你是个很聪明的孩子！

强：真的吗？

在辅导老师的再次肯定后，他滔滔不绝地跟老师聊了起来。辅导老师告诉他，他会是他很好的朋友。以后，老师上的课他都会认真听，能及时完成作业，平时也喜欢跟老师谈心。

4. 辅导效果评价：

周强厌学的关键问题是错误的自我认识"我很笨，笨得像头猪"和家庭教育不当以及任课老师的歧视。只有使他重新认识自我，建立对于学习的自信，才能从根本上克服他的厌学心理。所以说，认识自我，对于我们每位学生，都是一件不可低估的事情。

〔心理常识〕

谁是我们生命价值的创造者？我们自己。我们是自己生命的主宰，全面地认识自我，使自己潜在的能力得到充分发挥，就可能实现自我价值，让自己的生命更精彩。成为一名职业院校的学生，进入青春期，步入新的人生阶段，我们对自己又有着怎样的新期待呢？就像太阳每天升起，开始崭新的一天一样，同学们每天上学也都迎来新的自我。

人同世界上的万事万物一样都处于不断的变化发展之中，我们除了要不断更新、不断完善对自己的认识外，还要正确的认识自己。只有正确认识自己，才能充分地发掘自身的潜能，为自己的未来设计一幅更宏伟的蓝图。各种看法中，最重要的一项是你对自己的看法。你整天所谈的事中，最具意义的也就是你对自己所说的话。我们每个人的潜能无穷无尽，然而发挥多少，全看我们如何认识自我，战胜自我。

一、什么是自我

“自我”就是“我”，包括三个组成部分：物质的自我、精神的自我以及社会的自我。物质的自我又包括年龄、性别、相貌、身高、健康状态、体力等等。精神的自我包括了智力、技能技巧、性格、兴趣爱好、态度、愿望等等被心理学称为个性特征和个性倾向性的东西。社会的自我则包括了自己与他人的关系，社会地位等等。所有这些都是“我”，有一些是与生俱来的，比如说性别。有一些东西，像是精神的东西，比如说技能技巧、性格、兴趣爱好、态度、愿望等等后天形成的，跟人的经验、经历有关，改变起来容易得多，教育的目的也就是要改变这些东西，培养这些东西。社会的自我却复杂的多，人际关系是相对很容易改变的，有时候不经意的一句话可能就得罪了什么人，原本很好的朋友却从此走上了末路，当然也有你的一句话让某人感恩戴德，让他视为知己。

二、自我认识主要是通过自我意识来完成的

● 他得先有个明确的自我。自我的概念越鲜明，越清醒，则自我认识才有可能。

● 有了明确的自我意识，人就会经常性地用自己与别人来进行对比，通过这样的对比，来找出自己与别人的不同，发现其中的优缺点。例如，当自己与别人赛跑 100 米的时候，获得了第三名，有明确自我意识的人就会知道，自己比其他五人行，比另外两人差。自己只处于中上水平。如果差距大，知道自己不是练短跑的料；如果差距小，他就会更加努力地训练提高水平。

● 自我被别人所认可、赞扬、奖励等能够帮助自己进一步看到自己与别人的差异。同样，批评也有促进对比的作用。

● 自我纵向比较。跟自己的过去比较，感觉到自己的超越、进步。

三、什么叫自我意识

自我意识是意识的高级阶段，是社会意识的组成部分，是人对自己，对自己与他人的关系的社会认知系统。自我意识的对象包括自我意识本身，正是这种“客体即主体自身”的特殊性使自我意识有其特有的属性和规律性。自我意识是一种多维度、多层次的复杂心理现象，它由自我认识、自我体验和自我控制三个心理成分构成。这三种心理成分相互联系、相互制约，统一于个体的自我意识之中。只有认识自我意识，驾驭自我意识，提高自我意识，你才能战无不胜，从成功走向成功。正如成功学的创始人拿破仑·希尔所说：“成功是产生于那些有了成功意识的人身上。失败根源于那些不自觉地让自己产生失败意识的人身上。”一切卓越的人物都是先从有了积极的、追求成功的自我意识而走向成功和卓越的。

四、自我认识

自我认识的内容涵盖了对有关"自己"的一切属性的认识。自我认识的内容就是自我概念。

1. 对物质自我的认知。从生物学意义上看,人是一个动物实体(有复杂的解剖结构和生理功能的动物)。对物质的自我的认识则是对人的物质属性的认识。它包括对自己外部特征的认知:身体的高矮,体型的胖瘦,相貌的美丑;解剖结构的认知:各器官组织的正常与异常;生理功能的认知:各系统功能健全与疾患等。

2. 对社会自我的认知。对自己在人际关系和社会群体中的地位和作用,包括对社会角色的名声、权力、义务等的认知。其中社会角色的自我知觉,影响和决定着人们作出与个体的社会角色相适应的角色行为。而对自己的人际关系和社会群体中的地位与作用的看法,极大地影响着人们的自我体验。特别是具有外部价值取向的人,往往把取得人际关系和社会群体中地位和作用,作为自己人生的惟一目标。

3. 对精神自我的认知。这是自我意识的主体把认知的对象指向了自我的精神世界,它包括对意识层的智力水平、气质类型、性格特征等的认知,也包括对潜意识的认知。

自我认识是自我意识的认知部分,它是主体我对客体我的认知和评价,即自我认知和自我评价。其中自我认知是自己对自己身心特征的认识,自我评价是在自我认知的基础上对自己做出的某种判断。自我认识主要解决"我是一个什么样的人"的问题,比如有人观察自己的形体,认为自己属于"健壮型";分析自己的为人处世,认为自己是热情友善的;用批评的眼光审视自己时,觉得自己脾气暴躁、容易冲动等。因此,自我认识的内容涉及个人的自我知觉、自我分析、自我评价和自我批评等。

在客观的自我认识基础上做出正确的自我评价,对于个人的心理活动、行为表现及个人在社会群体中人际关系的协调,都具有重大的影响作用。如果一个人在社会中把自己看得低人一等、没有价值,那么,它就会产生自卑感,做事缺乏胜任的信心,没有主动性和积极性,其结果必然是无论做什么事情都难以建立较适合的标准,缺乏保证质量的信心,不能充分发挥个人的聪明才智。相反,如果一个人只看到他自己的长处,它就会产生盲目乐观的情绪,自我欣赏,自以为是,结果往往不能处理好人际关系,难以与人合作,或被他人拒绝、被群体孤立;同时也可能由于树立了与自己能力不相称的过高的行为目标,而导致行为的挫败感。可见,对自己的客观认知和评价,对个人的健康发展有着不可忽视的作用。

桥韩窗口(Johari Window)理论是由 Joe Luft 和 Ingham 两位学者提出的,因此,此理论用他们两人的名字命名。桥韩窗口理论把自我划分为四个领域:公开的领域、盲目的领域、隐秘的领域和未知的领域,见下图:

	自知	自不知
他知	A 公开的自我	B 盲目的自我
他不知	C 秘密的自我	D 未知的自我

●A 格中代表我们自己知道，也会让别人知道的领域，这是一些我们不能隐藏，或者我们愿意公开的。例如，我是大学学生，我自己清楚，别人也知道。

●B 格中代表别人知道而自己却不知道的领域。我们自己没有意识到或无意识地在别人面前表现出来的部分。比如生理或言语上的姿态、习惯动作等。例如，某人说话很快，自己不觉得，但别人很清楚。

●C 格中代表我们自己知道，别人不知道的领域。我们不愿在别人面前显露出来，属于个人的隐私。例如惭愧的往事、内心的痛楚等。

●D 格中代表我们自己不知道，别人也不知道的领域，属于无意识的部分，他们是基于某些原因而没有被意识到的动机，可是他能驱使我们去做某些事情，而我们自己却无法了解受哪些动机在指使。一般需要运用精神分析等特殊方法才能逐渐了解。

桥韩窗口理论认为，每个人的自我都由这四部分构成。但每个人四部分的比例是不同的。而且，随着人的成长及生活经历，自我的四个部分发生着变化。因此，人们并不能够达到对自我的完全认知。

五、认识自己的过程

首先，认识到自己是人。先要同于人，具有普遍的人性。别人有的，自己也有；别人能干的，自己也能够做到。

其次，认识到自己的存在。同于人是基础，超越于人才更能够确立自己的存在。突出自己的特长、张扬自己的个性都是想不同于人。

最后，认识到自己的重要性。能够对别人有用、别人离不开自己、别人依赖于自己、这件事情非自己莫属等都为实现自我价值。

六、认识自我的重要性

认识自我作为做事准备的一部分，如果这一部分准备得不充分，那么事情失败的可能性就越大，因为它发挥着自我潜意识的作用。

1. 自我意识经常把自身作为自己活动的参照物

人们怎样活动以及活动的内容，都是以自己为参照物。人们对外部世界的各种看法，大多是相对于自己的状况而来的。如我们说“那儿离这儿很远”，是相对于自己所处的地理位置而言。如果你认为某人很蠢，其潜在含义至少是那人没有自己聪明。心理学家曾为人类所看见的物体为什么会被看成是正立的，而不是上下颠倒、左右交叉的问题争论不休。临床发现，先天失明而后天恢复了视力的人，在初次看到外部世界时并未报告是颠倒的。原因在于人类总是把自己作为参照物去观察外部世界，把自身与外部世界作为一个参照系统。

2. 自我介入对个体活动的意义重大

我们将某一事物与自我有内在的关系，称为自我介入。在个体活动中，自我介入通常与感情因素有关。如果一件事被认为与自己无关，我们不会有什么反应，如别人东西被偷了，与自己东西被偷了，在感觉上是不一样的。一般说来，为自己做事和为他人做事会有不同的活动效果，除非别有企图时，才会有相同的活动效果。自我介入在少儿 3 岁前后开始产生，表明个体对于自身有相当的认识，一直到自己与其他人、其他事物的不同。以后，自我介入范围愈来愈广，到成年时，和自我有关的事务不但包括财产、家庭、职业、国家、政党、民族，而且还包括思想、观念、信仰、目标、价值观等，如果这些受到损害或威胁，个体会认为是自己受到损害或威胁，便会进行自我防卫。

3. 认识自己的重要性

● 知道自己可为、能为，就有信心去做好事情。

一个人知道自己可以挑50公斤的担子，当遇到这样的事情的时候，他就会勇敢地去挑这副担子。同样的道理，一个人知道自己有能力写好一份报告，领导让谁主动承担任务的时候，他就会去竞争并完成好这份任务。而不知道自己有这个能力的人，就只是观望。如果大家都是观望的话，事情没人做，社会如何发展呢？

● 人真的认识到自己的不足后，他就会努力上进。上进的过程，就是推动自己、推动事业发展的过程。

哲人说："见贤思齐"，说明人是有上进心的。一个领导原来经常迟到，当自己认识到这样确实不好的时候，改进了，促进了整个团队的纪律性都提高了。

七、为什么说最难认识自己

●认识自己的潜能难。潜能通常在挑战极限的时候和自己不知道的时候表现出来。我们挑战极限的机会不多，平时在自己专注于某事情的时候表现出来的潜能自己很难感知。

●社会让我们去通过实践来认识自我的难度大。到底自己适合什么职业，我们自己实践的机会不多。社会和我们自己都没有太多的资源来让我们实践。

●人是自私的，人是自爱的。虽然人也追求完美，但毕竟人的自私性在前。人的自私性、自爱性导致人不愿意接受自己的缺点和不足，他们宁愿用虚荣来掩盖。

●当自己的部分自我观念被确立后（特别是被表扬、奖励之类的强化后），新的、变革的观念就很难再进来。

●自我是一个变化的自我。变化的事情我们也不好掌握。

●现实社会心灵之间的对比等很难找到了，彼此之间都是封闭的不信任的。

正确地认识自我，就是要全面地了解自我，其中特别重要的是要了解自己的长处和短处，把握自己与群体的关系，自己在社会生活中所处的位置，对自我作出恰如其分的评价。正确认识自我是建立在健全自我意识的基础上的，有利于调适现在的我和构建未来的我。德国著名作家约翰·保伦曾说："一个人真正伟大之处，就在于它能够认识自己。"如果一个人能对自己有一个全面、正确的认识和评价，就能够扬长避短，取长补短，根据自己的实际情况，选择相应的目标去努力奋斗。

第二节　认识自我 热爱自己

[案例分析] 调整心理落差 正确认识自我

1. 背景资料：

李某，女，16岁，某市重点职校一年级学生。来自某省一县立中学。父亲为县里某厂负责人，母亲在农村务农。家中有一弟读小学。因来到重点职校后心理落差大前来咨询。

2. 案例分析：

李某从小学到初中在班上一直名列前茅，小学担任班长，初中担任班级团支部书记，深得老师的信任和同学的羡慕。中考成绩突出，数学满分，考取了该市重点职校。接到录取通知书后，非常得意，决心在学习中大显身手，保持在初中时的优越地位。但入学近一个学期的学习中，学习成绩在班上居中等位置，军训时因动作不标准被多次纠正，宿舍人际关系也不太融洽，在班上未担任主要干部，仅任团小组长和宿舍室长。期中考试成绩一般，情绪低沉，决心在期末考试中与班上同学一决高下，但期末考试科目较多，自己在复习时情绪很不平静，学习效果不佳，看书时注意力难以集中，读过的内容记不住。为了争一口气，连连开夜车学习，造成心动过速和失眠。在期末考试开始前一周，来到了心理咨询室。

3. 咨询谈话摘要：

李某：老师，我最近特别难受，已经有两夜没睡着觉了，心跳特别快，白天迷迷糊糊，觉得一点劲儿也没有。

师：是什么事让你这么着急呢？

李某：考试呗！

师：你从小学到中学，经历的考试不算少，怎么还这么紧张呢？

李某：唉！老师，我小学和初中时的成绩在班里名列前茅，并一直担任主要班干部，和老师、同学的关系非常融洽。中考时，我的数学得了满分，以优秀的成绩考入这所学校，我非常自豪，决心像初中时那样出色，但是……

师：但是以后怎么样呢？

李某：入学都将近一个学期了，我在班上只居中等位置，军训时还因动作不标准受过多次纠正，在宿舍里，同学对我不是太友好，而且只任团小组长和宿舍室长。期中考试成绩也一般，我心里非常不高兴，因此决心在期末考试中与班上同学一决高下，但期末考试科目较多，自己在复习时情绪很不平静，学习效果不佳，看书时注意力难以集中，读过的内容记不住，实操课程很难掌握。为了争一口气，我连连开夜车复习，而且我已经两夜没睡着觉了，老师，我是不是得了精神病？

师：小李同学，你没有得精神病，你脑子也没有出问题，这只是一种心理失衡现象。你是否觉得心理上的消沉、失落、紧张与你进入职校后失去了往日在初中时的优越地位有关？

……

李某露出了疑惑的神色，注视着咨询老师。

师：在初中时，你在班上学习拔尖，是班级的主要干部，不时受到老师的表扬、同学的赞许，很容易在心理上产生某种优越感和自负情绪，总认为自己比别人强一些，甚至会认为进入职校以后仍会和在初中一样成为班上的主要干部和最优秀的学生。但是，你想没想过，别的同学在初中时也有和你类似的情况，他们在各方面也不比你弱。职校的同学来自全市各个初中，也包括县里的，其中必然有一部分同学更为突出。进入职校以后，由于学习基础、学习方法、学习动机、适应能力以及个性特征等方面的差异，在班集体中的学习名次会有一个新的组合和排列。每一个班级都有几个同学突出些，而名列前茅者总是少数。多数同学会排在中等地位，但事实上这些所谓“中等”同学在学习和各方面也都不错，也都是优秀青年，因为重点职校的学生总体水平是高的。你就属于这种情况。你说对吗？

小李同学点头表示同意。

师：你在军训中操练步伐不够理想，但这不是什么大问题，因为你在中学时对体育不够重视……你期中考试成绩不够理想也是暂时现象，因为你对职校的学习方法还没有完全适应．独立性较差、对教师的依赖性较强，平时复习也没抓紧。更主要的是你的心理负担很重，从过去的自负跌到了现在的自卑，心理上形成了一个很大的落差，使你一时难以承受。另外，你还不大会安排自己的学习生活，晚上休息时不能排除心理上的各种杂念，所以睡不好觉，甚至造成较严重的失眠。晚上睡不好觉，白天就没精打采，结果把白天的学习时间也浪费了。

4. 辅导效果评价：

李某的心理问题，在新生适应过程中有一定的代表性。被重点职校录取的学生在初中阶段一般都是同学中的佼佼者，但进入高一级学校以后不一定都能在班上继续名列前茅，多数同学都会排在中等位置，有的同学成绩还会暂时落后，这些同学在情绪上很可能有明显的起伏波动。另外从初中到职校的学习方法也要有一个适应过程，在学习上增强独立性、克服依赖性才能变被动为主动，因此调整心理落差、正确认识自我、合理安排学习生活、端正学习态度等方面，对于新入学的学生来说具有非常重要的作用。小李同学在初中时所处的"尖子"地位，与职校的学习中下水平形成心理上的巨大"落差"，这是她心理失衡的根本原因。帮助她解决心理矛盾，调整失衡心态，应从帮助她正确认识自我，调整心理落差入手。

经过本次辅导后，来访者从认知上调整了对自己暂时性不适应状况的看法，调整学习方法，制订切合实际的学习计划，学习进步很大。

〔心理常识〕

1. 了解自己

同学们，你了解自己吗？你想认识自己吗？答案应该是肯定的。好的，那么，我们不妨试着从以下几个方面去了解自己。

●兴趣是什么

你对哪些事情感兴趣？最感兴趣的是什么？兴趣对人的影响比较大，许多人能把自己感兴趣的事做得非常好，甚至直接把兴趣作为自己的事业。好的兴趣，会带着你走上正确而有意义的人生之路，不好的兴趣会带着你走上不正确且无意义的人生。兴趣不是天生的，也不是一成不变的，兴趣可以培养，也可以被改变。

●性格如何

每个人都有自己的性格。性格有良好的也有不好的。良好的性格有利于你生活、学习和工作，不良的性格则不利于学习、工作和生活。例如：宽容就是良好的性格，斤斤计较则是不良的性格。性格不是天生的，它受生活环境的影响而形成；性格也不是一成不变的，我们可以培养自己的性格或者逐步改变性格；性格的形成、培养与改变不是一天可以完成的，这需要足够长的时间。我们应该去除不良的性格，培养良好的性格。

●能力如何

人的能力有多种，包括学习能力、生活能力、工作能力以及其他能力。不同的人所具备的能力不相同，有的强有的弱，有的高有的低。能力需要培养，只有努力学习才可以培养更强的能力，我们应该用心去培养和提高自己的能力。同一个人所具备的各种能力也有差别，有的强有的弱，这就需要我们努力培养各方面的能力以提高综合能力。能力对于人来说是生存之本，它可以决定你的一生。提高能力只有通过努力学习、大胆实践和思考。

●生活的态度如何

人活着都有自己生活的态度。生活态度总的来说有两种，一种是积极的，另一种是消极的。积极的态度对生活的看法是乐观的、充满了希望，它会让人生活得快乐、充实、幸福，还会让人积极上进。消极的态度则相反，它对生活的看法是悲观的，对生活也没有什么希望，它会让人生活得不快乐、无聊、空虚，还会让人不思进取。

生活需要付出努力，美好的生活需要你付出心血和汗水，没有努力就没有一切。人类的进步是因为全人类的努力，人类不努力就只会停留在爬行的阶段，人不努力当然也只能算一个原始人而已。

●信心如何

人有一个最宝贵的东西就是大脑，大脑很大，大得可以装下几个宇宙。大脑是人类取之不尽用之不绝的能源。人类运用大脑从原始时代走到了今天的数字时代；人运用大脑使自己从幼弱无知成长为精英甚至举世瞩目的伟人。例如爱因斯坦，他天生不是科学家，也跟我们一样，是一个普通的婴儿而已，他也经历了童年、少年、青年时期，他并不是生来就会学习、会思考，他只是努力多一些、学习多一些、思考多一些，大脑运用得多一些而已。看看你周围的人，是不是那些大脑运用得越多的人越聪明、越能干、成绩越好？

每个人都有一个大脑，每个人都有使用自己大脑的绝对自由，只要有正常大脑的人都可以创造成功或奇迹，每个人都可以创造成功或奇迹，但是需要努力开发你的大脑。

有的人怀疑自己，对自己没有信心，他们不知道自己的能力都在自己大脑里，只是没有开发或开发不够而已。有大脑的人就应该有信心。因为只要努力去开发大脑，你就会实现所有的愿望。

信心对人很重要，有信心的人积极进取，百折不挠，没有信心的人消极颓废，经受不了挫折和打击。

只要你有一个正常的大脑，又有什么事做不到呢？

●意志如何

有些人做事三天打鱼两天晒网。有些人做事持之以恒，不达目的不罢休。这是因为他们的意志不同。意志不坚定的人，做事没有恒心。他们往往不能坚持做好一件事，因此他们的许多事，包括学业、事业等需要长期努力的事大多会半途而废。而意志坚强的人，做事会持之以恒，即使遭遇很多挫折，他们仍然会坚持到底，因此他们往往会成就一番事业，创造完美的人生。

意志需要磨炼，越磨越坚，意志坚强的人越挫越勇。

●志气如何

由于不同的人志气不同，所以人就有平庸、平凡、卓越的分别。平庸的人没有志气，平凡的人没有超越平凡的志气，卓越的人都胸怀大志。志气就是志向，也就是人们应去奋斗的目标、方向。

当今时代缺少具有大志大勇的精英，时代渴望着精英的产生。同学们应该胸怀大志，即使不能成就卓越，也要做一个优秀的平凡人，不要做一个平庸的人。

2. 人怎样才能正确认识自我

要做到正确认识自我,有以下几种方法。

●在经常的自省中认识自我。孔子曰:“吾日三省吾身。”我们要学会自省,经常检查自己的行为和动机是否正确,行为过程中有什么不足,结果如何,有哪些收获和缺憾,从中发现长短得失,以便我们有的放矢地进行自我调整。

●通过他人的认识来认识自我。个体与社会、与他人有着密切的联系,个体要超出自身来认识自我,必须通过认识他人、认识世界来进行。所以,我们应该积极地投身于认识世界、改造世界的社会实践,在其中不断丰富自己对自然、社会、他人的认识,并在此基础上进一步认识自我。深刻的自我认识是以深刻地认识和理解他人为前提的。

●在他人的评价中认识自我。心理学家认为,当一个人的自我评价与别人的客观评价有较大程度的一致性时,表明他的自我意识较为成熟。了解他人对自己的看法,常有助于发现自己忽视的问题。唐太宗有句名言:“以镜为鉴,可以整衣冠;以人为鉴,可以知得失。”个体可以通过他人对自己的态度、期望、评价来进一步认识自己。当然,我们不能简单地接受他人的评价,评价者的特点(是否学有专长,是否值得信任,是集体评价还是个人评价)、评价的特点(例行公事还是私人性质、与自我评价的差距大小、他人评价的一致性、评价是肯定还是否定)都会影响到我们对他人评价的接受。因此,值得注意的是,对别人的评价应有一个正确的态度,不因过高的评价而飘飘然,也不为过低的评价而失去信心。

●在与人的比较中认识自我。有比较才有鉴别。人们在缺乏客观评价标准的情况下,可以通过与他人的比较来评价自己。与周围的普通人比较,能认识自己的实际水平及在群体中的地位;而与杰出人物相比较,则能找出自己的差距和努力方向。与他人比较,最重要的是要选定恰当的而不是盲目的参照系。同时还要学会用发展的眼光、辩证的方法看待自己和他人,比较的视野越广阔,方法越科学,自己的位置就定得越恰当。恰当的与他人比较且正确的评估自己的人,就能做到既不妄自尊大,也不妄自菲薄,从而能合乎实际地确定自己的奋斗目标和行动计划。

●通过自我比较来认识自我。人们不仅可以通过与他人的比较来认识自我,还可以通过把目前的“自我”与过去或将来的“自我”相比较来进一步认识自我。心理学家曾提出“自尊=成就/抱负”,这说明个体的自我评价不仅取决于它的成就,而且取决于他的抱负水平,取决于两者之间的比较。过去的成就水平越高,个体越容易积极地评价自己;而指向未来的抱负水平越高，个体越不容易满足，越难以对自己作出肯定的评价。所以，教育者在培养学生正确的自我意识的过程中，一方面要鼓励学生超越自我，不满足于现有的成绩；另一方面也应引导学生设定能达到的目标，即使达不到也不要跟自己过不去。

●以活动的成果来认识自我。活动成果的价值又直接标志着自身的价值。社会衡量一个人的价值主要是通过活动成果认定的。理想的活动成果可以使个体进一步认识自我的能力，发现自我的价值，从而进一步开发潜能、激发自信。

3. 热爱自己，做一个最好的自己

“我是谁”我们会经常问自己，许多人的答案都是一个放大的问号。随着科学技术的日益发展，我们不断地了解未知世界，可我们对自身的探索却始终停滞不前。了解自己才能认识整个世界，也才能接受世间的一切。我们经常企图通过别人的评价来了解自己。可是，无论别人的推心置腹显得多么美好，从事物本身的性质来讲，人们都应当是自己最好的知己。

“我思故我在”这条真理这样确实，这样可靠，任何一种最狂妄的假定都不能使它发生动摇。我们可以毫无疑虑的接受这条真理，把它当作我们获得成功的第一黄金定律。人是必须认识自己的，即使这无助于发现真理，至少将有助于规范自己的生活。如果我们连自己都不能认识，那我们的确是瞎子。

任何一位成功者，必定对自己有一个清醒而正确的认识。谁若看不清自己，必将成为一个失败者。

客观地认识自己当然是困难的，然而作为一个想正正经经作一番事业的人，对自己先要有个正确的认识，是起码的要求。你可能解不出那么多的数学难题，也记不住那样多的外文单词、成语，但你在处理事务方面却有着特殊的本领，能知人善任，排解纠纷，且有高超的组织能力；你在物理和化学方面也许差一些，但写小说、诗歌却是能手；也许你分辨音律的能力不行，但有一双极其灵巧的手；也许你连一张桌子也画不像，但有着动人的歌喉；也许你不善于下棋，但有过人的臂力。在认识到自己的长处这个前提下，如果你能扬长避短，认准目标，抓紧时间把一件工作或一门学问刻苦、认真地做下去，久而久之，自然会结出丰硕的果实。

能够更好地认识自我的人大多都成为社会精英，正是他们对自己充分认知才使自己成为社会的精英，带领民众推动社会的发展。

我们每一个人都是独一无二的，正如世界上没有两片相同的树叶。尽管我们知道历史上从来没有完全像我们一样的人存在过，但我们还是习惯于将自己和别人相比。我们把它们作为标准来衡量自己的成功，我们常常在报纸上读到了某人取得了伟大的成就，然后很快就发现他们的年龄超过了我们，因此我们至少得到了一点暂时的安慰：我也还是有可能取得同样成功的。

但是，把自己与别人相比是毫无意义的，因为我们根本不知道别人在生活中的目标与动力以及别人独一无二的能力。别人有别人的才干，我们有我们的才干。有人可能认为才干就是音乐、艺术或智力方面的天赋，但实际上，人人都有奇妙的仍被忽视的才干，诸如激情、耐力、幽默、善解人意、交际才能等，他们是可以帮助我们取得成功的强有力的工具。不断拿自己与他人相比，只能使我们对自我形象的认识、自信以及我们取得成功的能力产生负面影响。我们应该关注自己的能力是否得到了充分开发。心理学家指出：我们对自己的认知、对自己的定位以及我们将要实现的目标决定着我们在这个世界上的独特的位置。

科学家认为人50%的个性与能力来自基因的遗传,这意味着另外的50%不取决于遗传,而取决于创造与发展。如果能够做到这一点,我们最希望的变化是什么?当然,我们必须承认有些事情是我们无论如何积极思维也无法改变的,比如身高、眼睛、肤色等,但是我们却可以改变对它们的看法,这是一种优良的品质。

从一定意义上说,我们如果认定了我们自己的独特之处,就能成就我们独一无二的形象。如果我们有一个清晰的自我形象,我们便不会给自己贴上标签。不要被我们所做的工作、所住的房子、所开的汽车或是所穿的衣服限定住,我们不是这些东西的总和,成功者相信的是自己,我们取得成功的能力不依赖于地位或身份,而依赖于我们自身实现目标的信心。

爱默生在散文《自持》中如是说:"每个人在受教育的过程当中,都会有短时间确信:嫉妒是愚昧的,模仿只会毁了自己;每人的好与坏,都是自身的一部分;总之宇宙间充满了好东西,不努力你什么也得不到,你内在的力量是独一无二的,只有你知道你自己能做什么,但是除非你真的去做,否则连你自己也不知道自己真的能做。"

很多哲学家都对我们发出忠告要认识自己。但是大部分的人都把它理解为仅认识你那消极的一面。大部分的自我评估都包括太多的缺点、错误与无能。认识自己的缺点是很好的,但如果仅认识自己的消极面,就会陷入混乱,使自己变得没什么价值。

情商高的人很善于在自己和别人心中,创造出乐观积极,富有希望性的画面,就像道格拉斯·玛拉赫在一首诗中写的那样:

如果你不能成为山顶上的青松,那就当山谷里的一棵小树——但要当溪边最好的一棵小树。

如果你不能成为一棵大树,那就当一丛小灌木。如果你不能成为一丛小灌木,那就当一片小草地。

如果你不能是一只麝香鹿,那就当小鲈鱼——但要当湖里最活泼的小鲈鱼。

我们不能全是船长,必须有人当水手。

这里有许多事让我们去做,有大事,有小事,但最重要的是我们身旁的事。如果你不能成为大道,那就当一条小路。

如果你不能成为太阳,那就当一颗行星。

决定成功的不是你尺寸的大小——而在于做一个最好的你。

4. 积极地悦纳自我

心理研究表明,心理健康者更多地表现出对自我的接受和认可,而心理障碍者则明显表现出对自我的不满和排斥。有些学生对自己的容貌、性格、才能、家庭等某一方面或几方面不满,而又无力改变,便产生自我排斥的心理。这是心理幼稚的一种表现。人总要对自己有所肯定又有所否定,并且在自我意识的发展中建立起二者的动态平衡。否则,对自己的不满过于强烈,就会加剧心理矛盾,产生持续紧张的心理,这样不仅会使个体感到活得很累,还可能引发心理问题,严重的可能出现悲剧。某校有位中文系男生,学习成绩中上,容貌俊秀,深受父母和姐姐的宠爱,但他总是责怪自己太平庸,厌恶自己,最后跳楼自杀身亡。因此,悦纳自我是增进健康的自我意识的关键和核心。要学生积极地悦纳自我,教育者首先要引导他们积极地评价自己。这是促使他们产生自尊感、克服自卑感的关键。其次是在教育的过程中要处处保护学生的自尊心,即使在批评学生时,也要尊重学生的人格。

此外,就学生自身而言,需要强化四个理念:一是坚信“只要真正付出努力,同等条件下,别人行,我也一定能行”,以此来增强自信。而强烈的自信和理智的努力则能激发个体的潜能,促进成功。成功后的愉悦又可以使个体进一步增添自信,形成良性循环。二是不忘“尺有所短,寸有所长”,恰当地认识自己,而不是苛求自己。三是懂得“失之东隅,收之桑榆”,正视自己的短处,既努力扬长也要注意补短。一个人在某些方面自觉不足,如果通过积极的努力来补偿,以最大的决心和最顽强的毅力去克服这些缺陷,往往最终能取得成功。华罗庚以“勤能补拙”为良训成为数学家就是例证。四是记住“失败乃成功之母”,要正确地对待成功和失败,成功和失败是相辅相成的,成功的果实,只能在艰辛的努力中逐渐成熟。

5. 科学地塑造自我

大学生情感丰富,社会磨炼不足,加上人生观和价值观没有完全确立,很容易受到各种社会思潮与其他外部环境的影响,对待问题容易偏激和情绪化,对自己的长处和短处往往估计不足。顺境时,容易自视过高,遇到挫折时,又容易走到另一个极端,自卑自弃。

有时充满希望,有时又极度烦恼。职业院校的学生要作出一生中重大的社会选择:进什么单位?从事什么工作?常面临“理想的我”和“现实的我”、“自我肯定”与“自我否定”等矛盾,常常表现出心理的不平衡,情绪体验较强烈,易振奋,也容易波动。这个阶段不仅是人才的准备阶段,也是人生的转折时期。这个时期的学生尤其需要注意塑造自我,为在日后的社会竞争中取得成功打下良好的基础。科学地塑造自我,需要做到以下几点:

首先要确立明确的行动目标。人的行为特点是有目的的,个体的行为是否有目的性,结果是不一样的。一般而言,有目标指向的行为较无目的指向的行为成就大得多。因为正确的目标能够诱发人的动机,强化人的行为,并促使其指向预定的方向。例如有的同学能够抵御种种诱惑,刻苦攻读,学业优秀,是因为他把学习成绩与自己未来的发展联系起来了。确立正确的自我目标,关键是要按照社会的需要和个人的特点来进行设计,做一个“自如的我,独特的我,最好的我,社会欢迎的我”。所谓“做一个自如的我”,是指不要给自己提出力所不能及的过高要求,使自己总是陷入自责、自怨、自恨的境地,而是给自己设计只要付出相当努力就能达到的目标,从而能够在坦然面对自己的客观存在的前提下,不忘积极地生活;所谓“做一个独特的我”,指不要一味地追求时尚,在刻意模仿中失去自我,而是在接受自我的过程中,扬长避短,得以自在的生活;所谓“做一个最好的我”,指立足于现实,选择适合自己的人生道路,尽最大努力,达到最佳水平,充分实现自己的人生价值,能够满意地生活;所谓“做一个社会欢迎的我”,是指要有正确的价值取向,把自我实现的蓝图与祖国的富强、人类的文明结合起来,努力为社会做出自己最大的贡献,充实的生活。

其次要培养坚强的自控能力。在实现人生目标的旅途上,既有各种本能欲望的干扰,又有各种外界诱惑的侵袭。本能的欲望常令人失去理智,如贪图安逸、追求物欲等。名利和物质的诱惑,容易使人偏离正确的前进轨道,丧失奋进的斗志,放弃对远大目标的追求,甚至把青年学生引向堕落。一个人要想成就一番事业,就必须能够抵制诱惑,主宰自己的行动。这就需要有较强的自我控制能力,以保证理智地约束自己的情感,把握自己的行为。

自我控制的动力来源,在于从根本利益和长远利益上去看问题。有些诱惑之所以对个体很有吸引力,就是因为它充分地显示了表面的、暂时的利益。比如,在学习紧张的时候,看一场精彩的球赛可能比枯燥的学习更有吸引力,因为它能使人度过一个更愉快的夜晚。类似的种种诱惑，每天都可能存在，如果不能抵御，作为学生，最终可能在考场上难以过关，在就业竞争中处于不利地位。如果能想到自己的根本利益和长远目标，就会有控制自己的动力，主动抵制表面的、暂时的利益诱惑。

个体在决定做某件事的时候，常会产生各种对立动机的内部斗争，主要是较高层次的动机（义务感、责任感、道德感等）跟较低层次的动机（满足个人的某种欲望）之间的斗争。从这种斗争的结局，可以看出他自制力的高低。要检验一个人自制能力的强弱，可以看他的行为主要是臣服于本能的欲望或偶然的冲动、情感的驱使，选择“我要做”的事情，还是受理智的制约，大多选择“应该做的事情”。在自我意识未能达到高度统一时，个体觉得“应该做”的事情往往是不一致或者是有差别的。如果要有较强的自制力，那么就要注意“应当做”的事情，善于强迫自己去做应当做的事情，克服妨碍“应当做”的愿望和动机（如恐惧、懒惰、过分的自爱、不良的习癖等），从而自主地塑造自己。最后要塑造健全的人格。人格，也称个性，是一个人与其环境相互作用过程中所表现出来的独特的思维模式、行为方式和情感反映的特征，并形成人的行为和对环境的反应。因而，人格不仅是人的心理面貌的集中反映，而且是人心理行为的基础。他在很大程度上决定了人对外界的刺激做出怎样的反应，包括反应的方向、形式和程度等，因而会直接影响一个人包括生理、心理和社会文化素质在内的综合素质的发展。医学研究认为，许多心理和生理疾病都有相应的人格特征模式，这种人格特征在疾病的发生、发展中起到了生成、促进、催化的作用。健康的自我意识的形成，除了要有对自我的正确认知外，还要有健全人格的支持。帮助青少年学生培养积极、和谐、健全的人格，对健康的自我意识的发展，将起到良好的生成和促进作用。

太阳每天升起，开始崭新的一天。同学们，明天的你又将是一个全新的你。每个平淡无奇的生命中，都蕴藏着一座丰富的金矿，而正确认识自己就能使我们找到打开金矿的钥匙。希望你们都能做了解自己的智者，完成一次又一次的自我超越，乘着希望之舟去远行。

第三节　超越自卑

[案例分析]自卑的女孩

1. 背景资料：

小严是一位女同学，平时沉默寡言，上课从不主动发言，老师提问到她，也是摇摇头，目光低垂不肯吭声。在一篇以《我的烦恼》为题的短文中，她表露了自己的心迹：“如果有变不成天鹅的丑小鸭，那就是我。没有一根羽毛是靓丽的，没有一点气息是怡人的，长相太普通，声音不柔美，还有改不掉的浓浓乡音。别人那惊异的表情和嘲讽的笑声，使得我不得不紧闭双唇。脑子太笨，大家一学就会的东西我要花上太多功夫，似乎收获永远比不上付出。每每测验完毕便汗颜得无地自容，我痛苦于自己一无可取，只有以过度的自尊维护脆弱的心灵。经不起同学的玩笑，受不起老师的探寻，听不得父母的轻责……望着窗外的蓝天，我泪眼涟涟。断翅的鸟儿在渴望自由也无法振翅翱翔……”

2. 案例分析：

看得出，小严是一位非常自卑的女孩，我们应该帮助她重新建立自信，让她走出自卑的泥潭。

3. 辅导方案：

（1）从认知上调整小严对自己的认识。

（2）帮助小严面对现实，接纳自己。

（3）充分挖掘小严的优势，鼓励小严积极地参加班集体活动，做一个善解人意、乐于助人的人，提高她的自信心。

4. 辅导效果评价：

自我认识、自我体验和自我控制三者是紧密联系、相辅相成的，三方面整合一致，便形成了完整的自我意识。因此，我们需要引导小严正确地、全面地了解自己，引导她对自己做出恰如其分的评价，了解自己的长处和短处，找准自己在班级中的位置，扮演适合自己的角色。

经过一个学期的辅导，小严对自己逐渐产生积极、乐观的情绪体验，愿意在集体活动中表现自己。

〔心理常识〕

美国心理学家的研究证明，儿童时期如果各项活动取得成绩而得到老师、家长及同伴的认可、支持和赞许，他们的自信心、求知欲就会增强，内心获得一种快乐和满足，就会养成一种勤奋好学的良好习惯。相反，他们会产生一种受挫感和自卑感。个体自卑感的形成主要是社会环境长期影响的结果。自卑的浅层感受是别人看不起自己，而深层的感受是自己看不起自己，即缺乏自信。

自卑是由于意识到自己不如别人而产生的一种自我体验，表现为过低地评价自己的能力与品质，轻视自己，担心失去他人尊重的心理状态。通俗地说，就是自己看不起自己，又以为别人也看不起自己的一种心理状态。自卑是影响青少年学生人际交往的严重心理障碍。有自卑感的学生常常缺乏自信，想像失败的体验多，在交往过程中畏首畏尾。如果遭到一点挫折，便会怨天尤人；如果受到别人的耻笑与侮辱，便忍气吞声。他们缺乏足够的耐挫力，常常把失败归因于个人能力、性格或命运，因而灰心丧气，意志消沉。而这又常使有自卑心理的学生对自己主观上人为的缺点总是设法掩饰，生怕别人知道。具有自卑心理的学生往往对自己的不足和别人的评价很敏感，常常把别人无关的言行看成是对自己的轻视。由于担心自己的缺陷被人知道，因而特意加以掩饰或否认。

自卑是一种因过多的自我否定而产生的自惭形秽的情感体验。自卑感人人都有，只有当自卑达到一定程度，影响到学习和工作的正常进行时，才会被认为是心理疾病。在人际交往中，主要表现为对自己能力、品质等自身因素评价过低；心理承受能力脆弱，经不起较强的刺激；谨小慎微、多愁善感、常产生疑忌心理；行为畏缩、瞻前顾后等。自卑是心理问题最主要的症结之一，有位著名的心理学大师认定，所有心理障碍的原因都能归结到自卑上来。

生活中，很多人缺少某种能力，确是他人都拥有那种能力，这是经常发生的事。我们当中有很多人因此会感到自卑，与自己过不去，轻蔑自己，这是许多悲剧的根源所在。自卑是人生最大的跨栏，每个人都必须成功跨越才能达到人生的巅峰。如果一个孩子生活在自卑之中，他就选择了一条痛苦的人生之路；如果一个孩子生活在自信之中，他就学会了快乐地生活。

有一个女孩在大学时是优秀生，到了工作单位后发现周围员工全是名牌大学的研究生、博士生，自卑心理便油然而生。但她后来加紧学习计算机、补习英语，终于找到了良好的自我感觉。类似的情形中，自卑都扮演了一个积极的角色，令人发愤图强，更上一层楼。这是自卑要求补偿的积极方面。

病态的自卑则使人有一个较为固定的不好的自我形象，以及较为固定的“失败意向”。具有这种失败意向的人，在实际生活中往往缺乏行动能力，或有意无意地趋向失败，结果就当真失败了。他们对自己的评估远远低于实际情况。

严重的自卑甚至可以导致神经官能症。由自卑引起的虚荣心、嫉妒心也是日常生活中常见的。而嫉妒心如不加以控制，则会引发恶性事件，这是自卑的消极方面。小 A 的自卑迁怒症即是由此导致的。

那么，同学们，我们怎样做才能够超越自卑，找回自信呢？下面我们来探讨一下。

1. 自卑心理的特点

● 泛化性

具有自卑心理的学生，往往会因为某一方面的失败，落后于人，而把自己看得一无是处，全盘否定自己。一个在学习上不如别人的学生，往往会认为自己语言不够幽默，衣着不适宜，举止太笨拙。自卑情绪的这种泛化特点，使这些人无法看到自己的优点。

● 敏感性与虚荣性

自卑心理严重的学生在同人交往中，对他人的态度、评价等表现得特别敏感，女性自卑者更是如此。几个同学的小声议论会被认为是在议论他的缺点；身材矮小的人在同学们议论高矮的时候，总是借故避开等，这些都是自卑者敏感性和虚荣性的表现。

● 掩饰性

有自卑心理的学生对自己主观上认为的缺点总是设法掩饰，生怕别人知道。具有自卑心理的学生往往对自己的不足和别人对此的贫乏很敏感，常把别人无关的言行看成是对自己的轻视。由于担心自己的缺陷被人知道，因而特意加以掩饰或否认。

2. 自卑是如何形成的

● 自我评价过低

自卑者在对自己的身材、外貌、学习、交往等各方面能力的评价上，往往看不到自己的长处与优势，而是夸大自己的不足。他们在认识和评价自己时，进行的是一种不正确的社会比较，即拿自己的短处去比别人的长处，其结果是越比越泄气、越自卑。有些学生由于学业上、工作上成绩平平，无出色表现而过低估计自己的才智水平，甚至对整个自我认识消极、认为自己“处处不如别人”，于是在交往中过于拘谨，放不开手脚，担心自己成为笑料或被别人算计。

● 消极的自我暗示

有自卑心理的学生，惯于进行自我暗示，对自己的期望值总是很低，在任何活动之前，常对自己进行“我不行”、“我很难成功”的消极自我暗示。这种自我低估的倾向是他们不相信自己的力量，抑制了能力的正常发挥，结果必然造成活动的失败，而失败又似乎证明了他们早先过低的自我评价与期望，从而强化了他们片面的自我认识，增强了他们的自卑感。自卑者大多对自己的性格、气质特征有些了解，但他们对于自身存在的不利于交往的性格特征，总表现出无能为力的态度，叹曰：“江山易改，本性难移。”如那些自认为性格怯懦、抑郁低沉、反应迟缓者，多不敢主动结交朋友，常常“天马行空、独来独往”。

●不当归因

职业院校的学生对自己学习与交往失败的不当归因也是自卑心理产生的原因之一。有些学生认为自己能力不足，无法达成既定目标；有些学生把自己的成绩落后归因于学习教材或测验的难度过高；有些学生则认为别人考得好是由于运气好或是侥幸；有些学生认为自己相貌丑陋或者自己家境贫寒，所以别人不喜欢和自己相处。因此，低成就的学生常常失去学习和交往的信心与动机，并放弃学习和交往的责任与行动，从而产生自卑。

●潜意识中的自负

这是职业大学生中一些人自卑心理产生的深层原因。许多人在行为中表现出的自卑，自我贬低是由于他们心灵深处的自负引起的。在他们的潜意识中，以为别人能的我都能，自己都要比别人高些。这使得他们在现实生活中容不得自己落后于别人，一遇挫折，他们就很快走向原有状况的反面，出现自卑。

● 理想自我与现实自我的冲突

当代学生由于入学竞争的艰辛，因此为自己设计了一个令人钦羡的理想自我：外表英俊，才能拔萃，受人尊重……但现实的自我总是与之有很大距离，两相对照，就会有自惭形秽、自我不满之感，从而形成自卑。

3. 自卑给我们带来的后果

自卑使我们故步自封，对外部世界产生敌意；自卑使我们失去自信，不敢参与激烈的竞争；自卑使我们不敢冒险，不敢创新。一个人如果自卑，它不仅不会有远大的目标，同时也将永远不会出类拔萃；一个民族和国家如果自卑，只能当别国的殖民地，站不起来，也不敢站起来，只能跟在别国的后边当附庸国。自卑是麻醉药，自卑是落后丹，自卑是自杀的巨毒品！

4. 自信心的力量

缺乏自信常常是性格软弱和事业不成功的主要原因。有一个美国外科医生，他以善做面部整容手术驰名遐迩。他创造了奇迹，经整形把许多丑陋的人变成了漂亮的人。他发现，某些接受手术的人，虽然他们做的整形手术很成功，但仍找他抱怨，说他们在手术后仍旧不漂亮，说手术没什么成效，他们自感面貌依旧。于是，医生悟到这样一个道理：美与丑并不在于一个人的本来面貌如何，还在于他是如何看待自己的。一个人如果自惭形秽，他就不会成为一个美人，同样，如果他不觉得自己聪明，他就成不了聪明的人；他不觉得自己心地善良——即使在心底隐隐地有这种感觉，那他也成不了善良的人。

一个人只要有自信，就可以成为他希望成为的那种人。有这么一件事：心理学家从一班大学生中挑出一个最愚笨、最不招人喜爱的姑娘，并要求他的同学们改变以往对她的看法。在一个风和日丽的日子里，大家都争先恐后地照顾这位姑娘，向她献殷勤，陪送她回家，大家以假作真地打心底认定她是位漂亮聪慧的姑娘。结果怎样呢？不到一年，这位姑娘出落得很漂亮，连她的举止也跟以前判若两人。她自豪地对人们说，她获得了新生。确实，她并没有变成另外一个人，然而在她身上却展现出每一个人都蕴藏的美，这种美只有在我们相信自己，周围的所有人也都相信我们、爱护我们的时候才会展现出来。

信心是成功的秘诀。拿破仑曾经说过，“我成功，是因为我志在成功。”如果没有这个目标，拿破仑必定没毅然的决心与信心，当然，成功也就与他无缘。信心对于立志成功者具有重要意义。有人说，成功的欲望是创造和拥有财富的源泉。人一旦拥有了这种欲望，并经由自我暗示和潜意识的激发后形成一种自信心，这种自信心就会转化为一种“积极的感情”。她能够激发潜意识释放出无穷的热情、精力和智慧，进而帮助其获得巨大的财富和事业上的成就。这就是所谓的自信心的力量。

5. 建立自信，超越自卑

许多人以为，信心的有无是天生的，不变的。其实并非如此。童年时代招人喜爱的孩子从小就感到自己是善良、聪明的，因此才获得别人的喜爱。于是他就尽力使自己的行为名副其实，造就自己成为他相信的那样的人。而那些不得宠的孩子呢？人们总是训斥他们："你是个笨蛋、窝囊废、懒鬼，是个游手好闲的东西！"于是，他们就真的养成这些恶劣的品质，因为人的品行基本上是取决于自信的。因此，我们要使某个人变好，就要少训斥他，帮助他找回自信，重新建立自信心。

培养自信心的方法很多，我们下面介绍几种供大家参考：

● 挑前面的位子坐

你是否注意到，无论在教学或是各种聚会中，后面的位子是怎么先被坐满的吗？大部分占据后排座的人，都希望自己不会太"显眼"。而他们怕受人注目的原因就是缺乏信心。坐在前面能建立自信心。把它当作一个规则试试看，从现在开始就尽量往前坐。

● 练习正视别人

不正视别人通常意味着：在你旁边我感到很自卑；我感到不如你；我怕你。躲避别人的眼神意味着：我有罪恶感；我做了什么或想到什么不想让你知道的事；我怕一接触你的眼神你就会看穿我。这都是一些不好的信息。正视别人等于告诉你：我很诚实，而且光明正大。我相信我告诉你的话是真的，毫不心虚。

● 把你走路的速度加快25%

许多心理学家将懒散的姿势、缓慢的步伐跟对自己、对工作以及对别人不愉快的感受联系在一起。但是心理学家也告诉我们，借着改变姿势与速度，可以改变心理状态。你若仔细观察就会发现，身体的动作是心灵活动的结果。那些遭受打击、被排斥的人走路都拖拖拉拉，完全没有自信心。普通人有"普通人"走路的模样，作出"我并不怎么以自己为荣"的表白。另一种人则表现出超凡的自信心，走起路来比一般人快，像跑。他们的步伐告诉整个世界："我要到一个很重要的地方，去做很重要的事情，更重要的是，我会在15分钟内成功。"使用这种"走快25%"的技术，抬头挺胸走快一点，你就会感到自信心会增长。

● 练习当众发言

拿破仑·希尔指出：有很多思路敏锐、天资高的人，都无法发挥他们的长处参与讨论，不是他们不想参与，而只是因为他们缺少信心。在会议中沉默寡言的人都认为："我的意见可能没有价值，如果说出来，别人可能会觉得很愚蠢，我最好什么也不说。而且，其他人都比我懂得多，我不想让你们知道我是这么无知。"这些人往往会对自己许下很渺茫的诺言："等下一次再发言。"可是他们很清楚自己是无法实现这个诺言的。每次这些沉默寡言的人不发言时，他们又中了缺少信心的毒素了，他会愈来愈丧失自信。从积极的角度来看，如果尽量发言，就会增加信心，下次也更容易发言。所以，要多发言，这是信心的"维他命"。

● 咧嘴大笑

大部分人都知道笑能给人很实际的推动力，他是医治信心不足的良药。但是仍有许多人不相信这一套，因为在他们恐惧时，从不试着笑一下。真正的笑不但能治愈自己的不良情绪，还能马上化解别人的敌对情绪。如果你真诚地向一个人展颜微笑，他实在无法再对你生气。咧嘴大笑，你会觉得美好的日子又来了。笑就要笑得“大”，半笑不笑是没有什么用的，要露齿大笑才有功效。我们常听到，“是的，当我感到害怕或愤怒时，就是不想笑”。当然，这时，任何人都笑不出来。窍门就在于你强迫自己说，“我要开始笑了。”然后，笑。要控制、运用笑的能力。

● 怯场时，不妨道出真情，即能平静下来

例如初次来到某个陌生的地方，内心难免会疑惧万分，这时候，不妨将此不安的情绪，用语言清楚地表达出来：“我几乎愣住了，我的心忐忑得跳个不停，甚至两眼也发黑，舌尖凝固，喉咙干渴得不能说话。”这样一来，不仅可将内心的紧张驱除殆尽，而且也能使心情得到意外的平静。

● 如用肯定的语气则可以消除自卑感

有些女生面对着镜子，当她看到自己的形影或肤色时，忍不住产生一种幸福的感觉。相反，有些女生则被自卑感所困扰。虽然彼此的肤色都很黝黑，但自信的女生会认为：“我的皮肤成小麦色，几乎可以与黑发相媲美。”而她内心肯定暗喜不已。可是，一个缺乏自信的女生却因此痛苦不堪地呻吟起来：“怎么搞的，我的肤色这么黑。”两种人的心情完全不同。只要认为漂亮，越看越觉得漂亮；如果认为讨厌，看来看去都觉得不顺眼。所以说，否定意味的语言对身心健康有百害而无一利。运用肯定或否定的措辞，会将同一事实形容成有天壤之别的结果。可见措辞这件事，诚然是任何天才都无法比拟的魔术师。在任何情况之下，只要常用有价值的措辞或叙述法，则可以将同一事实完全改观，当然可以驱除自卑感，而令人享受愉快的生活。

●正确认识自己，看到自己的长处

俗话说“尺有所短，寸有所长”，“金无足赤，人无完人”。每个人都有自己的长处和短处，既比上，又比下，鞭策自己求进步。这样，就会得出“比上不足，比下有余”的结论。世上任何人都逃脱不了这个公式，明白了这一点，心里也就觉得平衡点。看到长处是为了培养自信，但也必须承认自己身上存在的短处，如生理缺陷、环境的不利、知识的不足、经验的欠缺等。对于导致自卑的因素要积极地进行补偿，一是“笨鸟先飞，以勤补拙”，二是扬长避短。有些缺陷已成定局，如个子矮小、长相不好等，但是，可从别的方面进行补偿。个子矮小如拿破仑，他做了法兰西帝国的统帅；身残者张海迪，坐在轮椅上，却登上了事业的高峰，写下了几百万字的书……

●正确地暗示自己，避免使用否定自己的语言

自卑本身就是消极的自我暗示，做事之前就对自己说“我不行”、“我没什么用”、“我不会

干”,结果就真的干不好。这种消极的暗示导致不必要的精神紧张和精神负担,使自己的内心充满失败感,结果做事就束手束脚、畏首畏尾,主动性、创造性受到压抑,自然就妨碍了成功。因此,要勇敢的暗示自己“我能行”、“别人能干,我也能干”、“有志者事竟成”、“事在人为”、“坚持就是胜利”等,这样会增加自己战胜困难与挫折的力量,成功就会向我们招手,自卑也就会逐渐丢在脑后。也许你说这是为了体现一种谦虚,但“累积暗示效果”会使其产生自我鄙视。至于对方会产生什么反应呢?或许一开始没有什么,听得多了就会想到“你是一个真正没用的人”,令你沮丧无比。要避免使用否定自己的语言,打开积极进取、乐观自信的思维大门。

●正确地表现自己,积极与人交往

认识到自己的长处,就要大胆的表现。扬己长,避己短,在人群中树立一个新形象。要相信自己的能力与价值,如一次发言、一次竞赛,一次属于你的机会,要积极自信的去做,去尝试,因为只有行动才是达到成功的惟一途径,退缩与回避只能带来自责、懊悔与失意。要注意循序渐进,先表现自己最拿手、最容易取得成功的。有了一次成功,你会惊讶的发现,你也行,这样自信心就随之增强。再去尝试稍难一点的事,以积累第二次成功,接着争取更多的成功。

第四节　心理辅导训练

[案例分析] 小 A 的自卑迁怒症

1. 背景资料:

小 A,男,某学校低年级的学生。沉默寡言,但一碰到有人要“欺侮”自己,他的情绪就表现得特别暴躁,就会使用暴力胁迫他人服从,因此同学关系十分紧张。在家与父母也是如此。任何人相劝都无济于事,令家长与老师都非常担忧。

2. 咨询谈话摘要:

小 A:老师,怎样才能叫我自己不再打人了?(他用求助的眼光望着老师。)

师:是什么使你想打人呀?

小 A:我叫他别动我的铅笔盒,他不听,我就给了他一拳。

师:他是不对,怎么可以不经过你的同意而随便动你的铅笔盒呢?是因为你的铅笔盒特别的漂亮,不舍得别人碰吧!

小 A:不是!我叫他别动时,他说的那句话太气人了。他说“这破盒子,有什么稀奇的?”他说话时还用眼睛斜了我一眼。

师:这话是很气人。盒子可能是不好一点,但是一定特别有纪念意义。

小 A:也不是,我是叫妈妈给我换一个。可妈妈总说过一段时间再买。

师:有过几次这样的事了?

小 A:好多次了。有一次同学说我身上很臭,我把他鼻子血打出来了。为这件事,妈妈还打了我;有一次……还有一次……

师:跟你谈话,时间过得可真快。我们明天这个时间再来聊聊,好吗?

小 A:好的,老师再见!

3. 案例分析:

(1)家庭的变迁是他性格发生变化的导火线。

(2)较强的自尊心导致他有强烈的心理受挫感。别人对他的帮助,对他来说简直是一种羞辱,说严重点,就像是在他的伤口上洒了一把盐。

(3)随着受关注程度的减弱,他的心理不平衡了。在爸爸生意兴隆的时候,他和其他孩子一样,快乐地学习生活。但现在他没有了那种优越感,他总认为别人在嘲笑他,他感到自己失去了以前的那种优秀,他迫切想表示自己不是弱者,是强者,他的不可一世都是装出来的,他始终带着一副假面具,用武力来伪装自己,使自己显得强大一些。再说,亲戚、朋友之间,也没有了以前的那份热情,他感到非常的失落。他就把这种感觉发泄到了父母那里,认为,这一切都是他们的缘故。爸、妈又忙于生计,对他关心照顾得少了,他觉得一切都变了,他接受不了。

(4)过强的自尊心、严重的自卑迁怒症,这种心理症状往往表现为缺乏自信,经常会做一些过激的行为以维护自己所认为的尊严。由于学生受年龄特征的影响,自卑的"度"往往也比较"浅"。所以他们的自信也比较容易在环境强有力的刺激下得到激活、建立、强化。

4. 辅导方案:

首先,引导该学生正确评价自己,如实地看到自己的短处和长处。

其次,引导该学生建立积极的自我印象。可以安排他多做一些力所能及、把握较大的事情,哪怕这些事情都很"小",也不要放弃争取成功的机会。

第三,引导该学生学会正确的自我补偿,如采用"勤能补拙"法。

5. 辅导效果评价:

这是一个很聪明的学生,能够很好与辅导老师沟通,经过深入地谈心,他能够看到自己的问题所在,愿意改变自己的个人形象。

[心理辅导训练]

一、增强自信,克服自卑

[辅导目的]

1. 通过辅导与训练,使学生了解自信心在自我发展中的作用。
2. 在原有基础上进一步增强自信心,克服自卑。

[辅导准备和建议]

1. 提前一周布置学生准备有关自信心的讲演材料。
2. 准备故事材料,查找有关自信的名言警句。
3. 选定训练场地。
4. 演讲材料用第一人称,肯定式,要有动词,要带有感情色彩;内容要有针对性。

[辅导过程设计]

1. 教师导入

同学们,我这儿有个小故事《阿德勒的故事》,我给大家朗读一下:"有个叫阿德勒的奥地利小男孩,从小体弱多病而且其貌不扬,无论是在家里还是在伙伴中,都不受重视甚至被忽略。而他的哥哥则仪表不凡,非常出色,深受同龄人的爱戴,也是父母的骄傲。在与哥哥的强烈对比中,男孩的心头总笼罩着一层挥之不去的阴云,他苦闷、压抑却无法自拔。这个奥地利男孩在后来渐渐长大的过程中，开始明白让自己感到苦闷、使自己行动受到限制的原因就是自卑；其实在每个人身上或多或少都曾有过这种影响，而成功便是去超越，去战胜这股消极的力量，进而把自卑转化为向上的动力。他自己做到了，最终成为一位著名的心理学家。"从这个故事中，我们看到了自卑会妨碍我们去追求事业上、生活上与人际交往上的成功，在通向成功的道路上，自信心是重要而不可缺少的保证，正像爱默生所说的，"自信是成功的第一秘诀"。

同学们，在听的过程中要想一想：故事主人公的经历告诉了我们什么道理？

2. 交流成功经历(30 分钟)

①写出自己过去的成功经历 1 ~3 项。

②小组内部交流。

③全班交流。

要点：内容不限，重点谈当时的感受。气氛要轻松、热烈。全班交流的人选应重点考虑自信心较差的学生。

3. 演讲训练(30 分钟)

①提前布置准备演讲稿。

②组织两分钟演讲活动。

③教师讲评。

要点：演讲题目应适合学生的实际情况，便于大多数学生准备，比如，"什么是自信"或"自信的作用"为主题，谈自己的感受和体验，也可以将自信与自卑、自大作比较，由学生自己归纳。布置的时间不要提前过多，一般以一周之内为宜。教师掌握发言人数，特别注意那些犹豫、观望的学生，争取让他们发言。

4. 教师小结(20 分钟)

自信是通往成功彼岸的法宝，增强自信的方法有许多，除了上面几种之外，我们还可以运用一些行动来帮助自己提高信心，比如争取第一个发言，说话声音放大一半，走路抬头挺胸等。另一方面，我们又要防止那种过度的相信自己，即盲目自高自大，把身上的某一点优势扩大化，毫无根据地认为自己什么都行，这是另一个阻碍成功的误区。这就需要认真解读自己，把握现在，让自己成为你成功的路上披荆斩棘的利剑。

5. 课后活动：自我鼓励

※要求学生每人准备一个本子，最好漂亮别致一些。

※每天写一句或几句自我鼓励的话。

※每天大声朗读数次。

※非常重要或非常喜欢的话可以写在纸上贴在屋内或床前。

二、认识自我 超越自我

[辅导目的]让学生认识自信心的重要性，了解自信者的表现，掌握建立自信的方法。

[辅导方法]

1. 配合模仿法。

2. 角色扮演法。

3. 情绪放松技术等。

［辅导过程设计］

1. 教师导入：

问："同学们有谁认为自己是一个自信的人请举手"（一般只有十来个同学举手）；请一些同学说说自己不够自信的表现及不良影响，从反面例子引入自信的重要性。

2. 举例说明"自信的重要性"

自信是成功的第一秘诀——爱默生

举例说明：

A. 居里夫人凭着对自己科学假设的坚定信念，在艰苦的条件下从几吨沥青中提炼出一克的镭。

B. 爱迪生在寻找一种材料做电灯丝时，曾千百次失败，被人讥笑，如果他不是对自己充满信心，就不可能坚持实验。

C. 请班上个别比较自信并对自信的重要性深有体会的同学谈体会。

3. 角色扮演

大家先看一个小小的表演："谁是自信者？"内容如下：

班上举行文艺晚会，他们是我们班上最能歌善舞的同学，我作为文娱委员当然要请他们在晚会上表演一两个节目啦。

文：小 A，你这么能歌善舞，能在晚会上为我们表演一个节目吗？

A：（自卑地）哎哟，我这歌喉和舞姿哪能见人呢，不要叫我出丑啦。

文：班上的同学都很喜欢你的歌舞呢。

A：这是他们抬举我罢了，我哪有那么好的才能，而且我也没有这个胆量，你还是放过我吧。

文：那我也不勉强了。小 B，你的歌舞也很出众，你愿意为我们作表演吗？

B：哎，谢谢你的称赞。有机会让我在班上表演我当然乐意啦，而且这也是作为班集体的一分子的责任。我会尽力而为的！

文：谢谢你的支持。小 C，你愿意参加表演吗？

C：表演是我的强项，班上我认第二还有人敢认第一吗？表演当然是非我莫属啦！（指着 B）不过他和我同台表演似乎不太相配吧。

问："表演中的 A、B、C 分别是什么心理的表现？"

答："A 是自卑心理、B 是自信、C 是自大心理的代表。"

结合表演中的三个人物和三幅漫画的比较，概括出自卑、自信、自大的特点。

自卑——过低地评价自己，看不到自己的优点。

自大——过高地评价自己，看不到自己的缺点。

自信——恰当地评价自己的优缺点。

4. 认识自己的优点、能力和特长

同学们，"天生我材必有用"也指出每个人都会有他特有的优点、特长，关键是自己能否认识到和把它们发挥出来。如何认识自己身上存在哪些优点呢？

(1)“列优点清单”

类别	自我评价	他人评价
学习能力		
交际能力		
文娱才能		
体育强项		
性格方面		
动手能力		
其　他		

通过“列优点清单”如发现自己有过人之处就应制订计划发展这一特长,当我们知道自己有某些方面比别人优胜的话,信心也会增强。

(2)感受别人的欣赏

到底别人对我们的赞扬和欣赏对我们的信心有何影响呢,先通过一个活动让大家感受一下。这个活动叫做:“优点轰炸”,要求如下:

A. 组成 4 人小组

B. 先找一个同学作被轰炸者,其他三个同学轮流说出他的优点、能力和特长,直到四个均被“轰炸”过为止。

C. 可根据表现“我的优点”的项目给每位同学指出优点,并写在“他人评价”一栏。

(3)多尝试成功的体验

※多做自己最拿手,容易取得成功的事。

※把目标分为若干阶段的小目标。

※充实自我,提高自身素质。

三、描绘自己的理想

[辅导目的]

帮助大家了解理想与现实之间存在差距,制订合理的目标,树立远大理想。

[辅导方法]

1. 沙龙对话
2. 讨论法
3. 角色扮演法

[辅导过程设计]

1. 阅读背景资料:

这是一个阳光明媚的周末,校园里没有了往日的喧闹。小燕、芳芳、阿莉三个没有回家的好朋友在宿舍里聊天,聊着聊着就谈到了自己未来的理想。

小燕是个性格外向、活泼开朗的漂亮女孩子,平时最喜欢唱歌、跳舞。别看她平时大大咧咧,说起自己未来的打算可一点也不含糊:“我想过了,咱们女生能有什么前途呢?现在,大批大批的年轻人都找不到工作,对于我们来说,毕业就等于失业。所以我认为,学得好不如嫁得好。我的理想就是嫁给一个有钱的男人,然后就安心在家相夫教子。”

芳芳首先不赞同小燕的看法。“我才不要把自己的未来都寄托在别人身上呢！我觉得任何人都是靠不住的，只有通过自己的努力，才能过得充实、开心。”芳芳接着说：“我从小的理想就是做一名老师，和可爱的学生们在一起，看着他们成长是一件多么美妙的事情呀！所以，我一直都在为自己的理想而努力！毕业以后，我希望继续读书呢。”

听了小燕和芳芳的“未来规划”，阿莉羡慕地看了看她们，叹了叹气说：“你们的打算都不错，一个寻觅爱情归宿，一个追求事业成功。比起你们俩，我可差远了。我不像小燕那么漂亮，所以肯定嫁不了有钱人，而且脑子又笨，学习成绩也不好，继续读书也没有什么指望了。我真不敢想像自己以后会怎么样。我现在只想着能顺利毕业，找到一份工作，随便什么工作都行！”

2. 根据背景资料，分别选择代表扮演小燕、芳芳、阿莉。请嘉宾参与，由主持人、嘉宾、学生三类人员共同组成一个群体，围坐在一起讨论“我们的理想”。

3. 由嘉宾演讲“理想放飞希望”。

［**教学建议**］：

1. 安排教学之前，应该注意选好嘉宾，精心策划好活动的内容。

2. 为了烘托气氛，还可以请乐队伴奏。

3. 主持人注意把握住活动的气氛和方向。

第三章　培养学习能力

第一节　学生学习问题的成因与对策

[案例分析]远离游戏，排除学习干扰

1. 背景资料：

"由于无聊，我沉迷于游戏当中，经常通宵达旦。但过后又感到非常空虚，感到更加无聊，情绪很不好，好像做什么事情都没有积极性。我很想改过来，但觉得非常难。我现在想学习了，我应该怎么办呢？"

2. 咨询谈话摘要：

来访者：因为感到无聊，我跟着别人去到网吧玩游戏。可是过后又感到非常空虚，感到更加无聊。我很想改过来，想认真学习，但觉得很困难。我应该怎么办？以前是否也有人向您说起过这种事情呢？

辅导员：有的同学曾经与我探讨过这个问题。有的专家把这种现象称作"网络成瘾症"，我想，这是一种新型的心理问题。

来访者：老师，这也是一种心理问题吗？

辅导员：是的，从结果上说，迷恋游戏的确会对一个人产生极其不利的影响。首先，它影响人的抽象思维，对记忆力和注意力也产生不利的影响，因此，你迷上游戏以后，你的学习兴趣、学习的效果往往就会下降；其次，它对人的情绪产生不良的影响，有时你感到更加空虚，情绪不稳定，这就是游戏对你的影响；再者，游戏影响着你正常的人际交往等。记得有一位男生非常聪明，小学时他的学习成绩非常好，但上初中时受别人拉拢迷上了游戏机，成绩一落千丈，他对学习的兴趣越来越低，最后他干脆就放弃了学习。他曾经因为玩游戏连续旷课两个星期，最后，学校和家人是在一家地下游戏机室里找到他的。由于他个人坚持，后来退学了。

来访者：怎么迷上后就拔不出来了呢？

辅导员：单靠你个人的力量，可能很难抵制住游戏对你的吸引。我想，你需要从思想上认识到游戏对你的危害并积极地纠正你的行为。你需要老师、家长、同学们的帮助。

来访者：我很想听听您的建议。

辅导员：首先，我们要弄清楚为什么有的人会这么迷恋游戏。男孩子们的好奇心非常强烈，自制能力却不强，往往容易迷恋上游戏。游戏给人虚拟一个世界，在这个世界里，男孩子们会对那些五花八门的场面以及自己所能够扮演的角色产生极大的兴趣，从某种程度上可以满足这些男孩们的"表现欲望"，比如有的男孩希望自己是个"战斗士"，可以驰骋疆场。

游戏充满冒险及刺激，好像你们爱玩的《传奇》，动画设计的场面就很吸引人。因此说那些缺乏生活目标，缺乏健康的业余爱好，心理不成熟的男生就特别容易为了追求刺激，摆脱"沉闷的现实生活"而沉迷于游戏当中。你认为是这样吗？

来访者：老师，您对游戏的了解很深。我最初就是出于好奇，另外又不愿意学习，所以就跟着别人去玩游戏。没想到会这么沉迷，我突然觉得自己失去得太多了，好像自己的内心世界变得不真实了。

辅导员：游戏的虚假性往往使不少人忘记了“现实的世界”，忘记了自己的学习任务，丧失了生活的目标。晚上打游戏，第二天上课睡大觉，一有时间就想钻进游戏里，对有意义的事情不感兴趣，就这么整天无所事事。因此说，沉迷在游戏中的人，往往会产生一种迷迷糊糊的感觉，缺乏现实感，这对现实生活将产生极为不利的影响。

来访者：我感到，无聊以及做事缺乏责任感和意志力，是迷恋游戏的主要原因。

辅导员：你说得非常有道理。因此，如果你打算远离游戏，那必须首先增强自己的毅力，将自己的注意力转移到那些有意义的兴趣上面，从其他方面而不是从游戏当中满足自己的“表现欲望”，在学习和事业中增强自己的竞争能力。另外，还要制订切实可行的学习计划，有了目标，就不会感到无聊。有了具体的目标，才会有具体的行动。

来访者：老师，应该如何培养自己的意志力呢？

辅导员：首先，树立远大的志向。只有远大的志向，才能不拘泥于现在所遇到的困难。有一位科学家曾经说过：“立志是事业的大门，工作就是人生旅程，在旅程的尽头就有一个成功在等待着庆祝你的努力结果。”所谓有志者事竟成，所有享受成功的人都为自己树立了远大的志向。

其次，在日常生活中，学会创设一些障碍的情境以磨炼自己的意志力。一定数量和一定强度的挫折能使人增长才干，培养克服困难的毅力、提高对周围环境的适应能力等。现在，我们一起来为你设置一些障碍，我们一起为你制订一个切实可行的计划……

3. 心理测验：意志力测试。该来访者得分较低，显示其意志力比较低。

4. 案例分析：

经过面谈和意志力测试，可以分析这位来访者迷恋游戏的根本原因的确是出于自己内心的空虚和缺乏意志力。他非常需要具体的指导和训练。一般来说，认知疗法、积极的心理暗示、生活障碍设置与排除、制订计划以及计划执行等办法都可以对其进行比较有效的矫正。另外在训练中，我们积极地挖掘他的特长，引导他向正确的方向施展自己的才华。当他感到自己受到重视，得到合理的表现，就开始弱化对游戏的迷恋，从每天三四小时玩游戏到一星期三四个小时，再到星期六玩一两个小时。这位学生逐步恢复正常。

5. 辅导效果评价：

从某种意义上说，主动求助的人很容易接受辅导。这位来访者在接受辅导之前已经厌倦了自己的行为。因此，心理辅导老师及时地抓住了其心理，深入了解该学生的个性，挖掘其特长，引导他制订合理的计划，辅导效果比较好。

〔**心理常识**〕

学习是人的基本需要，是人的生命的本性。学习，对我们每个人来说并不陌生。从出生起，我们就在不断地学习各种各样的知识经验中一天天长大。幼儿园、小学、初中，学生接受了完善正规的基础教育。踏入职业院校，又一扇门被打开，学习的目的、学习的任务、学习的方法等都有了新的内涵。可以说，学生是以学习为职业的特殊群体。但提起学习的滋味，也是酸甜苦辣样样有。以上两个案例是学生在学习中受到的心理困扰，它直接影响着学生的健康成长。

下面 我们从心理学的角度分析一下学生学习问题的成因及其对策。

一、学习动机不当的成因与对策

人的一切活动都是受一定的动机支配的,动机是激励个体行动的心理动力。我们的学习也是受一定的动机激励和支配的,就是我们通常所说的"为什么学习",所谓学习动机是推动学生进行学习的内在力量。心理学上将学习动机可划分为内在动机和外在动机两种。

内在动机是指由于对学习感兴趣而引起的动机,如某同学因喜爱电脑,兴趣浓厚,因而发奋学习,并从学习电脑的过程中得到极大的心理满足。

外在动机是由外部诱因所引发的动机,引起兴趣的不是学习本身,而是对学习所带来的结果感兴趣,如为了得到老师和家长的表扬、朋友的羡慕或是为了得到较高的薪金等。

内在动机和外在动机都会影响学习能力。内在动机占优势的学习者具有较高的好奇心,在学习中积极主动,勤于思考,不耻下问,意志坚强,在不断的克服困难、解决问题中获得成就感,达到心理上的满足。外在动机具有两面性,一方面有明显的功利色彩,在一定程度上对学习具有积极的促进作用。另一方面学习者一旦达到目的或在学习过程中遭遇重重困难,学习动力就会下降,甚至失去学习目标,导致学习的半途而废。这两种动机在一定条件下可以转化。只有把外在动机转化为内在动机,才能保持高涨的学习热情。

(一)学习动机不当的表现

学生学习动机不当表现为两种:动机不足和动机过强。动机不足的学生没有明确的学习目标,缺乏学习动力。不知道为什么学习,也就不明白怎么学习,因而更不会去努力学习。学习处于被动状态,懒散松懈。这样的学生往往厌倦学习,甚至逃学。动机过强的学生则是急于取得成就,获得奖励,对自己的期望值过高,一旦不能达到目标,心里不能承受。另外,动机过强的学生往往缺乏广泛的兴趣爱好,仅以学习为乐趣,认为把精力花在其他事情上是在浪费时间,为此整天忙于学习,疲惫不堪,影响身心健康。

(二)学习动机不当的原因

1. 动机不足的原因:学习动机不明确,社会责任感不强,价值观念不正确,学习态度不端正,学习毅力不强,对专业不感兴趣,对自我的期望不足,学业自我效能感低。

2. 动机过强的原因:一是个体学业期望过高,自尊心强,对自己的学习能力缺乏正确的估计,因而造成学业自我效能感下降,心理压力大。二是渴望成功又担心学业失败,受表面学业动机的驱使,渴望外界表扬与肯定,特别是由于学业的优秀带来的心理满足使学生看重于自己的学业优势,学习强度大,引起心理疲劳。三是错误的认知所至,动机过强的学生总有这样的信念:我付出努力,就一定能取得成功。没有认识到"努力≠成功",努力仅仅是走向成功的必要条件,而不是惟一条件。

(三)学习动机不当的对策

1. 对于动机不足的学生:一是要明确学习目的和方向。根据社会的需要和自身的条件确立切实可行的学习方向和目标;二是培养学习兴趣与职业兴趣。上什么学校,学什么专业不能完全由自己决定。对已经选择的无法立即改变的专业要逐渐培养浓厚的兴趣;三是坚定成功的信念,适时调整心态,用勤奋、意志和毅力战胜惰性;四是探索适合于自己的学习方法,提高学习的效果。

2. 对于动机过强的学生:一是正确评估自己,认识自己的潜质,因而从实际出发,制订恰当的学习目标和期望,在行动中做到脚踏实地,量力而行,循序渐进;二是正确的看待成绩和荣誉,淡化名利得失,消除虚荣心理,将表面的学习动机转化为深层的学习动机,树立远大的理想,保持旺盛的学习热情;三是树立正确的认知,只要努力就有可能成功。明确任何成功都与自身的能力、环境、机遇等因素有关,而非惟努力就可成功;四是培养广泛的兴趣,多方涉猎,触类旁通,开阔视野,即有利于建立积极健康的心态,又能有效地降低过强的动机。

二、学习焦虑的成因与对策

学习焦虑是指学生由于不能达到预期目标或不能克服障碍的威胁,致使自尊心、自信心受挫,或失败感、内疚感增加而形成的一种紧张不安,带有恐惧的情绪状态。适度的焦虑可以刺激大脑神经,提高警觉,积极思维,发挥潜能是对学习有益的,但高度的焦虑会影响学习的效能,不能发挥出应有的水平。

(一)学习焦虑的主要表现

学生感到学习压力大,精神长期高度紧张。在学习中思维迟钝,反应较慢;注意力涣散,记忆力下降;情绪躁动,寝食不安,郁郁寡欢,精神恍惚。

(二)学习焦虑的原因

1. 理想与现实的冲突导致焦虑。有些学生对自己的能力缺乏正确的认识,过高的目标和期望远远超过了自己的实际水平,千方百计希望通过学习保护自己的自尊心不受损害,而自信心又不足,心理压力很大,内心常常潜藏着一种恐惧感。久而久之便形成了严重的学习焦虑。

2. 性格导致的学习焦虑。性格敏感、易焦虑的学生往往因学习上的失败或挫折挫伤自信心和自我效能感,从而产生学习焦虑。

3. 对专业课毫无兴趣导致焦虑。由于种种原因,一些学生专业的选择与自己的兴趣相差甚远。如何处理二者的关系时,常常有不知所措的感觉。一方面专业不感兴趣又不能放弃,另一方面,大量的时间花在兴趣较浓的事情上又影响了专业学习,处于这种两难之中,导致焦虑情绪。

4. 外界压力导致焦虑。少数学生因能力稍低,学习效率不高,通常难以取得好成绩。来自外界的压力使他们感到自卑自责,产生焦虑。焦虑使得注意力分散,成绩进一步下降,从而更加焦虑和自卑,形成恶性循环,最终导致学习焦虑。

5. 考试导致的焦虑。过度看重考试结果或因准备不充分都会使学生在临考前和考试中出现紧张、心烦意乱、记忆力减退、思维迟钝等焦虑现象。

(三)学习焦虑的心理调试

1. 正确认识和评价自己。制订切实可行的学习目标和规划,脚踏实地,循序渐进地完成学业。

2. 正确认识和评价他人。保持平和的心态,“山外有山”、“尺有所短,寸有所长”正是这个道理。在学习的过程中,做到自己与自己比,有提高就是进步。

3. 保持适当的自尊心,降低对胜败的敏感度。学生应在日常的学习生活中有意识地培养和锻炼自己的心理承受能力，面对成败，要有“胜不骄，败不馁”的胸怀。正确对待学习中的困难，以坚强的意志勇气，克服焦虑情绪。

4. 正确对待考试。一方面要重视考试，平时认真学习，有计划、有安排的复习，做到考前胸有成竹；临考前保证睡眠，保持清醒的头脑和充沛的精力去应对考试；考试中答卷要先易后难，保持大脑的兴奋度。另一方面以放松的思想看待考试：考试仅是考查学生对所学的知识的掌握情况，不能完全反映学生的整体成败；一次失败说明不了什么，再努力，下次还有机会。

5. 培养积极向上的情绪，抑制或分散消极的焦虑情绪。可以通过参加丰富多彩的文体活动，使学习中的焦虑情绪得以缓解和释放，去获得另外一种快乐的情绪的体验。

6. 营造轻松、快乐、和谐的学习氛围。要和同学和睦相处，团结互助；要善于与老师交流。此外，作为学校，努力创造班级、宿舍的和谐都有助于学生心理趋于平衡，形成正常的心理。

三、学习方法不当的成因及其调试

好方法能达到事半功倍的功效，不好的方法结果就恰恰相反。正如伟大导师恩格斯指出的：方法的正确可以避免走无穷无尽的弯路。然而在学习中，有的学生由于缺乏一套适合自己的学习方法，付出很多辛苦，效果却难如人意，久而久之产生了畏难情绪，丧失了自信心。

（一）学习方法不当的主要表现

1. 机械的学习。老师教什么，学生学什么，对于学习的知识缺乏独立的思考，知识的获得仅靠死记硬背，抓不住重点和难点，也就不会灵活掌握应用。属于死读书，读死书。

2. 思维不活跃，认死理，爱钻牛角尖。不善于对知识的归纳、总结、提炼，缺乏抽象思维能力，因而就不会应用所学知识解决实际问题。

3. 学业上有“瘸腿”现象。依照自己的喜好或学科的难易来学习，感兴趣的或容易的学科就学习，不感兴趣或较难的学科采取放弃，导致知识结构的不合理，知识层面的断缺。长久下来，必然会影响学习能力。

4. 对学习采取临时抱佛脚的政策。平时不努力，临考就搞突击，背笔记，开夜车。有“临阵磨枪，不快也光”的投机心理。

5. 学习无计划。不会科学合理地安排时间和学习任务，看什么，做什么、学什么心中无数，学习总处于一种忙乱的状态，自己疲惫不堪，效果甚微。

6. 不注意劳逸结合。不善于转移大脑的兴奋中心。

（二）学习方法不当的成因

1. 思维简单划一，比较机械，一味地“死读书”。

2. 对影响学习效果的非智力因素，如情感、意志、动机、性格等开发提升不够，从而影响了学习效果和抑制了学习能力的提高。

3. 学习缺乏计划安排，随意性大。

4. 学习上涉猎的知识面比较窄，不能联想和触类旁通。

（三）学习方法不当的心理调适

1. 树立信心。国内外学者一致认为，人类目前只利用了大脑的 10%，有的认为只利用了 1%，人的脑潜力高达 90%，甚至更多。因此，要给自己积极的心理暗示：我很有潜力，我能行。

2. 开发非智力因素。大量的实践证明,影响学生学习成绩的并非智力因素,而是兴趣、意志、动机、性格等非智力因素。培养广泛的兴趣和确立中心兴趣;磨炼坚强的意志品质;树立远大的理想,养成开朗、豁达、勤奋、勇敢、刚毅、果断的良好性格等等,充分调动非智力因素,提高学习能力。

3. 抓住课前预习、课堂学习、课后复习、课外操练四个环节,是提高成绩,提升效果的最基本方法。

课前预习要做到:初步理解教材的基本内容和思路;回忆、巩固有关的原有知识、概念;找出新的重点和疑点,并标记出来;尝试做好预习笔记。

课堂学习要做到:专心听讲——听懂,积极思考——学会,仔细记笔记——记牢。

课后复习要做到:看书必动笔,动笔必编网,编网必记述,记述必反复,反复必丰富。即边看边动笔记要点,把要点归纳网络起来,再根据要点进行复述,在反复的复述中丰富知识。

课下操练要做到:生活中做一个"有心人",观察专业知识在现实生活中地运用,尝试用专业眼光和角度看待社会。如学营销的同学在逛街购物中揣摩顾客消费心理,观察销售技巧。学烹饪的同学在饭店就餐中品评、体味菜肴的制作等。毕竟理论来源于实践又指导实践。

4. 制订切实可行的计划。计划要有长远的规划和近期的目标。合理的安排,有效的计划会使学习井然有序。注意任何计划都要符合自己的实际,过高的计划会给计划的执行带来难度,过低的计划则失去了实际效用。"跳一跳就能吃到果子"则为最佳。"吃到果子"的成就感又会增强信心,以更大的热情投入学习。

5. 磨炼坚强的意志品质,克服懒惰思想,确保计划的实施。最忌讳空有纸上计划,而无实际行动或计划的落实,虎头蛇尾最后不了了之。学习是一个漫长、艰辛的脑力劳动,恒心、毅力是学习任务能否落实的基本保障。

6. 巧妙利用分散学习。我们来做个试验:现在你背 50 个英语单词,有两种方法供你选择,一种是集中一段时间学习,一直到全部背会为止;另一种是将 50 个单词分成 5 个单元,每 10 个为一单元,一次背完 1 个单元的 10 个单词,休息一段时间后,再背第 2 单元的 10 个单词,以此类推,一直到 5 个单元中的单词全部背完。然后再检查一下两种方法的学习效果,你会发现第二种学起来更为轻松,更节省时间,而且效果不错。我们把第一种方法叫集中学习,第二种叫做分散学习。心理学的大量研究表明,分散学习的效果优于集中学习。

7. 广泛涉猎,大量阅读。不断扩大自己的知识面,用丰富的知识武装头脑,启迪智慧。尝试多角度思考问题,突破思维定式,培养逻辑思维、发散思维、逆行思维,立体思维创新思维。

8. 合理安排,劳逸结合。紧张的学习后要有适当的休息,使身心得到放松和调节;保证睡眠,可使头脑清醒,精力充沛;创造条件,营造良好的学习氛围,娱乐身心都可以提高学习效率。

四、学生厌学的成因及对策

(一)学生厌学的表现

厌学是由于种种原因,学生对学习产生极为反感的情绪,故而在学习上采取消极抵抗的行为。现阶段,厌学在中职学生是一种极为普遍的现象。主要表现为没有学习目标,失去学习兴趣,在学习上采取逃避、放弃的态度;不认真听讲,不完成作业,不苦练专业技能,而是把精力放在上网、打牌、谈恋爱等与学习无关的事情上,旷课、逃学是家常便饭,严重者不得不中断学业,甚至出现危害社会的行为。浪费了大好青春，给个人、家庭带来难以愈合的创伤。

（二）学生厌学的原因

1. 失去学习兴趣产生厌学情绪。应试教育中重知识的灌输而缺乏思维的开发，重知识的背记而轻能力的应用，导致学生从入学起就背上了沉重的课业负担。长久下来，一些学生不堪重负，求知欲下降，兴趣丧失，渐渐滋生了厌学情绪；部分学生因学习方法不当，学习成绩不理想，长期的无成就感而对学习失去了信心，进而感到厌烦。

2. 缺乏正确的人生观、价值观导致厌学。"好成绩，升重点，考大学，好工作"片面地追求，使学生的人生观、价值观出现了偏差，理想的树立、个人价值的实现凌驾于国家的需要、社会的发展之上，使学生缺乏一种持久的、内在的激励机制，当学生在成长的道路上遇到挫折，遭受失败时，失去了前进目标，就会一蹶不振，产生放弃逃避的消极情绪。

3. 意志品质薄弱，缺乏克服困难的决心与毅力使部分学生在顺境中尚能前进，一旦遇到困难就会半途而废。

4. 懒惰、无目的、无计划性等不良的学习习惯使个别学生的学习总处于被动状态，体会不到学习的乐趣，进而产生厌学。

5. 部分老师、家长对学生缺乏正确的教育方式。当学生在学习中取得成绩时过度的表扬、奖励；遇到困难，成绩产生波动时，不是耐心分析原因，引导学生认真思考，帮助寻找解决问题的方法，而是或严厉指责，或冷嘲热讽，或置之不理，过大的反差导致学生对学习对自己都缺乏正确的认识，心理承受能力极弱，自尊心受到伤害时，产生了逆反情绪，从而放弃学习。

（三）学生厌学的调试

1. 调动学习兴趣

浓厚的兴趣推动下的学习活动，一旦成功，就会产生学习的价值感、荣誉感和喜悦感，进一步强化学习的需要，学生将会取得更积极的学习态度和学习行为。给自己一个很积极的心理暗示对兴趣的形成有十分重要的作用。也就是说从心理上预先喜欢某一内容，相信自己一定会对目前正要做的工作发生兴趣，并且精神振奋地着手学习，学习兴趣就会调动起来。

2. 加强思想道德修养，树立正确的人生观

在与社会需求相适应的动机下，就会产生学习的自觉性，激发强烈的求知欲、稳定的兴趣和高度的社会责任感，因而在学习的路上才能不畏险阻，勇往直前，努力攀登。

3. 磨炼意志品质，克服懒惰思想

可以把每日的学习任务、学习目标做个规划，内容详尽具体宜于操作，请家长或老师、好友进行监督，克服懒惰、无毅力的消极情绪，培养良好的学习习惯。好的学习习惯一旦形成，就会改变厌学的态度。

4. 加强感情交流，培养优秀品质

家长、老师与学生多交流，尊重学生的人格，了解他们的思想动态，做同学们的良师益友。适当的鼓励，及时的提醒，耐心的开导，严厉的批评目的都在帮助学生树立自信，培养自尊、自爱、自强的优秀品质。

第二节　学习心理测试

[案例分析] 我的脑子是不是坏了

1. 背景资料：

安静，一名中专二年级的女生，性格就如同她的名字一样，文静内向，来自一个偏远的农村。因为家庭经济能力有限，再则受重男轻女思想的影响，初中毕业时，父母不想再供安静上学，而把培养的重点放在安静的弟弟身上。但好学的安静坚决不同意，最后和父母签定了上中专的协议：早就业，工作后把收入交给家里供弟弟上学，这才换到了来 A 市上中专的学习机会。

2. 案例分析：

由于安静分外珍惜这来之不易的学习，再加上安静总想：好好学习，毕业后找个好工作，履行自己对父母的承诺。从入学的那天起，安静就全身心地投入学习，刻苦努力学习，第一学期下来，安静的成绩不错，增强了信心。

然而，随着第二学期专业课程的开设，难度的加大，安静的成绩也开始下滑，安静很着急，更加努力地投入学习，可期末考试的结果并不如意。转眼第三学期又要过去了，安静的学习没有什么起色，想到即将面临实习，自己如此的学业成绩肯定影响实习岗位的选择，也势必影响将来的就业，再想到与父母的承诺，安静更是焦虑万分。快到期末考试了，安静又发现自己在上课时总是不由自主地走神，而且记忆力减退了，感觉是边学边忘，难道是自己的脑子坏了？安静心中充满了恐慌，电视和报纸上常常刊登一些“补脑”保健品的广告，安静看了不禁在想：我是不是也需要去“补脑”？

实际上，安静的脑子没有坏，当然也就不需要去“补脑”。原因在于安静的学习活动与心理健康的循环链条出现了故障：过重的家庭压力导致安静的学习动机过强，出现焦虑情绪；初次接触而又毫无实践经验的专业课，给安静的学习带来了困难，安静在学习时又缺乏适当的应对方法，造成成绩下降，引起安静的心理不安，使安静承受了更大的心理压力。不能承受之重导致安静学习出现紧张、焦虑、注意力分散、记忆力下降等现象。

3. 辅导方案：

(1)帮助安静同学正确地认识学习的意义。

(2)帮助安静同学寻找适当的学习方法。

(3)鼓励安静同学利用业余时间积极地参加专业实践活动和社会实践活动。

4. 辅导效果评价：

这是一个热爱学习的女孩，经过辅导，她提高了学习的信心，调整了学习方法。她的学习很快就取得了满意的效果。

〔心理常识〕

一、测试你的学习能力

以下共 25 题，很符合自己的选 A，比较符合自己的选 B，很难回答的选 C，不太符合自己的选D,很不符合自己的选E。

1. 记下阅读中的不懂之处。
2. 经常阅读与所学学科无直接关系的书籍。
3. 在观察和思考时重视自己的看法。
4. 重视预习和复习。
5. 按照一定的方法进行讨论。
6. 做笔记时,把材料归纳为条文或图表,以便理解。
7. 听人讲解问题时,眼睛注视讲解者。
8. 善于利用参考书和习题集。
9. 注意归纳并写出学习中的要点。
10. 经常查阅字典、手册等工具书。
11. 面临考试,能有条不紊的复习。
12. 认为重要的内容,就格外注意听讲理解。
13. 阅读中遇到不懂的地方非弄懂不行。
14. 联系其他学科内容进行学习。
15. 动笔解题之前,先有个设想,然后抓住要点解题。
16. 阅读中认为重要或需要记住的地方就画线做记号。
17. 经常向别人请教不懂的问题。
18. 喜欢与人讨论学习中的问题。
19. 善于吸取别人的学习方法。
20. 对需要记牢的公式定理反复记忆。
21. 观察实物或参考有关资料进行学习。
22. 听课时做好笔记。
23. 重视学习效果,不浪费时间。
24. 如果实在不能独立解题,就看了答案再做。
25. 能制订切实可行的学习计划。

标准说明:

选A记5分,选B记4分,选C记3分,选D记2分,选E记1分。

总分101分以上者为优秀;

86分至100分者为较好;

66分至85分者为一般;

51分至65分者为较差;

50分以下者为很差。

二、学习动力自我诊断量表

非标准化的量表,可用来对学习的内在动力做粗略的诊断。帮助你了解自己在学习动机、学习兴趣、学习目标上是否存在困扰。共计20题,相符,画√,不相符,画×

学习动机方面:

1. 别人不督促我，我极少主动学习。 ( )
2. 我一读书就感到疲劳和厌倦，想睡觉。 ( )
3. 当我读书时，需要很长时间才能提起精神。 ( )
4. 除了老师布置的作业，我不想再多看书。 ( )
5. 学习中遇到不懂的问题，我根本不想弄懂它。 ( )
6. 我常想自己不用花太多的时间，成绩也会超过别人。 ( )
7. 我迫切希望在短时间内大幅度提高自己的学习成绩。 ( )
8. 我常为短时间内成绩没有提高而烦恼不已。 ( )
9. 为完成某项作业，我宁愿废寝忘食，通宵达旦。 ( )
10. 为把功课做好，我放弃了许多自己感兴趣的活动，如体育活动、看电影、旅游等。 ( )
11. 我觉得读书没意思，想找一份工作。 ( )
12. 我认为课本上的基础知识没有什么好学的，只有看高深的理论书或读大部头的作品才带劲。 ( )
13. 我只在喜欢的科目上下工夫，不喜欢的科目就放任自流。 ( )
14. 我花在课外读物比花在教科书上的时间多得多。 ( )
15. 我把自己的时间平分在每门学科上。 ( )
16. 我给自己定下学习目标，多数因做不到而不得不放弃。 ( )
17. 我总是为了实现几个目标而忙得焦头烂额。 ( )
18. 为了对付每天的学习任务，我已感到力不从心。 ( )
19. 为实现一个大目标，我不再给自己制订循序渐进的小目标。 ( )
20. 我几乎毫不费力就实现自己的学习目标。 ( )

上述20个题目共分成4组，它们分别测查拟在4个方面的困扰程度：1~5题测出你的学习动机是否太弱；6~10题测查你的学习动机是否太强；11~15题测查拟定学习兴趣是否存在困扰；16~20题测查你在学习目标上是否存在困扰。假如某组（每组5题）中的大多数题目持认同态度，则说明你在学习欲望方面存在一些问题，或存在一定程度的困扰。

三、学习习惯的测试

你想知道自己在学习过程中，有哪些优点和缺点吗？以下20道题从阅读、记忆、作笔记三个方面列出了一些良好学习习惯的表现，看看你自己有多少条可以回答“是”。如果你的回答更多为“否”的话，你可能需要尽快改善学习的方法了。

（一）阅读方面：　是　否

1. 在阅读之前，你会先确定阅读的目标，明确自己要从中学到什么。 ( )( )
2. 仔细阅读文章前，你会先将该文粗略地看一遍，了解其中的主要标题。 ( )( )
3. 你会根据不同的阅读目的采用不同的阅读方法及速度。 ( )( )
4. 阅读时，你会仔细察看文章的各种图表。 ( )( )
5. 阅读时，你能分辨出哪些内容重要，哪些内容不重要。 ( )( )
6. 对所阅读的读物，你会努力尝试对它发生兴趣。 ( )( )

（二）记忆方面：

1. 对于刚学到的东西，你会尽快复习。 ( )( )

2. 你会将复习时间分成若干段落，并适当安排休息。 ( )( )

3. 你会将学过的知识融会贯通。 ( )( )

4. 你会将学过的知识分出重要的和一般的，并尽量将重要的东西牢牢记住。 ( )( )

5. 在记忆时你会将需要的东西组织起来，如写下大纲、分成类别等。 ( )( )

6. 对于要记牢的内容，你会在理解、明白的基础上进行记忆。 ( )( )

7. 你会将学过的内容经常复习。 ( )( )

8. 你会将学到的东西或知识加以应用。 ( )( )

（三）笔记方面：

1. 上课时，你能同时听老师讲课同时用笔记摘记内容。 ( )( )

2. 你会应用简写的方式（如符号、图表等），使笔记看起来更精简易明，同时也保证了记录的速度。 ( )( )

3. 你的笔记有很大的灵活性，以便随时加插内容或重新编排次序。 ( )( )

4. 你的笔记内容是经过自己的思考、过滤及重组后，用自己的语言写出来的。 ( )( )

5. 记笔记时，你会只记精华而避免原文照抄，也会避免将老师所讲的东西一字不漏地写下来。 ( )( )

6. 你的笔记会依据不同的内容要求来选用不同的组织方法。 ( )( )

同学们，测试结果出来了，你一定有一些不适合的方面，也许它们正是多年来影响你的学习能力的不良因素，那就赶快向心理老师咨询一下，调整不良因素，祝愿你在今后的成长中，做到乐学、会学、善学，体味学习的快乐，品尝成功的喜悦。

第三节　培养学习能力

[案例分析] 重视实践却不能通过考核的困惑

1. 背景资料：

小君从小喜欢汽车，初中毕业时，小君根据自己的志向和平时收集的职业用工信息资料，放弃了“千军万马过独木桥”——考大学，而选择了上中专，学汽车修理技术，立志将来做一名有技能、高收入的蓝领。进入中专后，小君感觉到在校期间能从事实际操作的实践课太少，而文化课和专业理论课却占一定比例，认为这样学不到真本领。于是，小君就利用业余时间去汽车修理店打工，甚至是不求待遇只求练手。白天的文化课则用来休息，补充睡眠。即便是专业理论课小君也不认真对待。等到技能考核时，小君却慌了神，原来很多题目需要在理解理论基础知识的前提下作答，拿着试卷，小君很茫然，第一次技能考核小君竟未能通过。事后，小君不明白：“我那么重视实践操作，为什么却通不过考核？”

2. 案例分析：

小君没能通过考核是因为他没有懂得现代社会需要的能获得高收入的蓝领是既通晓理论，又有实践操作能力的高级技术工人，而非熟练工。因为在知识爆炸、科技飞速发展的当今，学习已不再仅是“学会”，而是“会学”。没有扎实的文化和专业理论功底，仅仅会操作，就如同无源之水，空中楼阁。是只知其然，而不知其所以然。只有拥有深厚的文化知识基础和扎实的理论功底，才能够把所学在实践中灵活应用，并能在实践中去探知未来，提出新问题、新观点，才能发展，才能创新。正如美国人才资源研究学者、心理学家赫伯特·乔耶指出：“未来的文盲将不是那些不会阅读的人，而是没有学会怎样学习的人”。

3. 辅导方案：

(1) 引导小君同学从认知上调整自己对文化和专业理论知识的认识。

(2) 帮助小君同学制订合理的学习计划。

4. 辅导效果评价：

面临着考核失败的现实，小君同学不得不寻找原因，找寻补救自己不足的办法。辅导老师及时而有效的辅导，让小君同学深入认识到文化和专业理论知识的重要性，他理论知识和实操技术两手抓，顺利通过了考核。

〔心理常识〕

一、学习与心理健康

“玉不琢，不成器，人不学，不知理”道出了学习在人的一生成长中的重要，“吾生有涯，学海无涯”就是“终生学习”理念的最好诠释。可以说学习已成为我们每个人生存发展，立足社会之根本。著名的心理学教授陈加诗说：“心理健康的学生，成绩优于心理不健康者；心理健康的成人，其工作效率必胜于心理不健康者。”可见健康的心理是学习的有力保障。

心理健康是指根据心理活动的规律，采取适宜的措施，消除心理障碍促进学生身心健康发展。所以，心理健康与学习是互相联系、互相影响、相辅相成的关系。

（一）学习对学生心理健康的影响

1. 学习对学生心理健康的积极影响

(1) 学习能够发展学生的智力，开发潜能。

每个人都有与生俱来的潜能，学习是使每个人的潜能得以挖掘的有效途径。特别是处于生长发育时期的学生，蕴含的潜能是巨大的，在不断的学习中，学生的观察力、注意力、记忆力、思维能力以及想像力得到利用、开发和提升，正是所谓“刀越磨越快，脑子越用越活”。

(2) 学习能带来心理上的满足，使人体验愉快的情绪。

心理健康专家认为，献身于某些引人入胜的工作，是实现心理健康的基本条件。从某种角度来说学生就是一个以学习为职业的特殊群体。在每日的学习中，因为完成一项任务，取得一定成绩而获得成就感，带来快乐；因为克服一个困难，达到一个新目标而信心倍增，这就是因学习而带来的满足与喜悦。同样，在遇到不如意的事情时，埋头于学习，又成为转移不良情绪、冲淡或忘掉烦恼的好方式。

(3) 学习能全面提升学生的综合素质，适应社会的发展。

在学习中，学生不仅获得知识和技能，还提高了认识问题、发现问题、分析问题、解决问题的能力，掌握了科学的认知方法，不断地学习，才能正确地认识自己和评价他人，才能不断地根据社会的发展和需求进行自我调节，才能使个人价值的实现建立在贡献社会的基础之上。

2. 学习对学生的消极影响。

学习毕竟是一项长期的艰苦的脑力劳动，需要耗费大量的生理、心理能量，在长期的学习活动中，过重的学业负担、过高的学习目标，容易使学生承担过重的心理压力；学习难度的加大，容易使学生产生畏难情绪；学习方法的不当导致学习成绩得不到提高，容易使学生对自己的智力、能力产生怀疑，引发自卑心理；不健康的学习内容使一些辨别能力较差、自控能力较弱的学生造成心理污染；不科学的用脑、不合理的安排使得学习成为“疲劳战”，有损学生的身心健康。

（二）心理健康对学习的影响

长期以来，人们总是认为那些学习不努力，成绩下降，考试不及格，甚至辍学的学生无理想、不刻苦或是太笨等等，家长还常常以“人家谁谁谁怎么学得好”为由训斥孩子，严重伤害了孩子的心灵。不可否认，这些因素确实影响了学生的学习，但它不是全部因素，大量的事实告诉我们，学生的心理健康状况也是影响学生学习的重要原因。

学习活动是智力与非智力因素共同参与的过程。对绝大多数学习者来说，学习效果的好坏更多地取决于非智力因素。非智力因素包括需要、动机、情感、兴趣、意志、性格等，虽不直接参与认识活动，即不具备加工处理信息的功能，但它实现着对人的认识活动和行为的驱动、定向、引导、持续、调节和强化等功能。在学习过程中，良好的心理健康状况，即正常的智力、健康的情绪、坚强的意志、良好的个性、正确的自我意识、和谐的人际关系等等，都会对学生的学习起很大的促进作用；反之，如果心理健康状况不佳，甚至有心理疾患，则会不同程度地妨碍学生的学习，抑制学生潜能的开发。

总之，学习活动与心理健康的相互影响、相辅相成的关系告诉我们：了解学习活动的特点和规律，了解自己学习过程的方式与习惯，积极主动地学习，有利于身心的健康发展。同时，全社会都关心学生的心理健康状况，提高学生的心理健康水平，以促进学习，从而建立学习与心理健康的良性循环。

二、树立现代学习观

传统的学习观认为，学习是在一定的情境中，在老师有目的、有计划的、有组织的系统指导下，学生通过受教育，获取知识。学习内容则是老师传授的知识和以升学考试为目的的有关知识和技能，是一种“以课堂为中心，以课本为中心，以教师为中心”的学习观，是“教什么学什么，学什么会什么”，突出的是实用，而忽视了发展与创新。

现代的学习观是在对传统学习观念认同、继承的基础上更突出了学习应是主动求知，能动地发现、探索和创新。学习不再是人生某一阶段的任务，而是学习者一生的需求和活动，即终身学习的观念。《学习的革命》作者告诉我们：“我们所看、我们所听、我们所尝、我们所接触、我们所想、我们所做”均为学习。学习的途径也不仅是课堂、课本、教师，而应扩展为从实践中学习，即边做边学；从观察中学，即边看边学；从教导中学习，即边听边学。

联合国教科文组织在《教育——财富蕴藏其中》一书指出 21 世纪人类生存发展的四大支柱是：学会认知，学会做事，学会共存，学会发展。

1. 学会认知：要有广博的知识，并不断更新其内容；对问题有深刻的了解、完整的看法和解决的方案;还要能区别真伪,明辨是非。

2. 学会做事:除职业技能外,要具有应付各种情况的能力,包括处理人际关系、社会行为、合作态度、社交和解决问题的能力,具有创造革新与勇于冒险的精神,更要有能欣赏他人的美德。

3. 学会共存:世界是个整体,人和人之间依赖日深,和平交流、和睦相处的需要日益迫切,要能够尊重多元文化,以理性面对问题,共同面对危机与挑战。

4. 学会发展:未来需要人们具有较强的自主能力、判断能力,能够承担更多的社会责任,不可因循守旧,不可封闭,不以已有的成就为满足,而应力求精进。

三、注意力的培养

注意是心理活动对一定对象的指向,具有指向性,选择性、集中性。注意力是获取知识的重要心理特征和必要前提,对学生的学习效果具有十分重要的影响,因为它直接关系到学生全部心理活动的方向和效能。学习的成功与一个人的注意品质密切相关。注意力的训练应从以下几个方面入手:

1. 培养学习兴趣

心理学家做过这样的一个有趣实验:中午11时,心理学家找来两位被试者,向他们讲明要对他们的观察力进行测试,然后让其中一位去吃饭,另一位留下来讨论别的问题。12时他们正式出发,让被试者坐在敞篷车上,穿越繁华的大街。过后问被测试者:"在大街上,你看到了几家餐馆?"结果吃过饭的被测试者看到的餐馆少,而饿肚子的被测试者看到的餐馆多。

这个实验告诉我们:感兴趣的事物容易引起人的注意力。心理学研究表明,兴趣是我们从事某种活动的原动力,能对我们所从事的活动起支持、推动和促进的作用。兴趣是引起和维持注意的一个重要的内部因素,是学习过程中一种积极的心理倾向。常言说:勤学不如好学,好学不如乐学正是如此。培养对学习的浓厚兴趣是训练注意力集中的有效途径。

2. 明确学习目的和任务

目的越明确,任务越具体,就越能维持有意注意。如果学生不知道自己为什么学,也就不知道该如何学,对自己的学习就是"当一天和尚撞一天钟",很难维持有意注意。尤其面对困难和复杂的学习任务更是如此。

3. 锻炼意志品质

锻炼坚强的意志品质对同学们来说尤为重要。意志是指人们自觉地确定目的,并根据目的来支配、调节自己的行动,克服困难,实现预定目标的心理过程。同学们即可以选择适宜的环境来减少外部干扰,集中注意力,也可通过"闹中取静",如毛泽东青年时期在喧闹的城门口读书,来抵御外部干扰,锻炼意志品质,培养注意力。

4. 科学用脑,合理安排

人的大脑两半球具有不同的功能,左半球与逻辑思维有关,主管智力活动中的计算、语言逻辑、分析、书写及其他类似活动;右半球则与形象思维有关,主管想像、色彩、音乐、韵律、幻想及其类似的其他活动。如果长时间地运用一侧大脑,就容易产生疲劳。因此,应根据大脑两半球的不同分工而交替使用大脑,就可以延缓疲劳现象的发生。如在学习中可采用文理学科的交替,听、说,读、写的穿插结合等技巧保持大脑优势兴奋中心,从而维持注意力的持久与稳定。

另外可以通过大脑抽屉法训练注意力。就是在大脑这个抽屉里放几个问题,然后逐一思考，在思考一个问题时，思想集中，不考虑另外的问题。以此来训练注意力从一方面转移到另一方面，且集中于一个问题而不分心。同学们可以通过长期的训练，做到合理有序地安排注意力的方向，从而充分利用和分配时间，提高学习效率。

四、观察力的培养

观察是人们认识世界，增长知识的主要手段，它在人们的一切实践活动中都有重要的作用。世界著名科学家伽利略不正是在教堂祈祷时注意到来回摆动的吊灯，而又仔细观察，发现吊灯的来回摆动很有节奏，尽管摆动的幅度不一样，但往返的时间差不多的规律中深入研究，发现了自然界的一条规律——单摆规律吗？所以，观察力是智力活动的源泉和门户。人们通过观察，获得大量的感性材料，获得相关事物的鲜明而具体的印象，经过思维活动的加工、提炼，上升到理性认识，从而促进智力的发展。人的观察力不是先天注定的，而是在后天的学习、生活中逐渐培养形成的。

1. 带着任务去观察

目的明确与否直接关系到观察的效果。只有有的放矢地把注意力放在要观察的对象上，才能克服干扰，取得观察的良好结果。因而学生在生活中对周围的事物多问几个“为什么?”，逐步学会自觉地观察丰富多彩的世界，培养自己的观察力。

2. 储备知识去观察

在观察的领域中，机遇只偏爱那种有准备的头脑。所谓有准备的头脑，一言以蔽之，就是知识的储备。高品质的观察力是建立在厚实的科学文化知识的基础之上。丰富的科学文化知识又是提高观察力的重要手段。一个知识贫乏、经验不足的人是很难做出全面、深刻的观察的。

3. 运用适当的方法去观察

好的方法会取得意想不到的效果。在对事物的观察中，应根据事物的特征和观察的目的而采用相应的观察方法。常见的观察方法有全面观察、重点观察、解剖观察、对比观察、重复观察、长期观察、有序观察、多方观察等。

4. 养成良好的观察习惯

好习惯终身受益，学生可以制订观察计划可使观察有序、系统；调动眼、耳、舌、身多种感官去观察；建立全面、细致的观察日记并加以分类整理。处处留心皆学问。做个有心人，在实践中注意细心观察我们周围的世界，捕捉平凡现象中发生的一些细微变化，从而发现纷呈杂乱事物中存在的规律性。

五、记忆力的培养

记忆是一切学习的基础，包括识记、保持、再认或回忆三个环节。在解决复杂问题时，由记忆提供的知识经验起了重大的作用。良好的记忆力有三个品质：识记的敏捷性、保持的持久性、记忆的精确性。

美国麻省理工学院科学家的一份报告中指出：人的记忆容量相当于5亿本书籍的知识量，并将保持70~80年。神经生理学家指出：记忆力如同肌肉，经过锻炼可以发达起来。由此可见，记忆力的能量巨大，潜力无限。同学们应从以下几方面入手，提高记忆能力。

1. 保持良好的身心状态，取得最佳的记忆效果当一个人笼罩在愉快的氛围中，体温上升，心跳平稳，呼吸均匀，肌肉放松，此时人的思维是敏捷与活跃的，注意力也容易集中、持久，识记的效果最佳，保持效果好。

2. 确立明确的目的，培养有意识记忆

有意识记忆是指有明确的目的或任务，凭借意志努力记忆学科材料的方法。心理学研究表明，有意识的记忆效果明显优于无意识记忆。为了掌握科学知识，必须培养有意识记忆。

3. 运用理解记忆，改变机械记忆

理解是记忆的基础。俗话说得好"若要记得，必先看懂"，死记硬背的东西不长久，理解消化的知识才能牢记。

4. 讲究科学的方法，提升记忆的效率

在记忆时，根据知识的特性，运用科学的方法，如故事法、联想法、歌诀法、图表法、归纳法等等，寻找记忆的窍门，达到记得快、记得准、记得牢的效果。

5. 牢记遗忘曲线，减少记忆的丢失

艾宾浩斯遗忘曲线表明，我们学习后经过的时间越长，记忆保持得越少，遗忘得越多；但遗忘的速度不均衡，遗忘的规律是遗忘是在学习完后就立即开始，遗忘的速度呈先快后慢的趋势。朗读的次数越多，时间越长，记忆保持越久。如在学习了新单词后，在 20 分钟内复习一遍，隔半周复习一遍，然后隔一周再复习一遍，这样拉开复习的时间间隔，可以提高复习效果。因而，在学习中，我们不要想一下子记住，而因多次重复，及时复习，巩固知识，减少记忆的丢失。

六、创新能力的培养

每个人都有创新的潜能，在人的成长过程中，小时候的创新能力一般比较强，由于种种原因，长大后其创新意识和创新热情则有所减退，甚至无创新能力而言。因此唤醒人们的创新意识与创新热情、培养创新能力已成为 21 世纪人才培养的方向。培养创新能力的最佳时期正是学生时期。

1. 要有强烈的创新意识和创新热情

创新意识是指善于发现问题、求新求变、积极探索的心理取向。创新热情是对科学的热爱，对真理追求的强烈感情。长期以来，许多人认为自己既没有与生俱来的良好天赋，又不具备超常的聪明才智，因而自认为创新是科学家、发明家、艺术家的专利，与自己无关。这些错误的认识无端地压制了人的创新意识与创新热情。其实创新并非高不可攀，也不神秘。当你在生活中遇到不称心、不如意、不方便的事，要有想办法去改变它的欲望，这种改进的欲望就孕育着创新。

2. 要有敢于冲破传统观念的勇气和胆略

大胆质疑，不迷信权威，不拘泥于陈规俗套，这是培养创新能力的心理因素。你知道"牛奔现象"么？当牛群中的某些牛盲目奔跑的时候，其他的牛也会感到惊慌失措，跟着跑起来。在奔跑的过程中，出现了自相践踏的现象，甚至当有的牛投河的时候，其他的牛也会跟着跳进河里。结果整个牛群损失惨重。人们称之"牛奔现象"。在心理学上归结为从众心理。

从众心理是指当群体的意见以群体压力的形式表现出来，并引起个体的认识不一致，亦即自己的意见和群体的意见产生冲突时，个体的评价、意见和行为服从于群体的意见。从众心理对创新具有严重的制约与束缚作用。学生在学习生活中，要善于独立思考，不盲目从众，有独立见解，培养创新能力。

3. 勤于思考，善于质疑。

“思”和“疑”是创新的起点。不动脑、不思考就不会发现问题，也就不会有发明和创造。学生要养成遇事寻根问底、不轻易罢休的习惯，自然会产生许多问题，同时也会产生许多新思想、新东西。创新的过程就是不断的质疑、释疑、不断探索的过程。

4. 突破思维定式，开发创新思维能力

说到球，人们的反应就是圆的；说到砖，人们的反应是长方形的；说到雨伞的用途，人们的反应是遮阳遮雨……这就是思维定式，前人的经验或长久以来的习惯在人们的脑海里形成了许多条条框框，严重地束缚了人们的想像力。开发创新思维最重要的就是要突破习惯思维模式和行为，用与众不同的新鲜态度来看待事物，领悟事物之间的关系。

创新思维就是一种求新的、无序的、立体的思维，它并不是某种单一形式，而是多种思维的综合表现。具有敏捷性、灵活性和独特性的特征。敏捷性就是要求思维活动迅速灵敏、连贯有序、畅通无阻，能在较短的时间内表达较多的概念。如我们玩过的“成语接龙”游戏。灵活性就是能够运用灵巧多变的思维，善于变通，找出解决问题的新方法和新途径。独特性就是打破传统的常规思维的束缚，寻求别具一格、标新立异、与众不同的新思想、新观念。

创新思维的方法主要有：扩散思维、立体思维、逆向思维、换位思维等表现形式。

发散思维就是从某一点出发，向外任意扩散，无一定的方向，无一定的范围，提出更多的创造性设想、新方法、新方式解决问题的思维方法。它主张打开五官大门，张开思维之网，冲破一切禁锢，尽力接受更多的信息。发散思维是创新思维的核心。

立体思维要求人们在思考问题时跳出点、线、面的限制，从上下、左右、前后等，从四面八方进行多角度思考问题的思维方式，就如同建立一座思维的立体交通。

逆向思维就是从反方向去思考、去探求问题的一种思维方法。就是我们常说的反其道而行之，其结果常常是意想不到的。就如大家熟知的司马光砸缸的故事。

转化思维是以多路思维代替单路思维。俗称这路走不通改走它路。古代曹冲称象就是转换思维，用石头代替大象，称出大象的重量。

换位思维是指行为跳出自我站在他人的位置上进行多思维思考，交流感情、产生共鸣的一种思维方式。

5. 发挥丰富的想像力

想像是人们在过去感知的基础上，对所感知过的形象进行加工、改造，使其产生新思想、新方案、新办法，从而创造出新形象的思维过程。既有听到一首优美乐曲而产生的联想想像，也有如新的设计、新的发明创造这种在人脑中形成新形象的创新想像。想像力对于创新十分重要,它可以拓展人的思维,激励和引导人们奔向成功。正如爱因斯坦所说:"想像力比知识更重要,因为知是有限的,而想像却概括世界上的一切。"

总之,终生学习不再是一种口号和想法,已成为人们为了适应社会生存发展的需要,学习也由"学会"发展为"会学",学习能力的培养更是尤为重要。作为未来世界的主人,学生在今天的学习中就要注重能力的培养,提高自身素质,提升职业技能,为自己未来的职业生涯储备能量,以适应时代的发展,社会的需求。

第四节　心理辅导训练

［案例分析］克服障碍,努力学习

1. 背景资料:

学校心理咨询室的老师收到 Z 同学的一封来信,诉说了他的苦恼:"有些老师总是说我无心上学,为此我还与他们发生过争执,我很想学习,也很希望自己成为有用人才,可是一遇到困难就想放弃,人家只知道我整天不想学,可就是不知道我原本是很想学习的……"

2. 辅导谈话摘要:

……

Z 同学:实际上,我一直都很想学习,也很希望自己成为有用人才,可是一遇到困难就想放弃,人家只知道我整天不想学,可就是不知道我原本是很想学习的……

辅导员:你说你想学习,但不知道怎样去学,是这样吗?

Z 同学:我真的想学习,特别想掌握一技之长。但您也知道学习真的很辛苦,遇到困难我就坚持不下去。有的老师说我无心想学,我真的很不服气。做老师的只知道批评自己的学生,却不知道他们内心深处在想些什么。

辅导员:你愿意与我谈谈你内心的真实想法吗?

Z 同学:我小学的时候很爱学习,后来换了一位语文老师,这个老师布置的作业特别多,我通常情况下要做到晚上十一点钟。后来,我很讨厌学习,但内心深处,我还是很想学习的,我很希望自己的学习能够搞上去。

辅导员:我理解你的想法。可是我的理解不能给你带来真正的知识,你的幻想无法给你智慧,一切的结果都取决于具体的行动。做其他事情遇到困难时,你怎么办呢?比如交朋友吧,假如朋友误解你,你会怎么办呢?

Z 同学:我会向他们解释清楚的,我想这是比较容易的事情。可是学习就不同了,需要付出太多的努力。

辅导员:你认为学习就是一件苦差事,是这样吗?其他事情你有办法解决,惟独学习,你很难应付,你觉得自己不是一块学习的料。你有过这样的想法吗?

Z 同学:对,对的。我就是这么想的。

辅导员:为什么会有这种想法呢?有人这么说过你吗?

Z 同学:最初我的父母并没有发现我的成绩下降,后来他们发现了就开始逼着我去学习,可是我真的不愿学,成绩也越来越不好,他们就说我不是学习的料,还说以后我只能做清洁工、建筑工或者做乞丐等等。

辅导员:你认同父母的看法,认为自己就不是学习的料,是吗? 我想这个思想是一块绊脚石,阻碍着你去学习,你应该摆脱这个绊脚石的纠缠。

Z同学:我希望得到老师的指点。

3. 辅导方案:

为了建立良好的辅导关系,首先我们针对这位学生的来信进行回复。在回信中,帮助这位同学分析问题的根源,制订具体的学习计划。另外,邀请这位同学到学校心理咨询室,面对面地与他探讨问题,提出解决问题的方案。

4. 辅导效果评价:

本次辅导需要得到来访者的班主任帮助,协助监督来访者学习,对其学习效果进行定期检查,帮助来访者进步并及时地给予精神上和物质上鼓励。辅导效果良好。

[心理辅导训练]

一、自我探索

[辅导目的]

通过以下题目使同学们明确学习是一种复杂的心理现象,认识自己的学习心理状况,调整那些不恰当的学习心理。

训练时间:40分钟

[训练题目]

1. 我的学习动机是______________________________

____

____

积极的动机是______________________________

消极的动机是______________________________

2. 在过去的学习中,我最感兴趣的课程是______________________________

感兴趣的原因是______________________________

____

我成绩最优异的学科是______________________________

取得好成绩的原因是______________________________

____

对于外语之类需要大量记忆的学科,我是如何进行记忆的______________________________

____

我感到效果如何______________________________

____

学习了本章,我决定重新制订一个学习计划______________________________

____

[训练步骤]

1. 每位同学独立完成以上题目。

2. 每 6 ~ 8 人为一组，小组内交流，特别是学习计划的制订，可以取人之长，补己之短，进行适当的修改。

3. 计划制订好后，必须严格执行，待一段时间后（一个月或学习完一个单元），自我总结，找出适合自己和不适合自己的地方，做适当的调整。

二、观察力的训练

[训练目的]

通过对观察对象持续的观察，发现观察对象的细微变化，体味这种变化带给观察者的感受。

[训练方式]

1. 分组，每 4 ~ 6 人为一组。

2. 各组选择观察对象，如动植物、环境、天气等。

3. 每人建立一个详细的观察记录，包括观察对象，观察时间、观察地点、观察方式、辅助工具、观察到的现象、产生变化的原因、观察者的感受等。

4. 认真填写观察记录。

5. 一段时间（一周或十天）后，小组交流观察记录，并选出 1 ~ 2 个观察详尽的记录在班里交流，与同学一起分享观察的乐趣，体验观察带来的心理感受。

三、注意力、记忆力的训练

[训练目的]

通过有效增加记忆力、注意力的许特尔图表训练法，进一步了解记忆的活动规律，提高记忆效果。

[时间安排]20 分钟

[训练步骤]

1. 发放许特尔训练图表，每人一张。许特尔图表共 8 张，每张无顺序地填写着 1 ~ 25 的阿拉伯数字。

2. 要求学生以最快的速度依照 1 ~ 25 的顺序边读边指出它们的位置。要求注意力集中，用秒表计时。

[训练小结]

1. 注意是记忆的基础，记忆时如果注意力集中，那么记忆的效果特好。特别是短时间的强记忆。高度的注意力集中是记忆效果的保证。

2. 正常速度是 25 秒 ~ 30 秒一张，短速度是 11 秒 ~ 12 秒一张，极快速度是 7 秒 ~ 8 秒一张。

3. 情绪稳定、身体健康、消除疲劳的正常情况下，每张图表上所用时间相同，如果时间拖长了，说明注意力疲劳。如果不按时完成，且每张图表所用的时间与完成的情况差别较大，则是一种异样，应引起重视。

4. 每天坚持练习一遍这套图表,注意力包括注意速度、范围、辨别力、稳定性以及视觉定向搜索的速度都会得到提高。

附:许特尔图表

4	23	17	9	19
22	12	1	18	24
10	3	8	13	2
20	7	14	21	11
5	15	25	6	16

17	24	15	9	19
23	12	1	14	20
11	3	4	13	2
16	7	18	21	22
5	10	25	6	8

2	24	6	10	19
22	21	17	18	23
5	3	1	13	12
20	25	14	8	11
4	15	7	9	16

14	24	16	9	10
22	21	1	19	12
15	3	8	13	2
23	7	17	4	11
5	18	25	6	20

4	15	3	23	9
5	12	1	18	2
13	24	6	22	20
11	7	14	21	10
8	19	25	17	16

23	16	7	9	19
22	12	1	5	10
2	3	21	13	20
8	24	14	4	11
17	15	18	6	25

4	5	17	10	7
19	23	1	22	24
8	11	18	13	2
20	16	14	21	3
9	15	25	6	12

3	24	2	9	4
22	6	12	13	23
16	18	17	19	15
11	7	14	21	1
5	8	25	10	20

四、发散思维训练

[训练目的]

通过找出一个问题的多种解决方法，培养学生的发散思维能力，促进创新思维的提高。

[训练时间] 每题3~4分钟

[训练步骤]

1. 分组训练，6~8人为一组。
2. 介绍并公布所提供的问题：

(1)砖头的用途( )种

(2)迷路了，你将怎么办？( )种

(3)识别假货( )种

(4)获得信息的渠道( )种

(5)既是红色又可食用的东西( )种

3. 在规定的时间内，各组为上述问题找出不同的解决方法，尽可能多。
4. 每一小组说出解决的方式，小组成员可以做补充。
5. 汇总小组的结果，得到更多的答案。

[训练小结]

发散思维就是从一点出发，任意发散，就像一个光源向四面八方发射一样。思考者可以从不同方面、不同方向、不同角度去思考，从而促使人们产生众多的创造性设想。

第四章 培养适应能力

第一节 适应能力概述

［案例分析］不能适应新环境的女孩

1. 背景资料：

女孩小Y上初中时活泼开朗，来到大学后，生活似乎变了样，上课走神，记忆力下降，不愿说话，常因想家而暗自流泪，食睡不安以致几次想退学。她的班主任很着急，把她带到学校心理咨询室，这位女孩显得非常紧张："我很想回家我真的受不了。面对新环境，我总是不知所措。"

2. 案例分析：

经过深入了解发现，小Y在家里很受爷爷奶奶、爸爸妈妈的宠爱，感情上很依恋他们。这是小Y第一次离开家开始独立的生活。军训时所受的苦，宿舍里陌生的脸孔，校园崭新的生活方式等等，这些都令16岁的小Y感到难以适应。心理辅导员在对其进行全面了解以后，制订了一套治疗方案。这位女孩逐渐恢复了从前的活泼与开朗。小Y遇到的主要问题是环境适应不良，这是学生时期常见的一种心理疾病，需要通过老师、家人、同学们的帮助，需要通过本人的努力，逐步地改善不适应的状态。

3. 辅导方案：

首先，辅导需要协同Y的班主任、她同宿舍的同学、她的父母一同探讨并制订辅导方案。

其次，需要对其进行以下几方面的具体指导：

●从认知方面加强她对环境适应能力的意义的认识。

●利用各方面力量疏导她的情绪，形成以家庭、学校为主的心理支持体系，给予她心理的支持和实践的指导。

●帮助她了解学校的发展，熟悉老师和同学，熟悉学校内部及外部环境。

●利用专门的心理治疗方法帮助她克服困难，如系统脱敏法，这对治疗新环境恐惧等心理疾病很有效。

4. 辅导结果：

经过一个学期的指导，这位显得很娇气的女孩逐渐变得坚强起来了。毕业以后，到离家比较远的顺德市某工厂工作，现任销售部主管。

〔心理常识〕

一个人如果从亮处走进暗室，起初什么也看不见，经过对弱光的感受逐步提高，视觉会慢慢恢复，叫"暗适应"，反之则叫"明适应"、"光适应"。现实生活中的人，一生当中的生存环境发生过无数次变迁，面对变化了的环境而及时调整自身从而取得成功者比比皆是。但是，失败者也大有人在。

1. 什么是适应

适应一词原意是生物在生存竞争中适合环境条件而形成一定性状的现象。它是自然选择的结果。例如，生长于沙漠中的仙人掌，叶子是针状的，以减少蒸发。

在心理学上指感觉适应，即感受器在刺激持续作用下所产生的感受性的提高或降低的变化。

2. 什么是能力

能力可以分为一般能力和特殊能力。一般能力是指完成不同种类的活动都需要具备的能力，如观察力、注意力、记忆力、思维能力等，也有人认为智力就是一般能力。特殊能力是指从事某种专业活动所必需的能力，如音乐家对音调的精细辨别能力、画家对色彩的敏锐的观察能力等。一个人能力的各个方面有机地联系为一个整体，体现出一个人的能力水平并表现出人与人之间的个体差异。

3. 什么是适应能力

来自客观世界的大量信息，例如，社会发展、科技进步所带来的生活节奏变化，市场激烈竞争带来的学习工作压力和挑战，以及错综复杂的人际关系和铺天盖地的各式各样的信息，这一切都要求每一个现代人去正视去面对。

如何去应对，并在应对过程中寻找到一条适合自身发展的成功之路。就是衡量一个人适应能力强弱的标志。

4. 适应能力和身心健康的关系

据世界卫生组织调查，第二次世界大战前威胁人类健康和生命的主要是肺结核、天花、脑膜炎等传染性疾病，而战后则被心血管疾病、恶性肿瘤、原发性高血压所取而代之。这些疾病又被称为"身心疾病"，因为它们的产生不仅是由于生理上的原因，更是由于心理和社会因素，如事业受挫、家庭不和、亲人亡故等等起了更为重要的作用。现代社会人们由于生活压力较大，身心经常处于紧张状态。如不能很好地应对而使过分紧张状态持续存在的话，它们就可扰乱人体正常的生理机能，从而诱发各种身心疾病。因此，心理学家指出：现代人要么学会如何适应，要么走向事业的失败、疾病和死亡。如此得来，一个人的适应能力如何与其身心健康有着极为密切的关系，那么了解和掌握应对各种事件的方法，会对培养和增强我们的适应能力，维护我们的身心健康大有裨益。

第二节　适应能力测试

[案例分析] 做一个正确面对失败的勇敢者

1. 背景资料:(这是一封通过网络发来的信)

“我十九岁以来的道路一直是平坦的,我学习努力,成绩优秀,班干部工作尽心尽力。可是这次竞选学生会干部,我失败了,这让我在同学面前抬不起头,我觉得很没有面子。老师,我应该怎么办?”

2. 回复摘要如下:

失败意味着打击、无奈和希望破灭,或多或少都会对人产生消极的影响。一般会产生以下不良的心理体验:

●悲观心理,即一种消极、颓废、逃避现实的心理。感到自己生不逢时,处处觉得不顺利。往往以为自己一两次失败就认定自己永远不会成功。

●自卑心理,即轻视自己,错误地认为自己比别人差,处处不如人。

●害怕困难的心理,即“一朝被蛇咬,十年怕井绳”。持这种心理的人本身具备一定的实力,也有跨越障碍的条件,但他们有畏惧心理,往往在困难面前当了逃兵。

竞选失败以后,应该首先安定一下自己的情绪,度过失意、痛苦这一关。能不能换一个角度去考虑,竞选失败本来就没有什么大不了,有竞选就一定可能遇到失败,尽管失败了,也为自己积累了一份宝贵的人生经验。其次,冷静地分析自己失败的原因,比如是不是自己订立的目标太高,竞选过程中有没有突出自己的特长,竞选演讲的准备是否充分等。

从某种意义上说,失败就是一种有意义的总结。

另外,及时地制订计划,准备再接再厉。做学生会干部决不是为了个人出风头,为自己“挣面子”,而是为了锻炼自己的能力,为广大的同学们服务。竞选失败并不意味自己就没有行动的可能了,你可以利用做班干部的机会为同学们服务。也只有这样,才能够让同学们了解你真实的心愿,从心里敬佩你。你向身边的同学询问一下,看看大家都是怎样看你的,我认为你能参加学生会干部竞选是一件很了不起的事情,尽管失败,但同学们一定会理解你的。现在,你需要理解你自己,给自己增加勇气和力量。

〔心理常识〕

一、心理测试:你是否具有适应困境的能力

(1) 你的童年是在父母的溺爱下度过的吗?

a. 否　　b. 是　　c. 不全是

(2)你步入社会后路途坎坷,屡遭别人的白眼吗?

a. 否　　b. 是　　c. 不全是

(3)你在初恋时被恋人甩掉后,几乎失去了生活的勇气吗?

a. 否　　b. 是　　c. 不全是

(4) 你总感到手头宽裕吗?

a. 否　　b. 是　　c. 不全是

(5)让你和性情不同的人一起相处,简直是活受罪吗?

a. 是　　b. 不一定　　c. 否

(6)你从来没有服用过安眠药物吗?

a. 否　　b. 不完全　　c. 是

(7)你的朋友贸然带一个讨厌的人来访,你感到震惊吗?

a. 是　　b. 不确定　　c. 否

(8)原定有你受奖励,可公布名单时不知为什么又换了另一个人,即便如此,你也心情坦然并向他祝贺吗?

a. 否　　b. 不确定　　c. 是

(9) 看到那些奇装异服,听到那些乱糟糟的音乐,你就感到恶心吗?

a. 不确定　　b. 否　　c. 是

(10)你是否认为一些新规定、新制度的颁布和实施,都是顺理成章、势在必行的?

a. 不确定　　b. 是　　c. 否

(11)接连遇到几件不愉快的事,你会一次比一次感到苦恼吗?

a. 不确定　　b. 否　　c. 是

(12)即使同你最厌恶的人交谈,你也能心平气和吗?

a. 不确定　　b. 是　　c. 否

(13)你认为建立新的人际关系相当容易吗?

a. 是　　b. 否　　c. 不确定

(14)别人擅自动用你的物品,你会长时间生气吗?

a. 否　　b. 是　　c. 不全是

(15)即便多次失败,你也不放弃再尝试的机会吗?

a. 是　　b. 否　　c. 不确定

(16)对没有完成的重要事情,你会吃不下饭、睡不好觉吗?

a. 不确定　　b. 否　　c. 是

(17)有 50% 的成功把握你才会去干有些风险的事吗?

a. 不确定　　b. 是　　c. 否

(18)只要流行感冒,你就会被感染上吗?

a.是　　b.否　　c.不确定

(19)别人若对你不公正,你会找机会进行报复吗?

a.是　　b.否　　c.不确定

(20)有空闲时间,你就想看小说和报纸吗?

a.不确定　　b.否　　c.是

上述测试的计分方法,如表

试题号＼选择号＼得分	A	B	C
1	5	1	3
2	5	1	3
3	5	1	3
4	5	1	3
5	1	3	5
6	1	3	5
7	1	3	5
8	1	3	5
9	3	5	1
10	3	5	1
11	3	5	1
12	3	5	1
13	5	1	3
14	5	1	3
15	5	1	3
16	3	5	1
17	3	1	5
18	1	5	3
19	1	5	3
20	3	1	5

A:20 ~50; B:50 ~75; C:75 ~100。

测试说明:

①A 表示经不起突如其来的变故——这可能和一帆风顺的经历有关。这种人心灵脆弱,经受不住刺激,更经不起意外打击,即使稍不遂意也会使其寝食不安,这是他的一大弱点。建议这种人主动扩大心理承受面,愉快接受生活挑战。同时也要少想个人得失,因为应对困难的能力说到底是对个人利益损失的承受力。

②B 表示心理承受能力一般——在通常情况下不会有什么问题,至多有点烦恼。要注意的是能在大的灾难面前想得开、挺得住。

③C 表示敢于迎接命运的挑战——这种人具有平凡的经历,能面对现实,对来自生活的冲

击波应对自如，随遇而安。

二、独立性测试

独立性是人的适应能力的基本因素之一，你的独立性强吗？做一做你就知道了。

1. 在学习中，你愿意：　□
A. 和别人合作。
B. 不确定。
C. 自己单独进行。
2. 遇到困难任务时，你总是：　□
A. 有独立完成的信心。
B. 不确定。
C. 希望别人的帮助和指导。
3. 你希望把你的家设计成：　□
A. 拥有其自身活动和娱乐的个人世界。
B. 介于A、C之间。
C. 朋友交往活动的一部分。
4. 你解决问题习惯于：　□
A. 个人独立思考。
B. 介于A、C之间。
C. 和别人展开讨论。
5. 你和异性朋友的交往。　□
A. 较多。
B. 介于A、C之间。
C. 比别人少。
6. 在学校活动中你是活跃分子。　□
A. 是的。
B. 介于A、C之间。
C. 不是的。
7. 当人们指责你性格古怪时，你：　□
A. 非常恼火。
B. 有些生气。
C. 无所谓。
8. 到一个陌生的城市找地址，你一般是：　□
A. 向人问路。
B. 介于A、C之间。
C. 自己看市区地图。
9. 在解决难题时，你喜欢独自苦干，而不愿受人干涉。　□
A. 是的。

B. 介于 A、C 之间。

C. 不是的。

10. 你的学习多借助于： □

A. 阅读书刊。

B. 介于 A、C 之间。

C. 参加集体讨论。

评分规则：

题号＼得分	A	B	C	题号＼得分	A	B	C
1	0	1	2	6	0	1	2
2	2	1	0	7	0	1	2
3	2	1	0	8	0	1	2
4	2	1	0	9	2	1	0
5	0	1	3	10	2	1	0

第四章

测试报告及指导：

0～10 分：依赖型，独立性较差 。你依赖、随群，通常愿意与别人共同工作，而不愿独自做事。常常放弃个人主见，附和别人，以取得别人的好感。因为你需要团体的支持以增强自信心。你不是真正的集体主义者，希望你敢于做决定，多锻炼自已，增强独立性。

11～14 分：独立性一般。你能够在一般性的问题上自作主张，并能够独立完成，但对某些难度较大的问题常常愿意听别人的意见。你并不是真正乐意与别人相同，你只是需要团体的支持以维持自信心。应多培养一些自己的自主性。

15～20 分：独立性很强。你独立性强，处事果断。通常能够自作主张，独立完成自己的工作，不依赖别人，也不受社会舆论的约束。同时，你无意控制和支配别人，不嫌弃人，但也不刻意寻求别人的好感。

三、性格与气质测试

每一个人面对同一问题和挑战时会有不同的反应，这也正说明一个人的个性直接影响到他如何认识和面对问题以及适应环境的能力。那么，什么是个性呢？在心理学中，个性是指一个人在过去的生活经历中逐渐形成的一整套相对稳定的思维模式、行为类型、情绪反应方式以及价值观念、态度和信念体系等，它是一个人整体心理面貌的一种反映。

那么，个性又是由一个人的性格和气质决定的。苏联心理学家达维多娃曾经举了一个很生动的例子来说明不同气质类型的人在面对同一问题——看戏迟到并被拒之门外时的不同反应。胆汁质的人可能会和检票员大吵并不顾其阻拦而闯入剧院；多血质的人看到楼下入口处看守很严，可能会偷偷溜到楼上去看戏；黏液质的人则可能规规矩矩地等在大厅外，直到第一场休息时才进去；抑郁质的人则可能叹息道，真倒霉，偶尔看场戏就不让进，说完掉头就回去了。

下面我们就通过一个测试，大家看一看自己是那一种性格和气质。

（一）性格内、外向倾向的测试：下列试题中，凡单数题，回答“是”0分，“不置可否”记1分，“否”记2分。

凡双数题，回答“是”记2分，“不置可否”记1分，“否”记0分。

（1）在大庭广众面前不好意思。

（2）对人一见如故。

（3）愿意一个人独处。

（4）好表现自己。

（5）与陌生人难打交道。

（6）开会时喜欢坐在被人注意的地方。

（7）遇到不快事情，能抑制感情，不露声色。

（8）在众人面前能爽快地回答问题。

（9）不喜欢社交活动。

（10）愿意经常和朋友在一起。

（11）自己的想法不轻易告诉别人。

（12）只要认为是好东西立即就买。

（13）爱刨根问底。

（14）容易接受别人的意见。

（15）凡事有主见。

（16）喜欢高谈阔论。

（17）下课休息时宁肯一个人独坐也不愿同别人聊天。

（18）决定问题爽快。

（19）遇到难题非弄懂不可。

（20）常常未等别人把话讲完，就觉得自己已经懂了。

（21）不善和人辩论。

（22）遇有挫折不易丧气。

（23）时常因为自己的无能而沮丧。

（24）碰到高兴事极易喜形于色。

（25）常常对自己面临的选择犹豫不决。

（26）不大注意别人的事。

（27）好把自己同别人比较。

（28）好憧憬未来。

（29）容易羡慕别人的成绩。

（30）相信自己不比别人差。

（31）注意别人对自己的看法。

（32）不大注意外表。

（33）发现异常现象容易想入非非。

（34）即使有亏心事也很快被遗忘。

(35)总是把家里收拾得干干净净。
(36)自己放的东西常常不知在哪里。
(37)做事很细心。
(38)对于别人的请求乐于帮助。
(39)十分注意自己的信用。
(40)热情来得快,消退得也快。
(41)信奉"不干则已,干则必成"。
(42)做事情更注意速度而不是质量。
(43)一本书可以反复看几遍。
(44)不习惯长时间读书。
(45)办事大多有计划。
(46)兴趣广泛而多变。
(47)学习时不易受外界干扰。
(48)上课时喜欢同人交头接耳。
(49)作业大都整洁、干净。
(50)答应别人的事情经常会忘记。
(51)一旦对人有看法不易改变。
(52)容易和人交朋友。
(53)不喜欢体育运动。
(54)对电视节目中的球赛尤有兴趣。
(55)买东西前总要估量一番。
(56)不惧怕从来没做过的事情。
(57)遇有不愉快的事情可以生气很长时间。
(58)自己做错了事,容易承认和改正。
(59)常常担心自己会遭遇失败。
(60)容易原谅别人。

性格倾向计分表

题号	1	3	5	7	9	11	13	15	17	19	21	23	25	27	29	小计
得分																
题号	31	33	35	37	39	41	43	45	47	49	51	53	55	57	59	小计
得分																
题号	2	4	6	8	10	12	14	16	18	20	22	24	26	28	30	小计
得分																
题号	32	34	36	38	40	42	44	46	48	50	52	54	56	58	60	小计
得分																

评定方法:

把4个小计分相加得总分，总分的含义如下：

90分以上为典型外向；81～90分为较外向；70～80分为稍外向；61～70分为混合型（略偏外向）；51～60分为混合型（略偏内向）；41～50分为稍内向；31～40分为较内向；30分以下为典型内向。

（二）气质测试题：

下面60道题，可以帮助你大致确定自己的气质类型，在回答这些问题时，你认为：很符合自己情况的记2分；比较符合的记1分；介于符合与不符合之间的记0分；比较不符合的记－1分；完全不符合的记－2分。

（1）做事力求稳妥，一般不做无把握的事。

（2）遇到可气的事便怒不可遏，想把心里话全说出来才痛快。

（3）宁可一个人干事，不愿很多人一起。

（4）到一个新环境很快就能适应。

（5）厌恶那些强烈的刺激，如尖叫、噪音、危险镜头等。

（6）和人争吵时，总是先发制人，喜欢挑剔别人。

（7）喜欢安静的环境。

（8）善于和人交往。

（9）羡慕那些善于克制自己感情的人。

（10）生活有规律，很少违反作息制度。

（11）在多数情况下情绪是乐观的。

（12）碰到陌生人觉得很拘束。

（13）遇到令人气愤的事，能很好地自我克制。

（14）做事总是有旺盛的精力。

（15）遇到问题总是举棋不定、优柔寡断。

（16）在人群中从不觉得过分拘束。

（17）情绪高昂时，觉得干什么都有趣，情绪低落时，又觉得什么都没有意思。

（18）当注意力集中于一事物时，别的事很难使我分心。

（19）理解问题总比别人快。

（20）碰到危险情景，常有一种极度恐怖感。

（21）对学习、工作，怀有很高的热情。

（22）能够长时间做枯燥、单调的工作。

（23）符合兴趣的事情，干起来劲头十足，否则就不想干。

（24）一点小事就能引起情绪波动。

（25）讨厌做那种需要耐心、细致的工作。

（26）与人交往不卑不亢。

（27）喜欢参加热烈的活动。

（28）爱看感情细腻、描写人物内心活动的文学作品。

（29）工作学习时间长了，常感到厌倦。

（30）不喜欢长时间谈论一个问题，愿意实际动手干。

第四章

(31)宁愿侃侃而谈,不愿窃窃私语。
(32)别人总是说我闷闷不乐。
(33)理解问题常比别人慢些。
(34)疲倦时只要短暂的休息就能精神抖擞,重新投入工作。
(35)心里有话宁愿自己想,不愿说出来。
(36)认准一个目标就希望尽快实现,不达目的,誓不罢休。
(37)学习、工作同样一段时间后,常比别人更疲倦。
(38)做事有些莽撞,常常不考虑后果。
(39)老师或他人讲授新知识、新技术时,总希望他讲得慢些,多重复几遍。
(40)能够很快地忘记那些不愉快的事情。
(41)做作业或完成一件工作总比别人花的时间多。
(42)喜欢运动量大的剧烈体育运动,或者参加各种文艺活动。
(43)不能很快地把注意力从一件事转到另一件事上去。
(44)接受一个任务后,就希望把它迅速解决。
(45)认为墨守成规比冒风险强些。
(46)能够同时注意几件事物。
(47)当我烦闷的时候,别人很难使我高兴起来。
(48)爱看情节起伏跌宕、激动人心的小说。
(49)对工作抱认真严谨、始终一贯的态度。
(50)和周围人的关系总是相处不好。
(51)喜欢复习学过的知识,我似乎比别人记得清楚。
(52)希望做变化大、花样多的工作。
(53)小时候会背的诗歌,长大后能熟练背诵。
(54)别人说我"出口伤人",可我并不觉得这样。
(55)在体育活动中,常因反应慢而落后。
(56)反应敏捷、头脑机智。
(57)喜欢有条理而不甚麻烦的工作。
(58)兴奋的事常使我失眠。
(59)老师讲新概念,常常听不懂,但是弄懂了以后很难忘记。
(60)假如工作枯燥无味,马上就会情绪低落。

评分方法:

A. 如果某一项或两项的得分超过 20 分,则为典型的该项气质。例如胆汁质项超过 20 分,则为典型胆汁质;黏液质和抑郁质项得分都超过 20 分,则为典型黏液——抑郁质混合型。

B. 如果某一项或两项以上得分在 20 分以下、10 分以上,其他各项得分较低,则为该项一般气质。例如,一般多血质;一般胆汁——多血质混合型。

C. 若各项得分都在 5 分以下,但某项或几项得分较其余项为高(相差 5 分以上),则为略倾向于该项气质(或几项混合)。例如略偏黏液质型;多血质——胆汁质混合型。

其余类推。

一般，正分值越高，表明被试者越具有该项气质的典型特征；反之，分值越低或负，表明越不具备该特征。

气质测验计分表

胆汁质	题号	2	6	9	14	17	21	27	31	36	38	42	48	50	54	58	总分
	得分																
多血质	题号	4	8	11	16	19	23	25	29	34	40	44	46	52	56	60	总分
	得分																
黏液质	题号	1	7	10	13	18	22	26	30	33	39	43	45	49	55	57	总分
	得分																
抑郁质	题号	3	5	12	15	20	24	28	32	35	37	41	47	51	53	59	总分
	得分																

一般说来，生性活泼、开朗、乐观的人，在遇到各种打击时，总是持一种客观、自信的认识态度，善于发掘事物中积极的一面，也即我们常说的“想得开”。比如钱丢了，我们会自我安慰“破财免灾”；失恋了，开导自己“天涯何处无芳草”。人生的挫折对其所造成的心理伤害就会减轻到最小限度，从而安然度过各种人生危机。

生性内向、自卑、孤僻的人，在认识问题时多持一种悲观、偏激的态度，总是注意事物中消极的那一面，甚至过分夸大，从而产生焦虑、无助、失望等不良情绪。另外，孤僻、内向的人朋友不多，遇事总爱憋在心里而不愿积极寻求外界帮助，从而极易产生心理问题。据研究资料表明，心理疾病多发生于性格不健全者身上，当他们遇到一些重大生活事件时，因性格上的缺陷不能采取正确有效的应对方式，最终导致不良后果。

所以，努力塑造乐观、开朗、自信的良好个性将有助于我们应对困难和适应能力的提高，从而使我们度过一个幸福快乐的人生。

第三节　应对挫折与压力

[案例分析] 爱情离去以后

1. 背景资料：

“老师，我从来就没有过任何防备心理，我们交往好几年了，她就这么与我分手，我不想让她看到我的伤心，努力表现出冷静的样子，但我知道我不过是在欺骗自己。我不停地告诫自己：‘不要伤心，赶快把她忘记掉。’然而，一切的努力都失败了，我真是痛苦极了，睡不着觉，吃不下饭，十几天就消瘦了十几斤……

我们是在不平凡中相识、相恋的，又共同走过那么多艰苦的日日夜夜，我们所拥有的感情并非肤浅。然而,她却提出分手……”

2. 案例分析:

这是一个有关恋爱引发的心理问题,也属于适应问题。失恋给被动分手一方造成的痛苦是很大的,其感受到的痛苦是一种极其强烈的情绪体验,也是一种不适应状态。

3. 辅导方案:

(1)建立良好的辅导关系。

(2)帮助来访学生调整认知模式,来访者认为自己再也不可能爱上别的人了,这种绝对化认知并不合理,需要调整。

(3)经过放松训练,帮助来访者缓解痛苦。大约需要继续进行两次指导性放松训练,直到来访者完全掌握要领。

4. 辅导效果评价:

该男生目前27岁,已经结婚,婚姻生活状况良好。

〔心理常识〕

天有不测风云,人有旦夕祸福。很多时候,也许我们做梦也不曾想到的一些事情就有可能发生,例如天灾——地震、台风、海啸;人祸——车祸、抢劫、生病等。在这些突发事件和生命岌岌可危的时刻,我们怎样做到保护自我、积极面对呢?

一、采取应对和适应方法应具备的基本条件

1. 在平时建立起自己的社会支持系统。俗话说,“一个篱笆三个桩,一个好汉三个帮”。因为,当我们身处逆境、压力重重时,最需要亲朋好友的亲切问候、深切理解和热情相助。这也是我们应对困境的良好武器。

心理学家马斯洛曾指出交往需要是人的基本需要之一。日常生活中,我们无时无刻不在与人进行着联系,尤其是从他人那里获得不同程度的认可和支持。良好的社会联系与支持可使我们的交往需要得到极大的满足,从而感觉生活得很是充实和自在。尤其当你身处困境时,来自家人、朋友、同事及社会等四面八方的问候、关心和帮助,包括有形的经济上的援助及无形的心理上的安慰,好比一个缓冲器,极大地降低了问题和困难对我们所造成的身心伤害。反之,当你面临困难却孤立无援、无人关心无人过问时,你就可能陷入深深的痛苦状态无法自拔。研究表明,社会孤独者的身心疾病发生率要比社会支持者高得多,原因就在于此。

一般情况,一个人的社会支持系统是由多极构成的。首先是来自家庭的支持,包括父母、兄妹等多种亲情之爱,它是一个人最为重要的社会支持源泉。常言道:家庭是避风的港湾。和睦的家庭、温暖的亲情足以消除你心灵上的压力及疲惫感。其次是来自朋友的支持。每个人都应该交上几个知心的朋友,当你有什么不顺心的事时,可向他们进行倾诉和交流。感情宣泄本身就是缓解压力的好方法,而且你的朋友也会尽其所能为你献策献力的。再次是来自社会的支持。社会是一个温暖的大家庭,一方有难,八方支援。1998年夏季全国军民万众一心抗洪救灾就是社会支持最好的例证。随着社会的发展,不少医院已开设了心理门诊,学校设立了心理咨询机构,尤其是众多电视台及杂志竞相开办各种心理热线、情感专线等栏目,为有心理困惑的人们提供心理援助。这其实是社会提供心理支持的重要途径,已经被人们逐渐地接受

和认可。当你感到有些心理矛盾无法解决时,不妨求助于这些社会支持机构。

2. 要保持清醒的头脑。当意外事件发生,多数人的第一反应可能就是惊慌失措。例如,出现火灾时,多数人随着人群乱跑,而这正是火灾发生后导致多数人受伤和死亡的直接原因。面对危机和困难要冷静思考,迅速并及时地对危险和困难的性质以及应采取的对策做出正确的判断。保持清醒的头脑是进行理智判断和决策的必要条件。而要做到头脑清醒就需要有良好的心理素质——面对危机和困难的心理适应能力;而正确的判断和决策则需要一定的知识和生活经验积累作为基础。

3. 要灵活应变。在突发危机事件和日常生活中都需要灵活应变。事实表明,由于不懂灵活应变、未能采取有效对策而造成的实际伤害后果远比危机事件本身所能造成直接伤害后果大得多。例如,有位女士下夜班,一个人走在僻静的小路上,突然身后跟随了一个不三不四的男子,情况十分危急。这时远处走来一男一女,她灵机一动,大声迎上去说:"哟,你们怎么才来接我呢!"随后低声对那两人说:"后面有人在跟踪我,请让我跟你们一起走,好吗?"于是三人同行而那个歹徒见人多也只好作罢。这个女子在突发事件面前就做到了镇定自若随机应变。

4. 培养独立意识。也就是在日常生活中养成一种不断总结和借鉴自己和他人的有益经验和教训的意识,形成遇事不受外界干扰,不依赖别人,独立思考,做出自己的判断。日常生活中我们发现,一个家庭出现变故时,往往是长子站出来主持事物,勇挑重担。这一方面是由于家庭形势所迫,另一方面也与长子的身份及个性有关。心理学研究表明,一般长子的责任心及独立意识要强一些,主要因为他们自小就在要懂事、顾家、做弟妹表率等教导下长大,时时处处要以老大的身份行事,天长日久锻炼多了,也就形成了较为独立、自主意识强的个性特征。相反,那些平常依赖他人惯了、做事没主见且优柔寡断的人,往往在大事面前惊慌失措,无所适从。所以,我们要在平日里注意培养独立自主的意识,不要依赖别人,那么遇到事情也就会勇敢面对了。

5. 增强耐挫折能力。1993 年 11 月 25 日《中国教育报》刊载了《夏令营中的较量》一文,文中通过"中日两国"小孩在夏令营中的行为比较,指出中国的小孩在吃苦耐劳、艰苦奋斗、耐挫力等方面存在着较大的缺陷。此文一经刊出就引起了人们的普遍关注,全国上下并就独生子女的教育问题展开了激烈的讨论。我们知道,一直在温室里长大的花朵是经受不住大自然的风吹雨淋的。同样,自小在蜜罐中长大的人也是吃不了生活中的苦的。因此,有人提出应对当今的孩子进行"挫折教育",从而提高其耐挫折能力。其实,我们平时不要惧怕困难和挫折,而应把一些挫折和困难当成是对我们有益的锻炼和考验。只有适当地吃些苦,遭受一些挫折,我们才知道如何去应对问题和困难,心理承受能力才会提高。

二、大学生常遇问题的应对和适应方法

1. 适应新环境

(1)熟悉新环境。初到一个新环境,人生地不熟,学习、生活条件怎样,老师或同学是否容易相处,这一切均还是个未知数。正是对新环境的陌生,才使人觉得心里没底,并对未来产生隐隐的担忧。如果你尽可能地通过多渠道来了解、熟悉新环境,那就可以缩短你的心理适应期。

(2)重新为自己定位。每个人在特定的空间与时间内都扮演着一个特定的角色。也许你在原来的学校是个尖子生,但到了新学校后才发现周围的同学都很优秀,自己其实很普通;也许你在原学校是个班干部,但到了新学校成了普通学生。可以说每个人到了一个新环境,都存在一个重新进行定位以及转换的问题。如果你进入新环境后不能为自己进行恰当地重新定位,依然以旧角色自居,则会产生失落感及不适应感。其实进入一个新环境,也是你进行重新塑造自我的好时机。因为无论过去成败与否,别人都不太了解,你可以一种崭新的面貌出现在新环境中,尽情地展示你的才华和人格魅力,以赢得大家对你的赞赏。

(3)搞好人际关系。古话说得好:"天时不如地利,地利不如人和。"任何时候,良好的人际关系都会有利于事业的发展和生活的美满。当你独自一人来到一个新环境,人生地不熟,孤独、寂寞会油然而生,这时就需要你主动地与同学多交往,通过聊天或其他活动与他们进行思想上的沟通、感情上的交流,缩短与他们的心理距离,慢慢地你就会建立起自己的交际圈,不再感到孤独和寂寞了。一般来说,个人品质在搞好人际关系方面有着十分重要的作用。心理学研究表明,真诚、理解、忠诚、友善、随和、宽容、开朗、幽默等品质会吸引人,大家都乐于与这样的人交往,所以我们应注意自己良好个性的培养。其实建立新的交际网的过程也就是你适应新环境的过程。

人的适应能力是很强的,只要你用心去看、去听、去学,要不了多久,你就会对新环境了如指掌并融入其中。当你与大家相处和谐的时候,就说明你已经顺利度过适应期了。

2. 消除考试焦虑

(1)功在平时。考试是对平日学习的检验,如果你一直勤奋努力,也就不会惧怕考试。而平日里不用功,指望考前一两个星期临时突击复习,这种做法实不可取。因为突击复习的知识大多数存在短时记忆系统,未能转化为长时记忆系统,所以不系统也不牢固,等到考试时常常回忆不起来或不准确。因此,我们应把功夫下在平时,扎扎实实地把知识学到手,这才是考试成功的根本。

(2)放下包袱。之所以考试焦虑,是许多人对考试结果过分关注和担忧了。脑子里总是想着自己考砸了怎么办,别人该如何看我等问题,越想压力越大,心情也会越紧张。过度的紧张导致大脑皮层的活动受到抑制,进而影响复习的效果和考场上的发挥。

(3)作息合理。考前适当地延长学习时间进行系统复习是有必要的,然而习惯开夜车,恨不得一天二十四小时全用来复习,其精神可嘉但方法不可取。生命是基础,只有在保证充足的营养和睡眠之后,才拥有充沛的精力。如果一味地打疲劳战,弄得整天昏昏沉沉、疲惫不堪,复习效果未必就佳。因此,科学合理地安排作息时间,每天在紧张的复习之余散散步、打打球,避免用脑过度,对提高学习效率是很有效的。

(4)坦然应考。当激动人心的考试终于来临时,考生应注意及时调整心态。在跨进考场的那一时刻,不再想自己哪儿还没复习好,考不好怎么办,把一切的担忧和顾虑统统抛于脑后,心中一片宁静。静静地坐在座位上,脑子里什么也不想,然后闭上眼睛深深地吸一口气,稍停片刻再慢慢呼出,心中默念"放松——",如此反复几次你的心绪就会平和起来,从而专心应考了。

3. 正确地看待得失

(1)通过自我解释达到自我安慰。例如,两位大学同班同学一起到某公司上班,待遇相当，不久，甲被提升为部门主管，而乙还在原岗位，这时乙心中有不平的想法，甚至对甲这位昔日好友也产生了意见。而此时，乙则应采取自我解释的方法：虽各方面条件大致相同，但在具体细节上，甲还是比我强一些，选他也是情理之中，再说只有一个空缺，不可能同时安排两人，依我们的友情，他升为主管，我应该高兴才对。这样一想，一切问题自然消失了，两人间的关系不仅不会恶化，反而有可能更加亲密。

（2）采取行动改变他人的情况以求平衡。例如，乙想到：你上去了，我上不去，不行；你上去了也得让你下来。在这种思想指导下，乙就采取各种对甲不利的行动，散布甲在学校时行为不端、作风不正的事情，到上级那里去密告甲的不称职行为等。然而，这是一种小家子气的卑鄙做法，为大多数人所不赞同。

（3）采取对策改变自身状况以求平衡。乙说甲上去是因为他比我工作更加努力的缘故，我从现在开始加劲，很快我也会升职的。乙是这样想的，也是这样做的。那么下一次升迁，乙的希望就非常大了，一旦梦想成真，他和甲之间的不公平自然就消失了。这是一种有利于他人也有益于自己的排除不公平感的做法，为人们所广泛接受。

（4）重新选择比较对象以获得新的平衡。乙和甲相比，虽有一段差距，但在乙的生活圈子里，并非只有甲一个人，为什么非要在一棵树上吊死呢？我不会换一个比较对象吗？就拿昔日同学作比，许多还在基层锻炼呢，而我在市里工作，比起他们，我已经是在天堂了，还有什么不满意呢？

（5）发牢骚，泄怒气，制造矛盾，甚至放弃、破坏工作。这与第二种做法大致相似。但是这种方法容易造成你整天陷在自己营造的思维死角中走不出来，给自己的情绪笼罩上一层抑郁的色彩，甚至是破罐子破摔，消极怠工，这样的结果，只能使自己与他人的距离越来越大，聪明的人都不会采取这种方法。

4. 正确对待别人的拒绝

（1）自我检测法：首先考虑一下自己的要求是否合理、适当。如果说超出了对方的能力范围，遭到拒绝就是很正常的事。

（2）设身处地法：多替对方考虑，对方之所以拒绝是有其不得已的原因的。比如找对方借钱而正遇到对方手头吃紧，拿不出钱借给我。

（3）情景转移法：离开被拒绝的情景也是消除尴尬的一种好方法。同学聚会时主动攀谈被冷淡，就换一个善谈的进行聊天。

5. 正确地推销自己

（1）充分心理准备。在求职过程中，既要树立必胜的信念，又要有遇到挫折甚至失败的心理准备。无论是你各方面条件不适合用人单位的需要，还是用人单位的工作不适合你，这都是很正常的，我们应该有充分的心理准备，才不会因失利而惊慌失措，怨天尤人。

（2）注意外观形象。一个人的外观具有自我展示的功能。在求职中，合适、得体、适度的衣着；整洁、自然、大方的仪容；正确、优美、良好的姿态；文雅、简洁、流畅的谈吐；诚恳、谦逊、热情的态度；优雅、文明、潇洒的风度，将给人留下深刻的印象，为获得成功铺平道路。

（3）写好自荐信。推荐书由组织或他人负责，自荐信则由本人书写，所以写好自荐信就显得特别重要。首先要防止内容繁杂，让对方抓不住要领；其次，语言文字要讲究，切忌生硬高傲字眼，让对方看了不舒服，要绝对杜绝错别字。比较正规的自荐信应包括：个人简历、所学专业、特长和爱好、担任社会工作情况、发表的文章或成果、适合的工作和今后设想等。行文要简练,语气要温和。

(4)上门自荐注意事项。见面要礼貌自然,开场白要简洁,友善,待人邀请方可坐下;自我介绍要简明扼要,主人说话时要全神贯注地听,切忌左顾右盼。回答问话要直接、清楚,不能只说"是"或"不是",要抓住时机,不放过表现才能的机会,但切忌自吹自擂,要恰到好处地"推销"自己。最后记下对方电话和姓名,离开时要说声"谢谢"或"再见"。

6. 勇敢地走出失恋后的痛苦

(1)失恋不失志。人们在失恋后容易走向两个极端:一是自我惩罚,从此精神萎靡不振,情绪消沉,自暴自弃,认为自己是世界上最不幸的人,痛不欲生,甚至轻生自杀。另一种是报复惩罚,视昔日恋人为仇人,加以恶言诽谤,甚至行凶报复。其实恋爱本身就存在两种可能:一是成为终身伴侣;二是解除恋人关系。在相互了解的过程中,产生思想上的分歧,兴趣、性格上的不和谐,而导致感情上的破裂,是不可避免的。培根曾说过:"一切真正伟大的人物没有一个因爱情而发狂的,因为伟大的事业抑制了这种软弱的感情。"

(2)正确认识自己和他人。如果是对方朝三暮四、见异思迁而另攀高枝。那么这种失恋是值得庆幸的,大可不必认为其损害了自己的尊严。如果确实是因思想分歧,兴趣、性格不和而导致分手,即使心有不舍,也应忍痛割爱。爱是互相的,作家冯骥才说过:"爱情是两个心相互撞击而迸发出来的火花,而不是一颗心去敲另一颗心。"倘若不顾实际,一厢情愿,苦苦相思,是不能称为爱情的,充其量不过是单相思而已。

(3)空间转移。俗话说:"眼不见,心不烦。"两人分手以后,如果低头不见抬头见,自然是件很尴尬的事情。可以外出旅游一段时间,让大自然来熏陶自己,随着时间的流逝,感情的创伤自然慢慢抚平。如果由于工作的缘故不得不相见,也可以主动申请调离原工作室或房间,这些措施对于排遣苦闷、消除烦恼是很有帮助的。

7. 增强自己的心理免疫力

(1)提高认识水平。同样一件事,不同的认识会导致截然不同的反应。例如,面对半杯水,有人兴高采烈,因为还有半杯水;有人愁眉苦脸,因为只剩下半杯水了。莎士比亚笔下的哈姆雷特曾说过:"世事无好坏,思想使之然。"可以说,认识水平在很大程度上决定着我们的情绪及行为反应。要想保持良好的心理状态,也即增强心理免疫力,首先就需要提高自身的思想认识水平,要求我们以全面、辩证、发展的眼光去认识事物。一件事情不应只看到其消极不利的一面,还应注意其有利的一面,这样就不会一味地陷于消沉、抑郁、无所作为之中;其次,还要求我们眼光别太狭隘,别总盯着小事不放。眼光放开了,你的心胸自然会开阔起来,烦恼也不会总是困扰着你。正所谓:"大肚能容容天下难容之事,慈颜常笑笑天下可笑之人。"凡事想开些、看淡些,就不会有太多的烦恼。

(2)善于调节情绪。喜怒哀乐爱恶憎,人人都曾体验过。这些体验一方面丰富了我们的内心世界,另一方面也可能会对我们的身心造成伤害。古代医书早就指出,喜伤心、怒伤肝、忧伤肺、思伤脾、恐伤肾。过激或不良的情绪可影响人体正常的生理机能,进而诱发各种身心疾病。因此,善于调节情绪对增强心理免疫力甚为重要。首先应会合理地宣泄不良情绪,即不压抑自己而是采取恰当的方式把不快发泄出来。例如,痛痛快快地哭一场,写日记,向师长或朋友倾诉。其次,还应尽量避免各种不良刺激,使自己保持良好的心境,每天不是愁眉不展,而是面带微笑，愉快地学习和生活。

（3）培养坚强意志。面临重大打击，许多人承受不了，一方面与其认识水平有关，更重要的是与其意志品质有关。具有坚强意志的人，敢作敢为，坚忍不拔，在困难面前不退缩、不低头；而意志薄弱的人在困难面前总是叫苦不迭，怨天尤人，唯恐避之不及。可以说增强心理免疫力，培养坚强意志是关键。然而坚强的意志并非一朝一夕就可形成的，它需要我们在日常生活中逐渐培养，如每天的计划按时完成，读一些名人传记，以意志坚强者为榜样，到艰苦的环境中去磨炼自己，遇到困难不回避，积极寻求解决办法等。

第四节 心理辅导训练

[案例分析]坦然面对新同学

1. 背景资料：

某女生，广州某大学新入学学生，因为不知道如何面对新同学，感到害怕自己的新同学，前来咨询。

2. 咨询谈话摘要：

学生：我觉得特别害怕，不知道如何与他们相处。

辅导员：你是害怕所有的新同学，还是几个同学呢？

学生：好像是所有的人我都很难相处。

辅导员：初中时候也遇到过这种情况吗？

学生：没有。初中时大家相处得都很不错。

辅导员：那现在为什么就觉得困难了呢？

学生：我们班上没有我的同乡，大多数同学都来自广州地区，我听说广州人比较难相处。

辅导员：为什么说广州人难相处呢？其实，据我所知，大多数广州人都是移民到广州的。随着广州国际化的建设，广州人更需要广泛结交朋友，广州人对外来朋友基本上是没有什么偏见的。你听了别人的一面之词，就认定自己一定无法与广州同学融合在一起。我认为这是没有道理的。

学生：老师，我应该怎么做？

辅导员：“结识新朋友，不忘老朋友”，这是人生中的一件乐事。新同学将来会变成你的老朋友。初次相见，你可以主动地与别人打招呼，让新同学记住你，你也尽快地记住大家，包括他们的名字、爱好、家乡以及他们的个人特点。将心比心，以心换心，渐渐地，你和同学们就能融洽地相处了。当然不同地区，生活习惯、语言交流都可能有一些困难，需要你尽力克服这些困难。相信你一定能行。

学生：看来我一定得试一试。

3. 辅导方案：

（1）在辅导过程中，如能得到班主任和生活指导老师的帮助，效果会更好。

（2）轻度的对新环境不适应，一般从认知上调整效果很好。

（3）辅导老师需要具体指导来访者积极参与集体活动，改变人际交往模式，主动地与新学校中的老师和同学沟通。

[心理辅导训练]

一、自我放松技术

(1)冥想放松法。一般分三个阶段进行。

准备阶段:坐在安静、整洁、光线柔和的房间里,双目微闭,深呼吸再慢慢呼出,反复默念“放松”,让放松感遍布全身,并让这种状态保持三分钟。

冥想阶段:充分发挥想像力将自己置身于一个美妙的环境中,如满天的繁星、幽静的山林、芬芳的花园、蔚蓝的大海,并尽量体验身处其中的美妙感受:凉风习习、鸟语花香、风平浪静等。或把自己想像成一个泄气的皮球,所有的烦恼和不快都如气体般徐徐排出。总之,冥想的内容你可自己定,但原则是越放松越好。这一阶段一般持续15分钟左右。

调整阶段:深呼吸五遍,再慢慢睁开眼,这时你会觉得全身轻松而又清爽。

(2)肌肉放松法。这一放松技术主要通过肌肉放松练习来降低身心紧张程度,具体步骤为:

坐在凳子上,闭上双眼,全身自然放松,深呼吸五遍。

伸出前臂,握紧拳头,用力握并体验手上的紧张感觉(约10秒)。放松双手,体验放松的感觉(停一会儿)。以上动作重复一遍。

弯曲双臂,注意感受其肌肉紧张的体验(约10秒)。放松双臂,再体验放松后的感受(停一会)。以上动作重复一遍。

蹬紧双脚,脚趾蹬直,体验紧张(约10秒)。放松双脚,再体验一会。重复一遍。

脚尖用力上翘,绷紧小腿肌肉,体验肌肉绷紧感(10秒)。彻底放松一会。再做一遍。

脚跟向下后压地面,绷紧大腿肌肉体验10秒。彻底放松一会儿。再做一遍。

绷紧额头肌肉,体验10秒。放松一会。重复一遍。

用力向后扩展双肩,体验10秒。放松一会儿,重复一遍。

用力提双肩,使其接近双耳垂,体验10秒。放松一会儿,再做一遍。

用力向前合紧双肩,体验10秒,放松一会儿,再做一遍。

绷紧臀部肌肉,用力上提会阴约10秒。放松一会儿,再做一遍。

深呼吸五遍,慢慢睁眼。

二、心理保健操

1. 步骤:

(1)自然站立或自然坐位,双脚分开与肩同宽,全身放松,一定要面带微笑。

(2)双手抬起与腰部同高,双手掌相对,手指微弯曲。

(3)双手除拇指以外的其余四指的第二个关节弯曲成约90°,同时口中出声念“健”字。

(4)双手除拇指外的其余四指的最前端关节弯曲成90°,同时口中出声念“美”字或默念“美”字。

(5)双手除拇指外的其余四指按顺序做下列动作:迅速张开——迅速握拳——迅速张开。在张开、握拳、张开的过程中同时念出“幸”或默念“幸”字。

(6)双手除拇指外,其余四个手指紧握拳,同时口中念出“福”字或默念“福”字。念完“福”字后,双手迅速向前推5~10厘米。

2. 操作说明:

(1)这套心理保健操简单易学,初学者一般20分钟可以掌握动作要领。做一次心理保健操的动作需 3 ~4 分钟,每次应至少做 9 次共半小时左右。

(2)做操不限时间、地点,随时随地可做,常年坚持效果更佳。

(3)念"健美幸福"的速度要适当,每个字连其动作不要超过 1 秒钟。太快、太慢的效果都不理想。同时,声音强度要合适,既不要太响,也不要太无力。

(4)念与动作同步。念"健美幸福"与做操的动作要配合协调,每个字都有相应的动作。

研究表明,尽管仅有短短半小时的心理保健操却有助于消除人们的抑郁、焦虑、偏执、敌对、强迫症状等心理问题,减轻人们的心理压力,提高人们心理效能的功效。

[教学建议]

1. 教学用具:彩笔、计算器、尺子。

2. 引导学生认识性格修养的重要性。

三、挫折,人生的必修课

[辅导目的]

使同学们敢于面对现实,勇于接受挑战,战胜挫折,追求快乐人生。

[辅导方法]

1. 心理讲座。

2. 分组讨论。

3. 个别辅导。

[辅导过程设计]

1. 引入课题。

同学们,有一个人,他出生在一个困苦的家庭,幼年的时候,他住在及其粗陋的茅舍里;少年时,他要走二三十里路去上学,跑一百多里路去借书;21 岁时,他生意失败;22 岁时,他角逐议员落选;23 岁,他生意再度失败;26 岁时,他的妻子去世;27 岁时,他精神几近崩溃;34 岁时,他角逐联邦众议员落选;36 岁时,他角逐联邦众议员再度落选;47 岁时,他提名副总统,但落选;49 岁,他角逐联邦众议员三度落选。

也许你不相信,这个出身低微、生活曾经难以为继、只受过一年学校教育、晚上靠燃烧木柴的火光看书、经历过诸多挫折的人,正是美国的第十六任总统亚伯拉罕·林肯。困苦没有使他放弃追求,一次又一次的挫折,并没有使他泄气,也没有使他沉沦,反而激发起他向自己挑战的信心和勇气,激发起他实现自己抱负的决心和斗志。终于,他在 52 岁那年,登上了总统的宝座,成为美国历史上最伟大的总统之一。

2. 讨论分析。

请同学们谈谈自己曾经遇到过的挫折经历,当时你是怎样应对挫折的,现在你怎样评价这些挫折?

3. 邀请十位学生做演讲,题目"挫折,人生的必修课。"(每人 3 分钟)

4. 辅导结束语:如何看待挫折

首先,挫折助人成长。人的成长过程是适应社会要求的过程,如果适应得好,就觉得和谐顺意;如果不能适应,就觉得失落迷茫。而适应就要学会调整自己的动机、追求和行为。一个人出生时,根本不知道什么是对,什么是错,正是通过鼓励、制止、允许、反对、奖励、处罚、引导、劝说,甚至身体上的体罚与限制才学得举止与行为的适应和得当,学会在不同环境、不同时间、不同对象、不同规范条件下调整行为。反之,自小被宠坏的、从来没有尝试过挫折的孩子,眼中只有自己的世界，以为想得到的东西就一定可以得到。一旦独立生活就会迷失在矛盾和打击之中，面对现实不知所措。

其次，挫折促使自我认识。受到挫折以后，是决心更坚强呢，还是就此心灰意冷？挫折能唤起人更大的勇气，挫折能使其付出更大的努力，有时候，挫折就是前进的动力。

挫折可以使一个人失去某些东西，甚至只剩下自己的生命：越是这种境地，越能测试一个人的人格。如果失败以后，僵卧不起，放手不干，自甘于永久的屈服，那就可以断定，这个人难成大业；假如他能雄心不减，迈步向前，不失望，不放弃，他就是个人格伟大、勇气十足的人。同样，挫折也使人有了一次彻底地看清自己的机会。这对于人生价值的思考和收获成功都是非常必要和重要的。

再次，挫折增强人的意志力。生活中，许多挫折是意志力的"运动场"，当一个人大汗淋漓地克服了挫折，跑完全程以后，他就会获得愉快的体验。所谓"吃一堑，长一智"，心理学家把挫折比作"精神补品"，因为每战胜一次挫折，都会强化了人的自身力量，为下一次应付挫折提供了"精神力量"。

然而，当遭遇挫折却不懂得正确对待时，挫折很可能是一场灾难。有的人从此一蹶不振，对理想不再追求；有的人颓废沉沦，摒弃生命的价值和生活的意义；更有甚者走向自杀的不归之路。

由此可见，挫折对于人其实是一种挑战和考验，生活中因此也就有了勇者和懦夫之分。正如巴尔扎克所说："挫折和不幸，是天才的晋身之阶，信徒的洗礼之水，能人的无价之宝，弱者的无底深渊。"对勇敢者而言，挫折是人生的财富；而在懦夫眼中，挫折则是无法承受的灾难。

四、应对竞选失败

[辅导目的]

建议设计为一次同伴辅导活动，帮助遭遇失败的同学克服困难。

[辅导方法]

1. 分组讨论。
2. 个别辅导。

[辅导过程设计]

1. 背景资料：

某重点大学一名二年级学生，有才华，品学兼优，深受老师和同学的好评。但他参加学生会主席的竞选却意外落选了，他没有任何思想准备，觉得很没面子，心里很难受，从此变得郁郁寡欢，不再严格要求自己，成绩一落千丈，期末考试竟然出现不及格现象。

2. 请你利用课余时间与同学们商量，帮助资料里的主人翁诊断问题并提出你的个人见解。

3. 用你所喜爱的一些人生格言鼓励这位同学。

[辅导建议]

1. 建议以"假如我竞选失败了"为主题，精心组织一次演讲比赛。

2. 在考核同学们的意志品质时，需要为大家设置一些适当的障碍，设置障碍的目的是为了锻炼意志，而不是为了让同学们经受失败，因此，障碍应该符合同学们的实际情况，做到循序渐进。

第五章 培养情绪管理能力

第一节 情绪的概念

[案例分析] 情绪糟糕的男生

1. 背景资料:

阿强今年17岁,是某大学的一名男生,性格较内向,平时不爱发脾气,但内心总是被一些不愉快的事情困扰着,情绪很糟糕。

2. 案例分析:

阿强的父亲脾气暴躁,经常打骂儿时的阿强,有时还骂阿强是“没用的东西”。对此,阿强非常地伤心,对父亲的做法也一直耿耿于怀。来到大学以后,阿强不再受到父亲的“管制”,但他得不到同学们的关怀。邻座的同学给他起绰号,令他很生气,情绪状态不良。

3. 辅导谈话摘要:

强:我的情绪很糟糕,有时真想把东西摔坏或者跟别人打一仗,但我知道这并不能令我高兴起来。我不开心的事实在太多了,学习成绩不理想,同学关系不好,在班里表现很一般,干什么事都没自己的份,我觉得自己很没有用、很自卑,我真的不想继续这样的生活,我真担心自己会患上心脏病。

师:我很希望能帮助你。

强:谢谢您。可是老师,您不了解我受过的苦,无法改变我的童年,也不能改变我的同学。

师:尽管如此,我还是希望能对你有所帮助,我希望能改变你的心情!

强: 我知道自己总是胡思乱想,根本就无济于事,可是我控制不住自己。

师:咱们换个角度思考问题,好吗?你的父亲对你管教比较严格,这说明他很在乎你,是吗?他采取比较极端的办法骂你,这是因为他恨铁不成钢,是这样吗?你看,我们朝着这个方向去想,你就能够理解你的父亲,对吧?

强:这不是自我麻醉吗?

师:我想这不能叫做自我麻醉,这是一种合理的认知。既能看到事物的正面,也能看到其反面。如果这样思考行不通,就需要换另一种方式去思考;如果活得不开心,就改换另一种活法。总之,天无绝人之路,你所拥有的并不是最糟糕的,对吗?

强: 真是这样的。我真的想换一换自己的思维方式。

4. 辅导方案:

(1)引导阿强认识自己的情绪发展历程,尤其需要深入探讨阿强早期不良的情绪体验以及形成的原因。

(2)帮助阿强了解合理疏导情绪的途径和方法。

(3)介绍并指导阿强掌握心理放松技术。

5. 辅导效果评价:

为了加深来访者的体验，提高辅导效果，辅导老师组织阿强及其同学组成一个小组，进行为期一个月“情绪调控能力培养”小组辅导和训练活动，辅导效果良好。

〔心理常识〕

年轻的朋友们，一年三百六十五天，每天都可能会发生一些不如意的事情。但是，种种不如意和不顺心本身并不重要，重要的是我们对待它们的态度。客观上来说，阿强的确有不少的烦恼，但如果他能以积极的态度对待，把它们当作是对自己人生的磨砺，他就能保持一种乐观与豁达。请大家记住这样一句话：“我们不能主宰天气的变化，但我们能调控我们的情绪，改变自己的心情”。

现在，我们就一起来了解一些有关情绪管理方面的知识吧。

1. 什么是情绪

常言说：“人有七情六欲”，即喜、怒、忧、思、悲、恐、惊。也可以这样说，正是因为有了丰富的情绪，人的生活才显得那么多姿多彩。有了痛苦的陪衬，快乐才是真正的快乐。很难设想没有了烦恼与痛苦，生活会是什么样子！

情绪是人对客观事物是否符合自己需要而产生的态度的体验，是人对客观世界的一种特殊反映形式，它反映的是人与客观事物之间的关系，凡是能够满足人需要的事物，通常就能引起积极的情绪体验；凡是不能满足人需要的事物，就会引起消极的情绪体验。比如说，老师对学生表现出了应有的关心、尊重、理解和信任，使学生的心理需求得到充分的满足，学生就会对老师产生一种积极的情绪与情感体验，就会亲近、尊重老师。同样的，学生的尊重和信任也能使老师产生积极的情绪体验。师生关系和谐，师生情绪稳定，轻松愉快。

2. 情绪是怎样产生的

中外的心理学家对情绪的产生曾做过大量实验和研究。美国心理学家詹姆斯（William James，1842～1910）和丹麦生理学家兰格（Karl G Lange，1834～1900）认为，人快乐是因为笑；人悲伤是因为哭；人恐惧是因为心跳。他们认为，人的情绪不是由外在刺激引起的，而是由身体的生理变化所引起的。美国生理学家坎农（Walter B Cannon 1871～1945）和巴德（Philip Bard，1898～1977）通过实验论证，对詹姆斯——兰格理论提出质疑。他们认为单从人的生理变化是很难分清情绪的种类的，比如“心跳”：恐惧时会心跳，愤怒时会心跳，高兴时会心跳，害羞时也会心跳，因此，不能说恐惧是因为心跳。美国心理学家斯凯特（S Schachter）和辛格（J Singer）则认为情绪来自于人的认知。同样是考试成绩差，但有的同学很痛苦，有的同学则不在乎，不同的情绪体验来自不同的认知。

另外，心理学家们还通过一种叫做“电极刺激”的实验刺激动物大脑，已经基本确定了与恐惧、发怒等情绪相关联的大脑神经中枢。这是个非常有趣又有意义的实验。通过实验，心理学家们发现人的大脑有几百个部位与情绪有关。

情绪真是个庞大复杂的系统，与它有着密切联系的是情感。一般而言，情绪主要与生理需要的满足与否相关联，而情感则主要是与社会需要相联系；情绪常伴有肢体动作和生理反应，表现比较强烈、外显、易变，情感则比较深沉稳定、持久，不容易受情境的影响。

3. 情绪与身心健康有什么关系

●情绪影响认知发展

情绪与认知相互制约，情绪影响认知的种类和进程，认知参与情绪的产生。情绪对认知的影响比较大，具体表现在：情绪影响个体的感知，比如学生对课堂上的学习内容掌握的程度，与情绪状态有密切关系；情绪影响记忆的效果，积极的情绪有助于集中注意力，提高感知水平，记忆效果好，反之则记忆不牢；情绪影响思维的灵活性以及敏捷性，思维的方向选择也受到情绪的支配；良好的情绪状态是激发想像力和创造力的重要条件。

●情绪影响学习效率

情绪影响认知的过程，也会影响学习的效果。在积极情绪的影响下，学习的效率也能提高；反之，在消极情绪的影响下，学习的效果会下降。如果学生对学习内容产生了浓厚的兴趣，就会表现出积极、主动的态度倾向，效果和效率都会提高，而且还会乐此不疲。这就正如孔子在《论语》中所说："知之者不如好之者，好之者不如乐之者。"

●情绪影响身心健康

持久的消极情绪状态和过度的情绪体验，都会对人的身体和心理健康产生不良影响。我国中医理论的"怒伤肝、思伤脾、喜伤心、恐伤肾"的说法，就告诉我们情绪与身体健康之间的密切关联。良好的情绪还是疾病康复的一剂良药，消极的情绪会引发多种心理障碍和心理疾病，特别是长期的紧张、焦虑、抑郁和极度的愤怒，是引发身心疾病的主要原因。情绪不仅能致病，而且可以治病。

●情绪影响人际交往

积极的稳定的情绪是发展良好人际关系的重要条件。在人际交往当中，人不但依靠语言传递信息，情绪的外部表现也是很重要的人际交往手段。活泼开朗、乐观向上、坚强豁达、情绪稳定的人容易成为人际交往中的佼佼者；多疑嫉妒，忧郁孤僻，焦躁易怒的人往往不受欢迎。

●情绪影响学生个性的发展

人的全部活动和行为方式都会受到情绪的影响，而情绪本身的表现和稳定性、控制性，也构成了一个人的性格中的情绪特征。稳定、持久、愉快等良好的情绪特征能够帮助学生形成稳重、可靠、乐观、活泼等好的个性特征；相反，则容易形成多疑、忧郁、孤僻、易怒等不良的个性特征。在良好的情绪状态下成长，同学们的个性会得到全面而均衡的发展。

第二节 情绪测试

[案例分析] 旷课的女孩

1. 背景资料：

S是个聪明的女孩，平时成绩不错，与同学关系很好，性格也开朗，喜欢唱歌。但最近发生了一件令人震惊的事，事情的经过是这样的：S很喜欢电脑，她让父母去借钱给她买部电脑。S的父母虽然很疼爱自己的女儿，但由于家里刚装修房子，经济上一时难于周转，因此没有马上满足S的要求。没想到S对此很生气，在家里不理父母，上学时不到学校，而是在街上闲逛，连续旷课了三天。当问起她为什么旷课时，她回答说："我要治一治我的爸爸和妈妈。"

2. 案例分析：

我们先来分析一下这位女生发火的原因吧。首先，她的父母对她比较宠爱，她曾经利用过生气的办法，并且"成功地"得到了自己想得到的东西，此次行为属于一种效仿行为，就像一个婴儿,哭啼就能获得食物。一般而言,从小受到宠爱的孩子虽然很自信,甚至自负,但容易对那些宽容迁就他(她)的人发号施令,如有不满,就会发火。其次,最重要的一点,她是个情绪的"奴隶",根本无法控制自己的情绪,经常处于情绪化,身体状况也不算好,经常头痛,这又导致她情绪不佳,恶性循环。

3. 辅导方案:

(1)辅导需要S的父母参加。

(2)从认知上,引导他们认识情绪的重要作用。不良的情绪既可导致心理疾病,还可导致生理疾病。S也是家庭成员之一,应该理解家里的困难,应该理解父母的艰辛。然而,她的表现实在是不可理喻啊。一遇到不如意的事情就生气,任由情绪左右自己,实际上害己又不利人。

(3)介绍并指导S掌握心理放松技术。

4. 辅导效果评价:

本次辅导得到S父母的大力支持和配合,S本人也能够坚持接受辅导,积极训练,她还得到同学和班主任的大力支持,进步比较大。

〔心理常识〕

一、EQ的重要性

同学们,良好的情绪状态,不但能够促进我们身心健康发展,还能够促进我们事业成功。大家看过下面这个公式吗?

成功 = 20% IQ + 80% EQ

这是1995年美国心理学家丹尼尔·戈尔曼在他的著作《情感智商》中提出一个著名的公式,这里的EQ是什么呢?它包含哪些内容呢?

EQ是情感智商的英文缩写,原词为Emotional Intelligence Quotient,用以表征一个人情感智力水平的高低。丹尼尔指出,成功人士大多并非智力上的佼佼者,他们之所以获得成功,更多的是靠志向远大,不懈努力等非智力的因素。这一观点改变了人们长期以来的看法:只有聪明人才可能成功。实际上,与智力相比,情商的作用对于个体的发展来说要重要得多,同学们,在你学习知识,钻研技术的同时,可别忽视发展你的情商啊。以下是情商所包含的内容:

1. 学习和工作具有较高的自觉和主动性

就是主动地去做事情,无论学习还是做其他事情,不需要别人的督促,能够主动自觉。在与人竞争时不是以具体的某一个人作为攀比的对象,说"凭什么大家说他好,我必须要比他强",而是告诉自己"他的确不错,那么应该看看我怎么样"。这样个体的发展空间将更广阔,不会受到具体程度的限制,而且竞争也不会演变成对抗。

2. 能够合理地控制自己的情绪

即懂得在适当的时候,以适当的理由,对适当的人适度地发脾气。脾气每一个人都有,关键要看驾驭的水平如何,控制情绪是一种重要的智慧。学生阶段本来就是一个情绪起伏大、情绪色彩鲜明、自控能力较弱的时期,所以遇事一定要冷静,三思而后行。需要注意的是,不过分强调和关注小节,要有宽阔的胸怀,但是当自己切身的利益或者人格尊严受到伤害的时候,当然也要挺身而出,勇于维护自己。

3. 有长远的眼光

不要为一块金子而失去整座金山，这是前人留下来的忠告。为了眼前利益，抛弃了可能更加光明的前途，是情商低下的表现。就像曾经有一段时间，不少的学生放弃了继续学习的机会，早早地走上了打工挣钱的道路，结果发现失去的是更为广阔的发展空间。今天我们做的每一件事，都是在为未来积累财富，所以一定要走好现在的每一步，不会为了眼前利益抛弃可能更加光明的前途，也不会为行一时之快乐而不顾一切后果。

4. 善于表现真实的自己

首先需要全面地了解自己，明白自己的好恶和选择，还要准确无误地表述出来。既不要人云亦云丧失立场，凡事要有主见，敢于说“不”；不可时时处处占先，控制支配别人。做事要有自己的原则，不去作别人的附庸，走自己要走的路。

5. 掌握人际交往的技巧和策略

现代社会是一个开放的系统，人际交往变得越来越重要。高情商的人在人际互动过程中，往往能够充分运用自己的观察力、记忆力和想像力，了解对方的动机、情感、态度以及其他个性特征。善用技巧却又不失真诚赢得信任和好感，进而为自己的美满生活和事业成功奠定基础。建立良好的人际关系，最关键的就是要学会心理换位，设身处地为他人着想，并适当地表达出来。

同学们，对照以上内容，你还缺少些什么呢？请你跟你的同学谈一谈。

二、情绪稳定性测试

（一）情绪稳定性测试以及指导

你的情绪是稳定的吗？如果你想知道结果，不妨做做下面的测试，题量较大，请你耐心地做，好吗？

第Ⅰ部分

1. 尽管发生了不愉快的事，仍能毫不在乎地思考别的事情。　是　否
2. 不计小隙，经常保持坦率诚恳的态度。　是　否
3. 习惯于把担心的事情写在纸上并进行整理。　是　否
4. 在做事情时，往往具体规定有可能实现的目标。　是　否
5. 失败时仔细思考，反省其原因，但不会愁眉不展，整天闷闷不乐。　是　否
6. 具有许多自娱自乐的爱好。　是　否
7. 常常倾听众人的意见。　是　否
8. 做事有计划地积极进行，遇挫折也不气馁。　是　否
9. 无路可走时，能够改变生活方式和节奏，以适应生活。　是　否
10. 在学业上，尽管别人比自己强，但仍保持“我走我的路”的信条。　是　否
11. 对自己的进步，哪怕只是一点点，都会有高兴的表示。　是　否
12. 乐于一点一滴地积聚有益的东西。　是　否
13. 很少感情用事。　是　否
14. 尽管很想做某一件事，但自己估量不可能时也会打消念头。　是　否
15. 往往理智、周密地思考和判断，不拘泥于细枝末节。　是　否

第Ⅱ部分

16. 看到自己最近一次拍摄的照片,你有何想法?

A、觉得不称心　B、觉得很好　C、觉得可以

17. 你是否想到若干年后会有什么使自己极为不安的事?

A、经常想到　B、从来没有想过　C、偶尔想到

18. 你是否被朋友、同学起过绰号并被挖苦过?

A、这是常有的事　B、从来没有　C、偶尔有过

19. 你上床以后,是否经常再起来一次,看看门窗是否关好?

A、经常如此　B、从不如此　C、偶尔如此

20. 你对与你关系最好的人是否满意?

A、不满意　B、非常满意　C、基本满意

21. 半夜的时候,你是否经常觉得有什么害怕的事?

A、经常　B、从来没有　C、极少有这种情况

22. 你是否经常因梦见什么可怕的事而惊醒?

A、经常　B、从来没有　C、极少有这种情况

23. 你是否曾经有多次做同一个梦的情况?

A、经常　B、从来没有　C、极少

24. 有没有一种食物使你吃后呕吐?

A、有　B、没有　C、记不清

25. 除去看见的世界外,你心里有没有另一个世界?

A、有　B、没有　C、记不清

26. 你心里是否时常觉得你不是现在的父母所生?

A、有　B、没有　C、偶尔有

27. 你是否曾经觉得有一个人爱你或尊重你?

A、是　B、否　C、记不清

28. 你是否常常觉得你的家庭对你不好,但是你又确知他们事实上的确对你好?

A、是　B、否　C、偶尔有

29. 你是否觉得没有人十分了解你?

A、是　B、否　C、说不清楚

30. 你在早晨起来的时候,最常有的感觉是什么?

A、忧郁　B、快乐　C、讲不清楚

31. 每到秋天,你常有的感觉是什么?

A、秋雨霏霏或枝叶遍地　B、秋高气爽或艳阳天　C、不清楚

32. 你在高处的时候,是否有恐高症?

A、是　B、否　C、有时候是这样

33. 你平时是否觉得自己很强健?

A、是　B、否　C、不清楚

34. 你是否一回家就立刻把房门关上?

第五章

A、是　　B、否　　C、不清楚

35. 你坐在小房间里把门关上后，是否觉得心里不安？

A、是　　B、否　　C、偶尔是

36. 当一件事需要你作决定时，你是否觉得很难？

A、是　　B、否　　C、偶尔是

37. 你是否常常用抛硬币、翻纸牌、抽签之类的游戏预测凶吉？

A、是　　B、否　　C、偶尔

38. 你是否常常因为碰到东西而跌倒？

A、是　　B、否　　C、偶尔有

39. 你是否需要一个小时以上才能入睡，或醒得比你希望的早一个多小时？

A、经常这样　　B、从不这样　　C、偶尔这样

40. 你是否曾看到、听到或感觉到别人觉察不到的东西？

A、经常这样　　B、从不这样　　C、偶尔这样

41. 你是否觉得自己有超乎常人的能力？

A、是　　B、否　　C、不清楚

42. 你是否曾经觉得有人跟着你走而心里不安？

A、是　　B、否　　C、不清楚

43. 你是否觉得有人在注意你的言行？

A、是　　B、否　　C、不清楚

44. 当你一个人走夜路时，你是否会害怕？

A、是　　B、否　　C、偶尔

45. 你对别人自杀有什么想法？

A、可以理解　　B、不可思议　　C、不清楚

（二）评分规则

第一部分：每题选择“是”记1分，“否”不记分。然后将各题得分相加，算出总分。

第二部分：选A记2分，选B记0分，选C记1分。

（三）测试报告及指导

0～25 **分**：你的情绪不是很稳定，经常患得患失，以致不能很好地生活。常常拘泥于一些小事情，无论做什么事都过分认真，总是忙忙碌碌，耗费心机，难于做出重大的决策，一丝不苟反而使自己感觉迟钝。建议你学会忘记，敢于向前走。

26～40 **分**：说明你的情绪基本稳定，但较为深沉，对事情的考虑过于冷静，不善于发挥自己的个性。建议你大胆尝试，不要害怕失败。

41～60 **分**：说明你情绪极不稳定，日常烦恼太多，使自己的心情处于紧张和矛盾之中，建议你学会倾诉，学会自我放松。

60～75 **分**：这是一种危险信号，你务必请心理辅导老师作进一步诊断和情绪疏导。

第三节　不良情绪及其缓解办法

[案例分析] 打架以后

1. 背景资料：

L好管闲事，好打架。他的同学跟别人发生一点小磨擦，只要知道了，他必然去帮助"解决"。前段时期，小L又跟人打架了(确切地说，是他打了人)。在班主任老师的建议下，他接受了心理辅导。

2. 辅导谈话摘要：

老师：没有人天生就爱打架，你打架一定有自己的理由，你能谈谈吗？

L：大都是为了帮助朋友。

老师：是朋友叫你去打架的吗？

L：不是，是我自己要去的。

老师：你真的喜欢打架，是吗？

L：不喜欢。但我很难控制住自己，朋友有难我很愿意帮助他们。

老师：打架也是一种帮助吗？打架最终以伤害别人为结果，不能算作助人为乐的事情。你同意我的观点吗？

L：我没想过那么多。

老师：我们谈谈那个被打的同学，好吗？他是个什么样的人？

L：我不太了解。听朋友说，他讲话很过分，他指着我的朋友说："你小心点！"

老师：你总是用这种方法解决人与人之间的矛盾吗？

L：没有，有时我也喜欢结交不同的朋友。但朋友之托，真的很难推脱得了。

老师：如果朋友来向你借钱，你没有，怎么办呢？

L：跟他们讲清楚就是了，何必伪装自己呢？

老师：你说自己不想去打架，只是不好推脱，现在你又说没有必要伪装自己，这不是自相矛盾吗？你谈一谈自己真实的想法，好吗？

L：老师，我这个人很注重友情的。朋友的事情，我永远放在第一位。

老师：我理解，我也很注重友情，但我觉得自己可以采取更加有力的办法帮助自己的朋友。

L：是吗？老师，您是怎么样帮助朋友的？

……

3. 辅导效果评价：

通过深入了解，L同学受其成长环境的影响，他内心深处渴望结交朋友，但他的学习和表现并不太好，他苦于没有更好的办法树立起自己的威信，他觉得只能通过这种"为朋友两肋插刀"的形象去赢得朋友的喜欢，满足他的个人欲望。辅导老师在辅导过程中，采用提高其认知水平和情绪控制能力等办法，帮助L同学清醒地认识友情，积极地参与集体活动，发挥个人特长，树立良好形象。

〔心理常识〕

一、大学生常见不良情绪

(一)大学生常见不良情绪的表现

总的说来,学生的不良情绪有两种:一是持久的消极情绪,如郁郁寡欢、习惯性的紧张焦虑、经常性沉默忧郁或不满情绪等;二是过于强烈的情绪状态,如狂喜、大怒、恐慌、悲痛欲绝等过度情绪反应。要划分情绪正常与异常,一般要看情绪与当时的情境是否相符,是否适当和持续时间的长短,如果持续时间长,出现频率大,反应程度较高,即可以称为异常情绪,也就是我们常说的不良情绪。

这些不良情绪的具体表现有如下四个方面:

1. 情绪淡漠。对周围发生的一切都漠不关心,"事不关己,高高挂起"。正常情况下,人会随情境的变化,表现出喜怒哀乐。如果一个人对周围的一切都不感兴趣,对周围的人和事表现出冷淡的态度,这就是一种不正常的现象。

2. 反应单一。无论周围的情境如何变化,都只有某一种情绪反应,要么低落失意,就算是遇到好事情也会如此;要么总是嘻嘻哈哈,面对别人指责或欺负一样无所谓;要么就是动不动对别人生气发火,完全没有顺心的人和事,这些反应单一的情绪状态,都是异常的。

3. 变化无常。情绪色彩变化无常,喜怒哀乐没有规律,并且与情境不协调,难以自控。这种情绪变化往往会造成一些不良的后果。

4. 持久的紧张和焦虑。长期地、莫明其妙地感到紧张、担忧、烦恼、不安等。这些情绪反应个体往往可以深切地感受到,影响个体的正常生活。

(二)排遣不良情绪的基本方法

宣泄是排遣不良情绪的有效方式,但在进行宣泄时,一定要注意选择那些积极的建设性的方式。这里向大家介绍两种宣泄的方法,一种是需要他人帮助的宣泄方式,一种是自我宣泄方法。当然,需要说明的是,学会自我宣泄是最根本的好办法。

1. 学会倾诉。把高兴的事告诉别人,你的快乐就变成了两个快乐;有了痛苦和烦恼,找个可以信赖的人倾诉,你的痛苦和烦恼就少却了一半,诉说之后总会产生一种一吐为快的感觉。一般而言,你的亲人和朋友、老师和同学,以及心理辅导老师和心理咨询医生都是你可以倾诉烦恼及痛苦的对象。

2. 学会自我宣泄。这是一种不需要他人,单靠自己完成的宣泄方法。比如哭泣流眼泪,参加比较剧烈的劳动或体育运动，或者对着旷野大声喊叫，或者把导致不良情绪的人和事写在纸上，毫不掩饰、痛快淋漓地写在日记本上等。国外还有人采用一种发泄办法，就是对着模拟人像拳打脚踢，发泄不满的情绪，效果也不错。

3. 使用心理放松技术。利用放松技术可以使人从紧张、抑郁、焦虑等不良情绪中解脱出来。这些放松技术比较有效，但它们需要掌握要领并进行一定的操作练习。敬请同学们参考本书介绍，学会几种放松方法。这里需要说明的是，未雨绸缪，最好能够及早地学会放松技术，不要等用的时候才学，那就太被动了。

二、压力来源与缓解压力

(一)心理压力测试

下面这个诊断表列举了30项心理压力的自我诊断的症状，如在这些症状中，你出现了5项，属于轻微紧张型，只需多加留意，注意调适休息便可以恢复；如有11项至20项，则属于严重紧张型，就有必要去看医生了；倘若在21项以上，那么就会出现适应障碍的问题，这就需要引起特别的注意。这30项自我诊断的项目是：

1. 经常患感冒，且不易治愈。
2. 常有手脚发冷的情形。
3. 手掌和腋下常出汗。
4. 突然出现呼吸困难的苦闷窒息感。
5. 时有心脏悸动现象。
6. 有胸痛情况发生。
7. 有头重感或头脑不清醒的昏沉感。
8. 眼睛很容易疲劳。
9. 有鼻塞现象。
10. 有头晕眼花的情形发生。
11. 站立时有发晕的情形。
12. 有耳鸣的现象。
13. 口腔内有破裂或溃烂情形发生。
14. 经常喉痛。
15. 舌头上出现白苔。
16. 面对自己喜欢吃的东西，却毫无食欲。
17. 常觉得吃下的东西像沉积在胃里。
18. 有腹部发胀、疼痛感觉，而且常下痢、便秘。
19. 肩部很容易坚硬酸痛。
20. 背部和腰经常疼痛。
21. 疲劳感不易解除。
22. 有体重减轻的现象。
23. 稍微做一点事就马上感到很疲劳。
24. 早上经常有起不来的倦怠感。

25. 不能集中精力专心做事。

26. 睡眠不好。

27. 睡觉时经常做梦。

28. 在深夜突然醒来时不易继续再睡着。

29. 与人交际应酬变得很不起劲。

30. 稍有一点不顺心就会生气，而且时有不安的情形发生。

（二）压力来源

1. 自我评价不稳定

由于同学们的思维能力已经得到迅速的发展，抽象逻辑思维处于优势地位，但辩证逻辑思维的发展相当薄弱，表现在想问题时容易绝对化、片面性，从而导致对自我评价的不稳定性，波动性大。在评价别人和评价自己时不够全面，或只看到某些缺点就抹杀全部优点；或只看到某些优点，却忘掉自己的缺点。一次偶然的失败可能使他对自己失去信心，认为自己万事不如人，因而变得自卑气馁；而如果一个偶然的成功又往往使其飘飘然。

自我评价的不稳定导致情绪的不稳定，而情绪的不稳定导致大家在学习过程中对学习要求难以形成正确的认知和评价，对自己的学习结果难以预料，容易使同学们产生紧张、焦虑、抑郁等不良情绪。

2. 缺乏心理耐挫力

由于生理、心理的发展都不成熟，且缺乏实际的社会经验，同学们对挫折和失败缺乏心理准备，特别是在当代这种优越的社会环境、家庭环境中，同学们处于家庭、学校的双重保护，生活中几乎未经历任何的波折，这使得大家缺乏一种承受挫折的心理能力。

3. 闭锁性心理引发压力

青春期的"闭锁性心理"使同学们与周围环境，特别是与父母及教师之间的交流被阻断了。当外界环境构成的心理负担得不到及时解决时，就会引起压力感。

另外，从客观上看，同学们还会遭遇学业、就业、交友、家庭经济等方面的压力，这些压力也会从不同的角度影响着同学们的情绪状况。

（三）压力应对小技巧

1. 休息片刻，呼吸一下新鲜的空气。

2. 了解造成压力的根源。

3. 把压力罗列出来，"个个击破"。

4. 转移自己的注意力并释放自己。适当的运动可以减轻压力。

5. 随它去吧，学会放弃。不要过多的考虑，给自己增添无谓的压力。

6. 学会自我激励，经常阅读一些励志方面的好书，向榜样们学习。

7. 脸皮可以再厚一点,不怕失败。即使自己受到反面的评论时,你也要把它当成是能够改进工作的建设性批评。

8. 想哭就哭吧。哭能缓解压力,让情感抒发出来要比深深埋在心里有益得多。

9. 通过想像,训练思维"游逛"。让自己得到精神小憩,你会觉得安详、宁静与平和。

10. 保持每天都有放松的时间,尤其是拥有运动的时间。

同学们,当你遭遇压力的时候,你的同学、朋友固然是你生活中最可信赖的人,但由于其年龄、心理、生活环境相似,他们也会遇到同样的问题,同学之间的倾诉很难提升到更高的层次,因而建议你多求助于你的心理辅导老师、班主任、科任老师,还有你的家长,你会收到意想不到的效果。

第四节　心理辅导训练

[案例分析] 请不要在心里收藏怨恨

1. 基本情况:

来访者黄某,女,在校学生,17 岁,因人际关系出现问题来咨询,咨询时间是 2004 年 3 月初。

2. 辅导经过:

2004 年 3 月初第一次咨询,黄某自述情况如下:

宿舍里有人丢东西,有些同学在宿舍里指桑骂槐,怀疑黄某是小偷。目前正在调查这件事情。认为有人与自己过不去,无端被人怀疑,很气愤,很想教训一下那些同学,让她们知道随便冤枉别人是一种很不道德的事情。

从咨询谈话中可以看出,黄某是个性格外向、开朗直爽的女孩。经气质测验,她是较为典型的胆汁质气质类型。其气质特点是热情、直爽、精力充沛、急躁、易怒,情绪兴奋性高,易激怒、心境变换剧烈、不善忍耐。

从班主任处了解到,黄某热情外向、爱说爱笑,但不太能听从劝告,脾气过后,冷静下来能听进老师同学的建议。她乐于助人,同学们遇到困难,她肯热情相助。但遇到不平,不顺心的事很容易冲动、不冷静。

第二次咨询,重点从以下几方面对黄某进行指导:

第一,帮助她对自己的个性进行分析,提高自我认知能力。第二次咨询谈话中,首先肯定黄某为人热情、直爽、坦诚等优点,并转告班主任老师对她的肯定。黄某听了很高兴。

"人无完人,金无足赤",请她分析一下自己个性中还不够完善的方面。她认为,自己脾气不好,在宿舍也爱发点小脾气,有时会惹同学生气。咨询老师对她的自我分析进行了鼓励。

第二,帮助她掌握一定的应对技巧。

在社会中生活,会遇到各种人和事,有时也免不了产生误解,甚至受到冤屈或某些不公正的待遇。在这种情况下,感到气愤是自然的,但不能凭一时的冲动鲁莽行事,那样于人于己都很不利,而且也不利于澄清事实。正确的做法应该是设法澄清事实(必要时可请老师协助),冷静对待。让事实说话,闲言碎语不攻自破。凡事都要学会冷处理而不要热处理,不能意气用事。

同学们在一起生活难免产生一些分歧或矛盾。宽容和谅解是一种美德，也是一种高尚的精神境界。与人相处，学会尊重、宽容、谅解，朋友就会越来越多；心胸狭窄，在内心深处总是收藏着一连串的怨恨，很难有真正的朋友。

第三，帮助她了解和自己脾气秉性不同的人相处的重要性。

在今后的生活中会遇到各种个性的人，要想和周围的人和睦相处，就要学会与不同观点、不同性格的人交往，求同存异。在集体生活中更要彼此关心照顾，与人为善。

3. 辅导谈话摘要：

黄某：前一段时间，宿舍里有人丢东西，有一些同学在宿舍里指桑骂槐，怀疑我是小偷。班主任也知道了这件事，现在正在调查呢。我非常气愤，自己没有做的事情，无端被人怀疑，心里很难受。我很想教训一下她们，让她们知道随便冤枉别人是一种很不道德的事情。

老师：看来这件事情对你伤害比较大。你想怎样教训她们呢？

黄某：我还没有想好呢。气头上来的时候，真想大骂她们一通，或者摔东西。气消了以后想想也不值得，何必为她们而毁了自己的心情？

老师：以前你和大家的关系如何？可以跟我谈谈吗？

黄某：刚入学时还行。大家住在一个宿舍在一起有说有笑，关系都还可以。我的性格很开朗，爱说爱笑，爱唱歌。平时她们对我还是比较好的，不过有时也有人说我过分开朗，说话太大声。我的脾气不算好，在宿舍也爱发点小脾气，有时会惹同学生气。为此也有过一些争吵，不过很快就过去了。

老师：宿舍失窃以后，是全体同学都怀疑你，还是几个人？

黄某：主要是三个人怀疑我。我们宿舍有 10 个人，其中两个独来独往，家在广州市，经常回家，与我们接触不多。另外有五个人比较文静，不爱惹是生非，剩下三个人喜欢到处乱说话，连班主任都知道这件事情。

老师：学生宿舍出现问题，班主任应该知道。我想你的班主任有更强的判断能力，希望你放心，老师和学校有关人员会深入调查此事的。

黄某：我觉得冤枉别人是一种很不道德的事情。老师，您说呢？

老师：是的，我赞同你的观点。不过，我认为采用过激的手段解决这样的问题同样也是不道德的行为，我们一起谈谈，看看有没有更好的办法？

……

4. 辅导效果评价：

咨询老师对来访者进行了指导帮助，帮助她疏导情绪，正确处理面临的问题。事后的调查证明，宿舍丢东西确实与黄某无关，问题得到了澄清。最重要的是这件事情教育了黄某，也教育了我们大家。

[**心理辅导训练**]

一、克服攻击心理

[**辅导目的**]

1. 针对愤怒情绪控制能力比较差的学生，帮助他们了解攻击心理产生的原因。

2. 使学生看清攻击心理的表现，帮助学生克服攻击心理。

［辅导方法］

1. 团体辅导

2. 分组讨论法

3. 个别心理辅导

［辅导过程设计］

1. 导入课题

我们一起探讨攻击力产生的原因。原因可能有几个方面：

●学生自身素质比较差，这是先决条件。

●家庭教育是产生攻击行为的最初因素，我们发现，有些父母喜欢采用打骂形式教育孩子，这些孩子长大以后就容易形成攻击心理。

●学校教育出现失误，这是导致攻击心理产生的重要原因。在学校里不受重视的学生容易产生攻击心理。

●社会不良风气的影响，是形成攻击行为的外部诱因。

2. 讨论分析

(1)请同学们分小组进行讨论同学之间攻击心理的表现，并深入探讨攻击心理的表现以及形成的原因。

(2)辅导员对学生中攻击心理的表现作总结。

●取乐。攻击心理表现在以语言、身体或工具直接或者间接地向他人施以攻击，以取得个人心理上的快乐和精神上的愉悦。

●习惯。由于多次发生攻击行为而没有得到有效控制，养成攻击习惯。

●迁怒。将老师或家长的批评教育当成老师或家长有意和自己过不去，心中愤愤不平，产生迁怒性攻击行为。

●报复。受了别人的气或者吃了亏，采取以牙还牙的方法，对对方施以报复性攻击行为。

●模仿。受一些影视、文学作品的影响，觉得攻击行为能够显示自己的“力量”，表现个人的“权威”。

●义气。为了朋友两肋插刀的江湖义气较重，朋友受气，不去调解，而是帮助朋友攻击对方。

●嫉妒。由于嫉妒别人而产生攻击性行为（有时与恋爱心理有关）。

●不满。当自己的个人需要不能得到满足的时候，比如个人的表现欲望得不到满足，就容易发生攻击性行为。

3. 辅导结束语：把握住自己的攻击情绪

攻击是为了宣泄紧张、不满情绪的消极方式，对我们的成长极其有害，甚至会在瞬间就改变人的命运。我们必须自觉地把握住自己的情绪。

(1)认清自己的攻击心理。

请同学们根据以上的知识充分地了解自己的攻击心理。

(2)加强法制意识。

法制意识虽然不是心理学方面的知识，但这里提请大家注意培养自己的法制意识。

(3)学会控制消极情绪，克服攻击心理。控制消极情绪的办法很多，这里介绍几个小窍门。

● 对照本书的介绍，或请你的心理辅导员帮助你测试，看你是不是一个缺乏控制能力的人。

● 参阅心理学方面的书籍或者参考本书的内容，学会放松方法。在情绪激动的时候能够有效地暗示自己：“别发火，否则情况会更糟糕。”

● 一声“对不起”更能显现出你的高大形象。与你的同桌一起训练一下，看自己能否说“对不起”。

●与人争论相持不下的时候，说上一句：“也许你是对的，不过我的观点可能也没有错，等我们查证一下再说吧。”效果你将意想不到！

● 能屈能伸才是真正的赢家。不要动不动就大声地嚷嚷：“赌不赌一下，看谁说得对！”遇到这种情况，可以回敬一句：“我可不能跟你比，我逢赌必输！”真是既得体又风趣啊！

同学们，你们觉得有点效果吗？不妨多练习几次吧。祝大家早日学会控制自己不发火，祝大家天天快乐好心情。

二、“克服你的怒气”

[辅导目的]

1. 帮助存在情绪控制障碍的学生，自觉地控制怒气。
2. 帮助学生合理认知自己的情绪。

[辅导方法]

1. 合理情绪疗法之 ABCDE 模式
2. 配合模仿法
3. 角色扮演法
4. 情绪放松技术

[辅导过程设计]

◆找出引发不良情绪的事件(A)。例如“有人欺骗了我，我感觉愤怒。”

◆分析怒气产生的原因(B)。分析的时候，应注意你对这些原因的解释、评价和看法，区分哪些是合理的信念，哪些是不合理的，并且探讨这些信念与你发怒行为(C)之间的因果关系。例如你认为“每个人都必须忠诚我，否则我难于接受。”经过分析，请你发现自己的认知不合理的地方，并且加以纠正。

◆采取自我辩论等方法对抗、修正自己不合理的思维方式(D)。经过这样的自我辩论，消除自己的怒气。

◆设计新的、恰当的表情、动作、言语，当突发事件发生时用它们来表达自己的情感。

[辅导建议]

1. 可以事先安排好学生准备角色扮演，对自己发火时候的表现进行演绎。
2. 可以作为个别心理辅导方法。

三、克服你的嫉妒心理

[辅导目的]

1. 针对有克服嫉妒心理需求的学生，帮助他们了解嫉妒心理产生的原因。

2. 帮助学生理解嫉妒心理的危害，帮助学生克服嫉妒心理。

[辅导方法]

1. 团体辅导

2. 分组讨论

3 个别心理辅导

[辅导过程设计]

1. 导入课题

在我们的身边，有不少人既是生活上的好伙伴，又是学习或事业上的竞争对手。由于他们彼此亲近，所以很容易比较；由于他们善于比较，他们就能够不断地进步。但是也有这样一些人，他们表面上是朋友，可谁都不服气谁，自己懒得向前走，却受不了对方的进步，讲怪话，拆别人的台。因此，生活显得复杂起来，有的人哀叹："来自朋友一方的攻击更令人心痛。"

给同学们讲个小故事：C 和 W 是同桌，又是好友。两人学习刻苦认真，成绩都不错。C 是班长，性格开朗；W 性格较内向，担任宿舍长职务。C 喜欢做些表现力较强的事情，演讲、文艺表演、组织班级活动等，她总能做得很出色。W 却不同，她乐于做些具体的、踏实的工作，爱练字，写些文章，出墙报。C 参加学校歌舞队；W 参加集邮俱乐部。课余时间两个人干着各自的事情。但在学习时，她俩是真正的竞争对手。有一次，W 考英语 90 分，C 只考了 76 分，这可急坏了 C，她给自己制订了一个英语学习计划，把目标就定在 90 分。她俩也会闹矛盾，但很快又和好了，正像她俩自己说的："我们是彼此的镜子，失去了，就看不见自己了。"

2. 讨论分析

●回忆自己学过或者经历过的嫉妒的例子，并举出嫉妒带来的严重后果。

●有了嫉妒心理，你采取什么办法。

3. 辅导结束语：化嫉妒为力量

●嫉妒既毁人也毁自己，往往因为嫉妒，你就会把宝贵的精力消耗在如何贬抑、诽谤他人的小动作上，由于嫉妒，你会把朋友当作对头，从而使朋友远离，使自己陷于孤立的境地。

●青年人没有一丝一毫的嫉妒心是不现实的，如果完全被嫉妒控制了，那就会严重阻碍自己进步，最终受伤害的是自己。同学们，你有没有嫉妒过比你优秀的人呢？我们如何化解自己的嫉妒心，把嫉妒化为竞争的力量呢？

首先，认同他人，看见别人进步，我们应该高兴，因为我们又有了新的奋斗目标。认清新的目标，紧紧地咬住目标，踏踏实实地向前走。

其次，增强自信心，缺乏自信是嫉妒产生的主要根源之一。尤其要看到自己的长处，不要总是拘泥自己的缺点，拿自己的短处与别人的长处相比较，当然就会难过的。

再次，淡泊奖赏，作为年青人，不该丧失上进心，但切不可贪多务得，把个人的事看得太重。莎士比亚说过，一个人的思虑太多，就会失去做人的乐趣。

四、"请你绘画情绪图"

[辅导目的]

1. 帮助学生认识情绪变化的规律。

2. 引导学会控制自己的情绪。

［**辅导方法**］

1. 作品展示法

2. 案例分析法

［**辅导过程设计**］

1. 分组绘制出分别表示“喜、怒、忧、思、悲、恐、惊”等情绪状况的脸庞。

2. 各组成员展示自己的作品(可以采用幻灯机进行,每组5分钟)。

3. 介绍背景资料:

自从进入学校,她就没有过开心的一天。校园偏僻、学习氛围不浓、同学的素质低、老师水平不高……她想:“在这种破地方,不学习我也照样考前几名,也照样比其他人优秀。”于是,她上课无精打采,下课怨天尤人。一个学期结束后,她感到了前所未有的沉重压力:学习成绩倒数十名,各种技能没有一样能拿得出手！她终于醒悟过来,不是学校不好、同学不好、老师不好,而是自己的心态有问题。

4. 结合背景资料,谈谈自己的情绪体验,为自己的情绪作诊断。

5. 请你的朋友帮助分析你的情绪状态。

［**教学建议**］

1. 教学用具:彩色画纸、彩笔。

2. 引导学生认识合理认知的重要性。

第六章　学会与人交往

第一节　人际交往概述

[案例分析] 不敢和人交往的女孩

1. 背景资料：

小真，今年17岁，患有严重的社交恐惧症。她自述上初中就有，现在上了职业院校情况更为严重，走在大街上不敢正视别人，总觉得大家都盯着她看，越想就越觉得紧张，越紧张就越不自然，有时甚至不敢出门，没办法，她妈妈只好每天接送她上学。有一次和同学逛商场，因为她的不自然，还差点被保安人员误认为是小偷，要检查她的口袋。有了这次经历后，她更加害怕公共场合，现在在任何场合，只要看见保安经过，她都会紧张。马上就要实习了，她不知道该如何去面对公众，去从事与人打交道的工作。

2. 辅导谈话摘要：

小真：我现在情绪很糟糕，马上要实习了，而我们将去超市工作，我不知道我这样的情况该怎么去面对，我真的不想这样继续生活，可我又不知道该怎么办……

老师：我很希望能帮助你，希望我的建议对你有所帮助，希望能改变你的心情！

小真：谢谢老师，其实我也知道和别人来往时没必要紧张，可我到时候就控制不了自己的情绪，就会紧张的甚至发抖……

老师：你试着按照我的方法去做，好吗？

你的问题在你这个年龄阶段有一定的代表性，以前把它认为是性格缺陷，现在心理学家认为是一种有一定生物学基础的心理障碍。

改善的办法有三类：最快捷的方法是服用药物，一个月左右会改善，但为时难以长久，停药或减药后多数会复发。

其次是在专业的心理医生帮助下做一些放松治疗。

再次就是在心理医生的帮助下进行谈话治疗，全面、系统地了解自己，了解问题发生的原因，寻找应对的办法。

你看你能接受吗？

小真：我愿意接受心理医生的治疗。

3. 辅导效果评价：

经过一段时间的治疗，目前小真已基本摆脱了与人交往的恐惧感，现在在实习单位愉快地工作着。

〔心理常识〕

社会生活中的每一个人都生活在人际关系网中，每个人的成长和发展都依存于人际交往。人际关系的好坏往往是一个人心理健康水平、社会适应能力的综合体现。现代社会是一个开放的社会,开放的社会需要开放的社会交往。对于正在学习、成长中的大学生来说,人际交往是生活的基本内容之一。同学之间、师生之间、老乡之间、室友之间、个人与班级以及和学校之间等错综复杂的社会交往,构成了大学生人际交往的网络系统。培养良好的人际交往能力,不仅是校园生活的需要,更是将来适应社会的需要。一个没有交际能力的人,就像陆地上的船,永远不会漂泊到壮阔的大海中去。

一、人际交往的含义

所谓人际交往,包括两个方面的含义,即人与人之间的信息沟通和物质的交换。人与人之间一切直接或间接的相互作用,都不超出信息沟通和物质交换的范围。当我们与别人交谈,用眼神、表情或其他身体动作来表示我们的意见、情感或态度时,我们就是在与别人进行信息沟通。当我们买东西、送别人礼物或进行其他物质交换时,则是我们此时的相互作用,既有物质的交换,也有信息的交流。信息沟通是人与人之间交往的重要形式,是一个人超越自身,与他人建立联系,并通过这种联系丰富和扩展自身的主要途径。

对于个体来说,人际交往具有十分重要的意义。人一生的成长、发展、成功、幸福,是与同他人的交往和关系相联系的;人一生的愉快、烦恼、快乐、悲伤、爱恨等,也同样是与同别人的交往和关系分不开的。没有同别人的交往与关系,也就没有人生的悲欢离合,没有文学、艺术和科学。可见,交往及由此建立起来的人际关系,是生活的基础。

心理学研究表明,健康的个性总是与健康的心理交往相伴随的。心理健康的水平越高,个性越健康,与别人的交往就越积极,符合社会的期望,与别人的关系也越深刻。心理学家高尔顿和奥尔波特发现,个性成熟的人都同别人有良好的交往和融洽的关系,他们可以很好地理解别人,容忍别人的不足和缺陷,能够对别人表示同情,具有给别人以温暖、关怀、亲密和爱的能力。

马斯洛发现,高心理健康水平的"自我实现者",都可以很好地接纳别人,同别人的关系也比一般人要深挚。他们对别人有更强烈、更深刻的友谊和更崇高的爱。

在日常生活中,有些人往往认为,人的幸福是建立在金钱、成功、名誉和地位的基础上的。实际上,对于人生的幸福来说,所有这些方面都远不如健康的交往和良好的人际关系重要。长期的研究表明,随着社会经济的发展,人们的收入水平、生活水平有了普遍的提高,但自我评价生活幸福的人所占人口的比例却没有提高,这充分说明了交往和人际关系在人们生活中的地位,是不能被金钱、成功、名誉和地位所取代的。

尽管交往和人际关系对人十分重要,但是,人际交往并不是越多越充分越好,应该了解,当人们感到孤独、感到缺乏情感依赖和理解、感到没有足够的人际关系支持时,人们会为交往和人际关系的缺乏而烦恼；当人们感到交往过多，必须应酬各种人际关系，难以把精力集中于自己所选择的目标，作决定必须考虑各种人际关系时，人们又会为交往的过多和人际关系的过于复杂而不安。

所有这些矛盾现象的根源，都在于人身上存在着两种截然不同、彼此对立的需要。一方面，人们要获得明确的自我价值感和安全感，需要社会比较，因而需要与别人共处，需要与别人交往并建立和维持稳定的关系；另一方面，人也需要有内省的经验，有无拘无束、自由表现自己的机会，因此需要有独处的时间，需要暂时地远离和逃避别人。任何人，无论关系多么亲密，哪怕是自己的丈夫或妻子、父母或孩子，都会对自己构成一种评价压力，对自己的行为有所限制。每个人对于在社交生活中的行为必须检点这个问题，都有自己的体会。实际上，检点本身就意味着某种限制。社会交往的情境越正式，人们受限制的感觉也就越强烈。正式的社交情境的评价压力，常常会使人表现失常，使人难以自由自在地表现自己。由于社会规范和由此产生的社会期望的存在，我们在同别人共处时，无论自己的实际感觉如何，都需要尽可能地表现出一个从他人、从自己和社会评价的角度来说都可以接受的形象。我们需要顾及别人的面子，顾及自己的身份和角色，需要考虑我们的言行对别人有什么样的影响，需要考虑别人对我们的言行会作出什么样的反应。因此，实际上，在任何社会交往的情境之中，我们都不可能完全按照自己的真实感受和真实期望去做。高兴时，我们不能得意忘形，抓耳挠腮，不能随便哼流行歌曲，蹦蹦跳跳。悲伤时，我们也不能随便痛哭流涕。更重要的是，在社交情境中，我们必须将注意力或多或少地投向别人，留心别人的状态和反应，这就使我们不能潜心体味自己的经验，对自己的外部表现进行自我评价，更不能很好地反省自己的内部状态。不能有良好的自我观察和自我评价，自然就缺乏有效的自我矫正，缺乏应有的自知。所以，过多的交往使人浅薄，这句话是有一定道理的。

第六章

社会心理学家曾经以实验充分证明，对于过多的社会接触，人们或早或晚会产生同样的消极反应。在把自愿参加实验的被试者成对地关在一个小屋子里时，随着相处时间的延长，被试者彼此进行交往的时间也随之减少。在奥特曼的一个研究里，让被试者成双成对地关在一起8天。结果发现，随着时间的推移，人们对同伴的兴趣越来越下降，注意也越来越退回到自己的心理世界。在实验的前4天，参加实验的被试者平均每天用50%的醒着的时间与同伴交往，而在实验的后4天，这个比例下降到25%。

另外的心理学研究还证明，过多的社会接触常常具有破坏性的后果，即可导致正常的人与人之间相互接纳和依赖的情感被破坏，使人变得不能容忍别人，不合作直至敌对和冲突。有人将这一原理运用于日常的人际关系，认为无论怎样亲密的关系，也需要适度的分离。如果一味认为关系亲密，情感甚笃而长相厮守，甚至自觉不自觉地侵犯别人的隐私，伤害别人的情感，那么，终会有一天，你会发现，这种亲密的关系实际上已经出现危机。

二、人际交往的基本原则

1. 平等原则

平等就意味着在交往中相互尊重，一视同仁，这是和谐交往的基本前提。平等在一定程度上可以说是交往的最重要原则。萧伯纳有一次在写作休息时，和邻居的小女孩一起玩耍，当送小女孩回家时，他对小女孩说："知道我是谁吗？回家告诉你妈妈，就说和你一起玩的是萧伯纳。"小女孩天真地回应说:"知道我是谁吗？回家告诉你妈妈,就说和你一起玩的是克里·佩丝莱娅。"大文豪不禁惭然。后来,萧伯纳对朋友谈起此事,感慨到:"一个七岁的小女孩给我上了人生中最好最重要的一课。一个人不论有多大的成就,他在人格上与任何人都是平等的,这个教训我一辈子也忘不了。"交往是平等的,尊重他人,才能尊重自己。在与他人进行交往时,要把双方放在平等的位置上,既不能觉得低人一头,也不能高高在上。尽管由于主客观因素的影响,同学之间在气质、性格、能力、家庭背景等方面存在差异,但在人格上大家都是平等的。因此,在交往中要对自己有信心,对别人有诚心,彼此尊重、平等地交往,才可能持久。对大学生来说,不论学习好坏,家庭背景如何,是否班干部,长相如何,都应该得到同等的对待,同学们不要冷落集体中的任何人。

2. 真诚原则

真诚待人是人际交往得以延续和发展的保证,人与人之间以诚相待,才能相互理解、接纳、信任,才能团结、相处真诚。团结,是现代社会事业成功的客观要求。就人生而言,仅靠个人微薄的力量是难以到达成功、幸福境界的。交往中要真诚待人,实事求是,要胸怀坦荡,言行一致,相互信任,尊重别人,谦虚谨慎,文明礼貌才能建立良好的人际关系。

生活是一面镜子,你对它笑,它就对你笑,你对它哭,它就对你哭。

3. 友爱原则

中国儒家有仁者爱人之传统,在我们社会主义社会里,人与人之间更应团结友爱。人际交往中要主动团结别人。容人者,人容之,为人处世要心胸开阔,宽以待人,要体谅他人,遇事多为对方着想。互相尊重,虚怀若谷、宽宏大度才能建立起良好的人际关系。友爱就是要爱同志、爱朋友、爱同事、爱人民。真正的爱心就表现在帮人一把,在别人需要时,奉献自己的力量。

要想得到别人得不到的东西,就得付出别人不愿付出的东西。

4. 互助原则

互相关心,互助互惠,是人际交往的客观需求。生活中,每个人都难免有困难,需要他人帮助;工作中,也需要在各自职位上的互相配合、互相支持、通力合作。互相帮助是中华民族的传统美德。一人有难,众人相帮;一方有难,八方支援。相互帮助就是要乐于帮助别人,这种帮助可以是物质方面的,也可以是精神方面的;可以是脑力的,也可以是体力的。坚持互助原则,就要破除极端个人主义,与人为善,乐于帮助别人。同时,又要善于求助别人,别人帮助你解决了问题,克服了困难,他也会感到愉快,这也可以进一步沟通双方的情感交流。但互相帮助不是互相利用,互相利用不可能践行真诚和友爱。

5. 信用原则

信用即指一个人诚实、不欺骗、遵守诺言,从而取得他人的信任。人离不开交往,交往离不开信用。要做到说话算数,不轻许诺言。朋友相交,言而有信,许诺别人的事就一定要履行,这是信用原则的重要表现。轻易许诺却失信于别人,会给人一种极强的不信任感,感觉你习惯于开"空头支票",缺乏交往的诚意,这是人际交往的大忌。

三、人际交往能力的培养

人际交往的能力直接影响着良好人际关系的建立。培养自身人际交往能力,可以从以下几方面着手:

（一）改善认知模式

首先，要充分认识人际关系的意义和重要性，对学会与人相处和协调人际关系采取积极的态度。其次，要正确认识自己和他人，平等地与人交往。现实生活中的每个人都有自己的长处和短处。与人交往时不要自傲自负，不要拿自己的长处去比别人的短处。曾有人说过，每个人都是一块闪光的金子。这至少从一个角度说明无论伟人名人，还是普通一员，都有值得学习的地方。交往中不要自卑，自卑是影响人际交往的严重心理障碍，是交往的大敌，自卑会直接阻碍一个人走向社会，危害个人发展和人际交往。每个人都有自己的不足，要能正视自己的短处，勇于把自己的短处转化为长处，克服自卑就能成功交往。

（二）完善性格，增强人际吸引因素

确立较高的人格目标，学习别人的长处；不断充实自己，完善自己，增强自己的人际吸引因素，是培养交往能力，获得交往成功的前提，是搞好人际关系的根本所在。

人际吸引是指交往对象之间彼此互相喜欢、尊敬、爱慕的心理倾向。增强人际吸引最好的办法就是完善自我人格。人际吸引因素主要包括：

1. 正确的人生观。人生观决定一个人的思想倾向和精神面貌。人生观以理想、信念、动机、兴趣等具体形式，表现在人际交往中。只有以无私奉献的精神对待周围的人和事，才会焕发出强大的吸引力和凝聚力，激发别人产生与之交往的愿望。

2. 高尚的品德修养。良好的品德修养可以给人以信任和安全感。人们都愿意与具有真诚守信、谦虚大度、虚怀若谷、宽容他人等良好品质的人交往。不欺诈，守信用，诚恳谦和，胸襟诚笃，坦然为人，乐于助人，这样的品格自然为人所喜欢，具备这种品质的人必然会有很强的人际吸引力。因此，努力塑造自己良好的道德品质，对增强人际吸引因素极为重要。

3. 良好的心理品质。心理品质是一个人的志向、意志、情绪、兴趣、气质、性格等的心理特征。志向宏伟，兴趣高雅广泛，意志坚定、情绪乐观，为人豁达、慷慨、幽默、风趣、热情开朗，稳重宽厚，善解人意以及富有同情心、正义感、办事认真等，都是人际交往必备的心理品质，在人际交往中具有极大的魅力。在社交场合中，那些善于调侃、富有幽默感和待人接物随和宽容的人，常常成为人们注意的中心和乐于交往的人。这样的人也更容易找到朋友，赢得大家的好感。

4. 智慧和才能。智慧和才能可以给人以力量，也是人际吸引的重要因素。尤其在现代社会，科学技术成为第一生产力，个人的智力、才能越来越成为其人格魅力的重要部分。因此，掌握丰富的知识，锻炼培养自己各方面的能力，能大大地增强吸引力。当代的青年学生，学习上的互相帮助，各种才能（书画、文艺、体育、组织管理等）的锻炼提高，都是其全面发展的内在需求。

（三）培养交往能力

1. 微笑能力。微笑是人际交往中一份永恒的介绍信。笑容是善意的象征，它可以使自己和对方明朗活跃起来，对对方产生很大的吸引力，反之，脸色忧郁，刻板阴沉，别人会退避三舍。因而，在交往过程中，面带微笑，态度和蔼，语气缓和是十分重要的技能。

2. 倾听能力。学会做个能耐心且善于倾听别人诉说的听众，对交往来说很重要。在交往中，有些同学往往不注意“倾听”，对对方的话不耐心听，从头到尾只说自己的事情，随意打断并插入自己的意见，夸夸其谈，自我陶醉，很明显，这样的行为，这样的同学是难以赢得良好的人际关系的。

3. 赞美能力。任何人都希望他人的认同和赞赏，从而证明自身存在的价值。赞美的话语最能激起别人的自尊心，这也是每个人都追求的，因而在交往中应多注意发现别人的长处和优势，给予真诚的称赞与肯定，从而激发与人交往的热诚，获得别人的好感。当然，赞美也得注意方式方法，以免弄巧成拙，特别要防止虚伪的献媚之辞。

4. 自控调节能力。在处理人际关系时，学会自我调节，运用已知的心理学知识，对交往中出现的心理问题进行自我认识、自我矫正，或求助于心理咨询机构和老师，经常保持愉快、满意、开朗的心境，当消极情绪出现时能合情合理地宣泄、排解、转移与升华。

（四）掌握交往的艺术

所谓交往的艺术，关键要注意把握交往的“度”，包括交往的广度、深度、频率的把握以及语言、行为的分寸等。

1. 交往的广度要适当

交往的广度即不能过广也不能过窄，过广则容易滥交，既影响交往质量，也浪费精力，影响学习；太窄又有可能错过了许多可交的朋友，使自己眼界狭小，会陷于狭小的人际圈子不能自拔。

2. 交往的深度要适当

交往的深度要适当，有的要深交，有的则只能浅交，甚至要拒交。决定交往深度的主要因素是志同道合，即有共同的理想、追求、志趣和共同的道德水准，人格修养等。相同的理想志趣会使两个年龄、性格迥异的人成为莫逆之交。

3. 交往的频率要适度

即使是好朋友，也不能过于甚密，天天粘在一起，这样既影响彼此的正常生活，也会减弱彼此的新鲜感，增加出现摩擦、发生矛盾的几率，从而妨碍友谊的进一步发展。当然也不能很长时间不见面，长时间不来往，感情就会逐渐减弱，许多学生会因为与身边朋友的密切来往，而与在外地求学的好朋友关系渐行渐远。

4. 尊重别人的价值观

人是复杂的，各人价值取向也会各不相同，所以很难、也没有必要千人一面。尊重对方的价值观是交友中很重要的一个方面。学会理解他人，在人际交往中一定要提醒自己不要做个让人反感的人。

5. 学会换位思考

当和朋友观点不一致，有矛盾时，应想办法心平气和地向他们讲明你的想法，增进相互理解，使彼此间的感情融洽，多站在对方的角度去思考问题，切记不可粗鲁、顶撞，那样会伤害周围朋友的自尊心。凡事多从他人利益着想，自己有错时应主动承认，道歉，对同学的缺点也要给予宽容。平时多参加集体活动，多和同学交往，“化干戈为玉帛”。

四、人际交往障碍及其自我调适

十五至二十岁是人生发展的关键时期。这一时期，随着身体的发育，大学生的自我意识和独立意识逐渐增强。一方面对社会有各种强烈的需求，极力想表现出自己的力量；另一方面，他们对社会的复杂性还缺乏认识,对自身行为的合理性与可能性了解得还不够深刻,加之人生的价值观尚未稳定地建立。因此,他们的愿望与现实有时可能一致,有时可能遇到冲突。当愿望未实现、落空时,情绪也会随之浮动。这种心理发展的不平衡,往往会造成他们在交往心理上的障碍。

(一)人际交往障碍的表现

1. 自卑心理

自卑是一种性格上的缺陷,来源于心理学上的一种消极的自我暗示。自卑是大学生的大忌,有自卑心理的同学,在人际交往中总认为自己不行,缺乏自信,总是想像成功的经验少,失败的经验多,丧失了交往的勇气和信心。

2. 自傲心理

与自卑心理相反,自傲心理表现在交往中是不切实际地对自己作高度评价,在他人面前盛气凌人,自以为是,甚至不愿与人交往,常常使别的同学处在难堪、窘境中。

3. 自私心理

在交往中,以自己为中心,以满足自己的欲望为目的,不顾他人利益和需求,常常引起同学的不满和反感,影响交往的产生和发展。自私在当前独生子女占多数的大学生中,是较为普遍的一种心理。

4. 恐惧心理

在交往中,特别是在大庭广众面前,不由自主地感到紧张、担心和害怕,以至手足无措,语无伦次,严重的会发展为交往恐惧症。

5. 封闭心理

具有封闭心理的同学主要有两种:一是害怕别人计算自己,而把自己封闭起来,不敢与人交往;二是学习时间太紧,无暇与人交往,颇有点"两耳不闻窗外事,一心只读圣贤书"的味道。这种心理严重者对任何人都不信任,怀有很深的戒备心理,从此也就隔绝了人际交往。

6. 害羞心理

害羞心理有较大的普遍性。大学生在交往中过多地约束自己的言行,表情羞涩,神情不自然,往往不能充分表达自己的思想感情,成为交往中的被动者,从而使他们失去许多社会交往和比较的机会,失去他人的鼓励以及自我进取的动力。

7. 嫉妒心理

这种病态心理比较常见,是对他人所取得的地位、名誉、成绩、进步等的一种不服气、不友好,甚至是敌对的情感,是由一种想保住自己的优越地位而极力要排除他人优越地位的心理倾向。嫉妒给自己带来的不是上进,而是忌惮、愤恨和人际关系的不和谐。

8. 猜疑心理

表现为在交往过程中,自我牵连倾向太重,长期处于"疑神疑鬼"的情绪生活中,对他人的言行过分敏感,多疑、不信任,往往陷入痛苦和焦虑之中。

9. 逆反心理

逆反心理是大学生日益增强的独立性和闭锁性,与家长和教师闹对立而形成的。这种心理表现为对所交往同学的言谈举止不加分析地批判、对抗和抵制,使双方关系紧张,致使同学之间的交往难以顺利进行。

10. 干涉心理

干涉心理表现为对别的同学的事情过分关心,表现为以打听、传播和干预别人的私事、私密为乐趣,从而引起别人的不满和厌恶,影响同学之间的关系。

11. 孤僻心理

有两种情况:一是孤芳自赏,自命清高,不屑与人为伍;另一种属于有某种特殊的怪癖,使别人无法接纳,从而影响了人际交往。

12. 敌意心理

表现为讨厌他人,乃至仇视他人,把人与人之间的关系视为尔虞我诈。还表现为认为别人总在寻机暗算他,陷害他,从而逃避与人交往,甚至表现为攻击性心理行为。

13. 焦虑心理

那些性格内向、缺乏自信的人往往会出现焦虑。如果长期处于焦虑状态,就会魂不守舍,忧心忡忡,焦躁不安,造成心理平衡失调,增大心理负担,降低工作效率,甚至会导致生理疾病或精神疾病。

(二)人际交往障碍的自我调适

1. 树立平等交往的观念。有理性的主体,都有自己的尊严。在交往中,不管性别、家庭条件、地位、学习成绩如何,都是平等的主体,而无尊卑优劣之分。这是正常交往产生和发展的出发点和基本要求。

2. 树立真诚交往的观念。古人云"以诚感人者,人亦诚而言。"真诚表现在人与人之间相互理解和信任上,表现在对人的坦率和尊重上,表现在诚实守信上。诗人白居易说:"动人心者莫先乎情。"要改善与同学的紧张关系,就不能虚情假意、口是心非。应当以真挚的情感,诚实的态度去拨动对方的心弦,让对方从内心相信和理解你的友好愿望,接纳你的行动。

3. 树立主动交往的观念。大学生人际交往障碍产生的原因是多方面的:错误思想观点的影响,对人际交往缺乏正确的认识,缺乏人际交往经验。这些学生自身主观方面所导致的心理问题,要求他们应该主动了解同龄人的性格、爱好,多与同学谈心,互相交流信息、思想及感情,取得相互了解与信任,密切同学之间的来往,做一个真正受他人欢迎的人。

4. 树立学而得之的观念。人并非生而知之,交往也需要学习,大学生要多读一些有关方面的书籍,掌握待人接物、谈话、交往、表达意见、当众演说的技巧,提高自己的学识素养。在交往中向同学学习,在实践中积累经验。当然最重要的是要树立正确的世界观,培养高尚的道德品质,加强个性修养,真正提高自己的社交能力,从而正确地处理好各种人际关系。

5. 树立以交往促发展的观念。人际交往是个人社会化的主要途径,大学生在与同伴交往的过程中,会有意无意地调整自己的行为,逐步学到社会生活所必需的知识、技能、态度、伦理道德规范等等,逐步摆脱以自我为中心的倾向,意识到自我在社会中的地位和责任,学会与人平等相处和竞争,养成遵守法律和道德规范的习惯,从而为自立于社会,取得社会认可,成为一个成熟的社会化的人打下坚实的基础。所以不能认为人际交往可有可无,大学生应该端正交往态度,以交往为契机促进自身的全面发展。

第二节　人际关系评价与辅导

[案例分析] 同学间的冲突

1. 背景资料:

一天,小敏和一些同学在教室里闹着玩,不小心把小浩的课桌碰倒了,桌上的东西全部滑落到了地上,小浩放在课桌上的眼镜也打烂了。小浩看到这种情景立刻火冒三丈,大声嚷道:"你没长眼睛吗?简直就是疯子!给我捡起来,谁打烂的谁给我赔……"本来小敏还很内疚,觉得过意不去,想帮他先把东西捡起来的,可看到小浩的样子,再听到他说的话,她觉得他太盛气凌人了,于是回骂道:"谁在放屁啊?我就是不捡、不赔,你能拿我怎么样?"于是,他们两个你一言我一语地就吵开了。

2. 案例分析:

一对好朋友,瞬间就成了对手。班主任知道后,把他们两个都批评了一顿,但从此小敏和小浩就像仇人一样,一见面就互相找碴,关系越来越差。对此,他们两个也都觉得很苦恼,很烦,但又都认为是自己受了委屈,对方应该主动认错,才可能缓和关系……

实际上,在问题的处理过程中,小敏和小浩彼此不冷静、不相让,最终导致了两人关系的破裂和恶化。

3. 辅导建议:

(1)遇到学生之间闹矛盾,老师不能够单纯批评几句,应该帮助双方分析原因,促使双方检讨自己的过失,承担一些责任。

(2)从认知上调整两个人对问题的看法。

(3)介绍并指导学生掌握情绪调控的办法。

〔心理常识〕

一、人际关系心理诊断

这是一份学生人际关系行为困扰的诊断量表,一共有 28 个问题,请你根据自己的实际情况,逐一对每个问题做"是"或"否"的回答。为了保证测验的准确性,请你认真作答:

1. 关于自己的烦恼有口难开。
2. 和生人见面感觉不自然。
3. 过分地羡慕和忌妒别人。
4. 与异性交往太少。

5. 对连续不断的会谈感到困难。
6. 在社交场合,感到紧张。
7. 时常伤害别人。
8. 与异性来往感觉不自然。
9. 与一大群朋友在一起,常感到孤寂或失落。
10. 极易受窘。
11. 与别人不能和睦相处。
12. 不知道与异性交往如何适可而止。
13. 当不熟悉的人对自己倾诉他(她)的生平遭遇以求同情时,自己常感到不自在。
14. 担心别人对自己有什么坏印象。
15. 总是尽力使别人赏识自己。
16. 暗自思慕异性。
17. 时常避免表达自己的感受。
18. 对自己的仪表(容貌)缺乏信心。
19. 讨厌某人或被某人所讨厌。
20. 瞧不起异性。
21. 不能专注地倾听。
22. 自己的烦恼无人可申诉。
23. 受别人排斥,感到冷漠。
24. 被异性瞧不起。
25. 不能广泛地听取各种意见和看法。
26. 自己常因受伤害而暗自伤心。
27. 常被别人谈论、愚弄。
28. 与异性交往不知如何更好地相处。

计分标准:选择"是"的加 1 分,选择"否"的给 0 分。

结果解释:

1. 如果你的总分在 0 ~ 8 分之间,那么说明你在与朋友相处上的困扰较少。你善于交谈,性格比较开朗,主动关心别人。你对周围的朋友都比较好,愿意和他们在一起,他们也都喜欢你,你们相处得不错。而且,你能从与朋友的相处中,得到许多乐趣。你的生活是比较充实而且丰富多彩的,你与异性朋友也相处得很好。一句话,你不存在或较少存在交友方面的困扰,你善于与朋友相处,人缘很好,能获得许多人的好感与赞同。

2. 如果你的总分在 9 ~ 14 分之间,那么,你与朋友相处存在一定程度的困扰。你的人缘一般,换句话说,你和朋友的关系并不牢固,时好时坏,经常处在一种起伏之中。

3. 如果你的总分在 15 ~ 28 分之间,那就表明你同朋友相处的行为困扰比较严重,分数超过 20 分,则表明你的人际关系行为困扰程度很严重,而且在心理上出现较为明显的障碍。你可能不善于交谈,也可能是一个性格孤僻的人,不开朗,或者有明显的自高自大、讨人嫌的行为。

二、心理测验:检测你的社交能力

下面有九个题,每一题有 A、B、C 三个答案,你根据自己的情况选择一种答案。

1. A. 你约会准时　B. 有时迟到　C. 时常迟到,让人等待
2. A. 对于答应的事情郑重其事　B. 有时要失约
   C. 对于答应的事情,时常反悔而取消议定的办法
3. A. 对于看门人、商店店员等采取和悦的态度　B. 觉得他们是拿了钱,应该做事
   C. 看不起这些人,时常与他们吵架
4. A. 准时完成任务　B. 不能准时完成　C. 长期不完成,有时甚至完全不做
5. A. 在朋友中充分的周旋,人家也很爱和你交往
   B. 在朋友中别人比你更受欢迎　C. 朋友都不喜欢你
6. A. 儿童们都爱你　B. 你时常要使儿童爱你,虽然他们并不以为然
   C. 儿童都不爱你
7. A. 对于公共卫生有坚强的信念　B. 有时随地吐痰
   C. 对于公共卫生,毫不介意
8. A. 对于邻居的宗教等感情,不加干涉
   B. 觉得他们的思想,与你没有什么关系　C. 喜欢与他们争论
9. A. 如果你拾到一张五元的钞票,你就设法寻找失主
   B. 不调查失主　C. 自饱私囊

评分与解释方法:

1. 以上每题,选 A 记 10 分,选 B 记 5 分,选 C 记 0 分。

2. 累加起来 60 分以上,表明你的社交能力比较强;40 ~ 60 分的,具备一定社交能力;40 分以下的,表明需要提高自己的社交能力。

三、大学生人际关系不适表现

有关调查表明,大学生心理问题中,关于人际交往的已占 50% 以上。仔细分析,大学生人际关系中的困惑、不适可以分为以下 6 类情况:

第一类:缺少知心朋友。这类学生通常多能正常交往,人际关系也不错,但自感缺乏能互吐衷肠、肝胆相照、配合默契、同甘共苦的知心朋友,为此,有时不免感到孤独和无奈。

第二类:与个别人难以相交。这类学生与多数人交往良好,但与个别人交往不良,他们可能是室友、同学或父母等与自己关系比较近的人,由于与这些人相处不好,常会影响情绪,成为一块“心病”。

第三类:与他人交往平淡。这类学生能与他人交往,但总感到与人相处的质量不高,缺乏影响力,没有关系比较密切的朋友,多属点头之交,没有人值得他牵挂,也没有人会想念他,他们难以保持和发展良好的人际关系。这类同学多会感到空虚、迷茫、失落。

四、建立良好的人际关系

建立良好的人际关系,是一个人事业成功的基础,左右逢源,游刃有余,需要一颗宽容的

心,需要真诚,需要积极交往的主动性,需要塑造很好的个人形象,善用各种交际手段,克服社会知觉中的偏差。

(一)克服社会知觉中的偏差

知人者智,自知者明,能否正确地认识和了解他人,同样关系到人际交往能否顺利进行。要走出对他人认知的心理误区,要注意以下几个方面:

1. 晕轮效应

在我们的头脑中,总有一些潜在的,得之于各种途径的观念,并常常以此来评价和判断他人,因为这样做所耗费的心理能量最少,也就是说,它最省事。但是,图省事往往会造成一些认知偏差。什么美国人开放,英国人保守,商人精明世故,农民老实本分……这些说法虽与某些人的特征相吻合,但绝不是个个如此,还要"具体问题具体对待"。把某人的一种优点、优势放大就变成了笼罩全身的"光环",甚至原来的缺点也被掩盖或者蒙上了一层夺目的光彩。这种对他人认知的最大失误就在于以偏概全。

2. 首应效应

即我们通常所说的第一印象或最初印象。第一印象,也就是第一次对人知觉时形成的形象,它往往最深刻,而且常会成为一种基本印象而影响对他人各方面的评价。俗话说,先入为主,讲的就是这个道理。人们很重视给别人的第一印象,但也该看到,第一印象得之于较短时间的接触,又无以往的经验作参照,主观性、片面性较强。所以,一定要注意其消极的一面。既不能因第一印象不好而全盘否定,又要防止被表面的堂皇所迷惑。

3. 近因效应

某人刚犯了一个大错误,于是就有人感觉,他从来就不是好人,这是近因效应在作怪。在较为长期的交往中,最近的印象比最初的印象更占优势,这是一种心理惯性。由于这种惯性的作用,人们往往会以最近的印象来评价人。与首应效应相比,在总的印象形成上,新近获得的信息比原来获得的信息影响更大。

4. 刻板效应

有些人习惯于机械地将交往对象归于某一类人,不管他是否表现出该类人的特征,都认为他是该类人的代表,而总是将对该类人的评价强加于他,从而影响正确认知,特别是当这类评价带有偏见时,会损害人际关系。如有的学生认为南方人小气、自私,家庭社会地位高的学生傲气、不好相处等,这种刻板印象容易形成先入为主的定式效应,妨碍学生正常人际关系的形成。

5. 定式效应

定式效应是指人们头脑中存在的某种固定化的意识,影响人们对人和事物的认知和评价。当我们与他人接触时,常常会不自觉地产生一种有准备的心理状态,作一种固定了的观念或倾向进行评判。

6. 投射效应

人际关系中的投射效应,即"以小人之心,度君子之腹",指与人交往时把自己具有的某些不讨人喜欢、不为人接受的观念、性格、态度或欲望转移到别人身上,认为别人也是如此,以掩盖自己不受人欢迎的特征。如自私的人总认为别人也很自私;而那些慷慨大方的人认为别人对自己也应不小气,由于投射作用的影响,人际交往中很容易产生误解。

（二）建立健康的人际交往模式

适度的自我价值感是良好的人际关系的基础。自我价值感来源于对自己作为一个独特的个体而存有的固有价值的认识。是否具有这种适度的自我价值感直接影响到人际交往的模式。美国著名心理学家爱利克·伯奈依据个体对自己和他人所采取基本态度，提出了四种人际交往模式：

1. 我不好——你好，我不行——你行（自卑、恐慌）

著名心理学家阿德勒指出，人在生命的初始是依赖于周围的人而生存的，与周围的成人相比，儿童常常感到自己的无能，因而从小就有自卑感，因而在潜意识中形成了"我不行——你行"的心理模式。人的成长过程也就是逐渐克服这种心态的过程。有的同学由于在个体社会化过程中，尚未完全摆脱儿时形成的这种心理行为模式，因而在人际交往中常常表现出不同程度的自卑和恐慌，最为极端的表现是社交恐惧症。

2. 我不好——你也不好，我不行——你也不行（不喜欢自己也不喜欢别人）

不喜欢自己也不喜欢别人，既看不起自己也看不起别人，既不会去爱人也不能体验和接受他人的人。

3. 我好——你不好，我行——你不行（骄傲自大，自以为是）

常常表现为充满优越感，骄傲自大，自以为是，总以为自己是对的，别人是错的，自己对别人好而别人对自己不好，并为此感到愤愤不平，把人际交往失败的原因都归咎于他人的责任。

这三种交往模式都会阻碍人际交往，并且不利于心理发展和心理健康。

4. 我好——你也好，我行——你也行（理性、理解、宽容、接纳）

成熟的、健康的应该是这种模式。具有这种心态的人能充分体会到自己积极向上强大的理性能力，相信自己也相信他人、爱自己也爱他人。这种人不是十全十美的人，却能客观地悦纳自己和他人，正视现实，并努力去改变自己能改变的事物，善于发现自己、别人和外部世界的光明面，从而使自己保持一种积极的、乐观的、进取的、和谐的精神状态。

（三）塑造良好的个人形象，增进个人魅力

社会交往中，个体的知识水平与涵养直接影响着交往的效果，良好的个人形象应从点滴开始，从善如流，"勿以善小而不为，勿以恶小而为之"。优化个人的社交形象，提高心理素质，提高自身的人际魅力。

（四）培养主动交往的态度

在人际交往中，大学生往往觉得别人不关心自己，或不尊重自己，却很少反省自身，问问自己对别人怎样。这种单向性思维容易导致交往中一厢情愿的倾向，并容易对挫折做出错误的归因。人际交往本质上是一个互动的过程，即首先向别人发出友好的信号，主动关心别人，主动帮助别人，主动与人打招呼……正像我们前面提到的那样，"我敬人，人自会敬我"，以此打开人际交往的局面。

（五）提高人际交际的技巧

1. 注意倾听。一位作家说：很少有人能经得起别人专心听讲所给予的暗示性赞美。如果你希望改善自己的人际关系，就从倾听开始吧！

2. 自我表露。真正可以深入下去的交谈必然是双向的。因而自我表露是另一项应该掌握的技能，即自信地袒露关于自己的信息——怎样想，有什么感受，对他人的自发信息如何反应等。

第三节　和谐师生关系

[案例分析] 被老师误解的女孩

1. 背景资料：

小佳今天一回家就扑在床上痛哭了起来，她感到非常难过，十分委屈。事情是这样的：今天上语文课时，她后面的几个同学在不停地讲话，她就叫她们不要讲了。可这时候老师却说她一直在讲话，破坏课堂纪律。她不服气地和老师辩了几句，老师却说她狡辩，顶撞老师。下课后语文老师还把这件事告诉了班主任，结果班主任老师又把她叫到办公室批评她，她本想解释清楚，可班主任不但不听，还说她死不悔改，不知羞耻。小佳感到委屈极了，认为老师侮辱了她的人格，不信任她。她越想越伤心，哭个不停，不知道该如何是好，甚至都不想去上学了。

2. 案例分析：

一般情况下，师生之间会发生以下一些人际冲突：

(1) 同学们对教师的信任度不高，有的同学看不起自己的老师。

(2) 由于代沟问题，老师的观点不能得到学生的支持。

(3) 教师对学生的评价偏低，有的老师对学生存在偏见。

(4) 学生或教师不良的个性对师生关系产生消极影响。

(5) 教师过于严厉或过强的学习压力引发师生关系紧张。

(6) 个别教师错误的教育观念与方法导致师生关系紧张。

3. 辅导建议：

以上案例中，小佳与老师的人际冲突，主要责任在老师没有调查清楚，采取错误、简单的教育方法引发了小佳情绪问题。因此，辅导也应该针对老师进行。

针对师生关系中存在的问题，教师本身要从自身寻找原因，勇于承担责任，不断完善自己，改变错误的教育观念和方法，关注自身的心理健康。

当师生之间发生冲突时，教师应该指导学生理智、正确地面对矛盾，控制住自己的情绪，不要当面顶撞，以免使问题复杂化、扩大化、严重化。

〔心理常识〕

一个人从小到大，都会接受正规的学校教育，同老师和学生打交道。有人会觉得很快乐，而有人却很苦恼，甚至不想去学校。原因有多种：学习压力、师生关系、同学交往……如何正确看待这些问题，处理好和与老师之间、同学之间的关系，是摆在同学们面前的问题。

每位同学都希望在学校里不被批评，但事实上这只是一种理想的期望。大家在校园里或多或少都遭受过老师的批评，对一些批评你可能是心服口服，对另一些批评你可能并不服气，甚至对老师很有意见。如果你也像小佳一样因误会而被老师批评了，肯定会更难过。那么如何和老师相处如何，面对批评和误解呢？

在日常的学习生活中，师生间发生矛盾和冲突是常见的事。这种矛盾和冲突大多数是由于学生的行为不合乎教师的期望而造成的。如学生上课不认真听讲，不按时交作业，学习成绩差，不遵守学校的规章制度等，教师就会对学生进行批评和指责，如果这些批评不能被同学们所接受，就可能引起大家的压抑、不满、怨恨等情绪，并引发师生间的冲突。师生冲突产生的另一个原因是教师对学生的偏见造成的，即教师容易从学生的学习成绩出发去认识和评价学生，对成绩好的学生有一种高估的倾向，而对成绩差的学生有一种低估的倾向。教师的偏见导致对学生不公平的评判，还容易产生像小佳的那种误会。此外，师生间对一些问题的看法不一致也会引起冲突，如老师认为某学生不用功，而学生却认为自己已经尽了最大的努力了；教师认为学生应首先把学习搞好，而学生却认为参加娱乐活动也很重要等等。

作为学生，在师生冲突中都会感到自己处于不利的位置，容易对老师的批评不服气，与老师辩解，而老师则易认为学生不能认识自己的问题、态度恶劣，进而采取更严厉的措施来迫使学生屈服。许多学生虽然会在口头上承认错误，但在内心并不服气，并会有意无意地在今后继续与老师为敌，同时也就给自己带来了更多的心理困扰与负担。

遇到老师的批评，特别是某些不恰当的批评当然会让人感到难受，但只要学生学会利用这些批评来促进自己的发展，那么即使是错误的批评也不会让他们失去理智，而会让委屈变为动力，更有利地推动自己前进。要知道只有自己的成绩好和优秀的表现才是对老师错误批评的最好反驳！

其实，不管老师的批评是否恰当、学生是否能够接受，当面对这些批评时，如果采取的是消极对抗而不是积极面对的话，最终受害最深的还是学生自己。如果因为不喜欢某位老师而采取不听某门功课等做法，都是会影响学习及知识结构的形成，并最终影响学生的顺利发展。当学生遭受老师严厉的批评，感到自己很委屈时，不妨尝试以下的建议：

1. 客观分析、理解老师

老师总是从良好的愿望出发对学生提出种种要求，对学生出现的问题和错误提出批评，一般来说，老师是没有恶意的。当听到老师的批评时，首先要客观、冷静地分析，老师为什么要批评自己？老师说得对不对？在不在理？自己哪些方面做错了？是不是确实做错了？产生这些错误的主要原因是什么？为什么会犯这样的错误？自己应该从中吸取哪些教训？对于老师的“不是”或误会，也要冷静分析，老师为什么这样做？老师这样做的根本目的是不是为了自己好？通过什么途径、用什么方法才能恰当解决与老师的冲突与误会？怎样才能既指出老师的不足又不使老师生气？对于有些误会是不是一定非得辩解清楚，怎样做才是最有利于问题解决和自身发展的？

古往今来，作为“传道、授业、解惑”的老师，总希望通过自己的付出，使自己的学生“青出于蓝，而胜于蓝”。因此，我们不仅要学会理解老师，更要尊重老师的辛勤劳动，这也是师生和谐相处，化解矛盾的基本前提。如果你不希望老师戴着“有色眼镜”看你，那么你首先不能戴着“有色眼镜”看老师，对老师产生偏见，更不能对老师的批评盲目抵触。生活在社会中的每个人，不可避免地要受到来自社会的影响；而且人不可能十全十美，没有一点缺点和错误，老师也不例外。因此，对老师的偏见和问题我们也应该理解，老师常常会原谅我们的错误，那么对于老师的过失我们也应该原谅。我们不应该把自己的时间浪费在与老师斗气上，我们真正该做的是用自己的不断进步与成绩来证明自己。

因此，对于老师的批评要采取“有则改之，无则加勉”的态度。即便是受到老师不公正的批评,受了委屈,也要冷静分析,看到老师是因为“恨铁不成钢”才这样,而自己也一定要一如既往地努力进取,用实际行动告诉老师:“我能成钢”。

2. 学会与老师对话的技巧

与老师之间的人际关系是同学们最重要的人际关系之一,因此学会与老师交流、沟通的人际技巧是非常重要的,而且这对我们将来处理好上下级的关系也是非常有帮助的。与老师交流中最重要的一点就是要学会适当地表达自己的要求和意见。这个适当包括恰当的时候,恰当的语气和语言,以及恰当的行为表现等。恰当的时候是指不要在老师的气头上、老师很忙或很烦的时候提出自己的要求。如果小佳不是在课堂上争论而是与老师在课下说明情况,就不会造成误会越来越大的情况发生,也不会给自己带来那么多的麻烦。恰当的语气和语言就是指不要认为自己理直气壮,老师就是应该立即满足自己的要求,而应该尽量用商量的语气提出来,语气尽量婉转动听些,这样才容易被老师接受。恰当的行为表现就是在你提出要求的时候必须是自己的行为比较好的时候。不要自己犯了错误,老师在批评你的时候,你却反而向老师提要求,这样会给人一种不礼貌、甚至是要无赖的感觉。

3. 变委屈为动力、进行自我改进

受到老师的批评,特别是不太恰当的批评是让人挺委屈的,但情绪化的抵抗不仅不能解决问题还会影响自己的健康发展。因此我们要学会从老师的批评中理性地认识自己,既要看到自己的优点和个性,激发自己的热情和勇气,再接再厉继续努力,又要看到自己的缺点和不足,不断修正。

其实,委屈也是促使进步的一种动力,所谓的“激将法”也就是用的这个心理原理。有时候老师其实不是在简单的批评你,而是希望通过这种方式来激起你的斗志。因此,当你受到不公正的批评时,你应该把所有的委屈与怨恨都变成推动自己前进的力量,让自己有一种破釜沉舟的紧迫感,不断催促自己前进。俗话说:事实胜于雄辩,反驳的最佳方式其实不是口头的胜利而是你实际的成功。

做到自我改进,一是要广泛地反映意见,包括自己能接受的意见和不能接受的意见;二是要知行一致,身体力行,勇于实践,在日常的学习生活中,三思而后行;三是在融于社会的同时,发展自己的个性,创造美好的明天。古人说:“吾日三省吾身”,提倡经常地反躬自省,这不仅从修身养性的角度说是有益的,而且从心理发展的角度来说也是有积极意义的。经常反省使人随时了解自己,发现问题,认清差距,分析原因,寻找解决办法。经常反省、善于反省是心理健康提高到一定水平的表现,经常有效的反省,也必将促进个体心理健康水平的提高。

第四节 心理辅导训练

[案例分析] 交友的准则

1. 背景资料:

学生小周来到学校心理室,他最近遇到了一件烦心事:

原来,小周在学校里结交几位朋友,这本来是件好事情,但没有想到这却为小周平添了一些烦恼:这几位朋友经常在一起吃喝,开支较大,家里寄来的钱总是不够花,朋友中有人编造一些谎话骗家人,说学校要缴纳这个费、那个费,说自己要买这买那等等,以此手法骗家里的钱花费。小周的家庭并不富有，他不忍心挥霍父母的血汗钱。于是，他想疏远这几位朋友，但又害怕孤独，心里很矛盾。

2. 辅导经过：

首先，小周是一个有些胆小的男生，他需要辅导老师耐心鼓励才肯说出自己全部的担忧。其次，小周缺乏经验，需要具体的指导。

3. 面谈经过：

……

小周：老师，我觉得自己非常不愿意离开这帮朋友。但心理的矛盾又一时难于解决。我应该怎么办呢？我该不该与他们继续交往？

辅导员：我理解你的心情，不过我很想了解一下，与这几位朋友保持友谊的惟一办法就是与他们一起吃喝吗？你有没有想过用其他的方法维系友谊呢？

小周：说实话，我没有其他的办法。因为彼此接触少了，就不可能维持我们之间的友谊。我自己也害怕远离了他们。

辅导员：应该说，你是一个明白事理的人，但我很遗憾你对朋友的理解并不正确。很显然，吃喝玩乐无法维系真正的友谊，真正的朋友并不需要整天地待在一起。因为好朋友之间需要的是心灵的沟通以及精神上的支持。我想你是不是害怕失去这帮朋友以后，你的心里不踏实，你会受到某种威胁？你是否有这种担忧呢？

小周：我真的有这方面的担忧。不过这帮朋友并非那些不讲道理的人。只是大家在一起，花费就莫名其妙地多了起来。

辅导员：我们再做一些深入的探讨，好吗？

小周：好的，我非常想听听老师的意见。

辅导员：我认为，你们目前都是消费者，经常地搞聚会，经常地在一起吃吃喝喝。长此以往，你们就会变成“酒肉朋友”，不但增加你们的经济负担，而且还影响你们的学业，实际上你认为这样可以维系你们的友谊吗？另外，谎言总有被揭穿的时候，你们的家人终会了解事实的真相的。一旦失去亲人们的信任和支持，你们该如何完成自己的学业呢？我想这个问题是你们大家共同面临着的。与其生活在谎言之中惶惶不可终日，倒不如坦坦荡荡地把握时机，掌握技能。如果你能和朋友们说清楚道理，大家也许都能醒悟过来。

小周：我想我可以尽力试一试。

辅导员：不在一起吃喝，并不等于结束友谊。能不能通过一些集体活动来维系你们之间的友谊呢？课余时间大家一起打球、唱歌、跳舞，也可以在一起谈天说地、谈古论今，真的非常有意义。

小周：老师，您说得对。在共同的追求中发展友谊。

辅导员：小周，在你身边，一定还有许多家境并不一定优越的同学，你能否和他们也成为好朋友呢？

小周：我明白您的意思。我会尽力的。

4. 辅导效果评价：

小周与几个朋友做了推心置腹的交谈，大家觉得做好朋友不一定非要靠吃喝来维持，相约在共同的学习生活里一起进步，建立了正常的伙伴关系，也加深了彼此的友谊。

[心理辅导训练]

一、克服自卑心理，与同学正常交往

[辅导目的]

1. 帮助学生认识自卑心理

2. 在认清自卑的基础上，克服自卑心理，与同学正常地交往。

[辅导过程设计]

1. 请同学们阅读案例

我是一个农村姑娘，我们那所乡村中学今年只考上我们3个来城里读这所重点职业院校，可当我兴高采烈地来到这儿，却发现在这儿别人都嫌我土气，不愿理我。当然我也不愿加入她们的行列，看着她们高傲的样子，听她们谈几百元一件的时装我就受不了。现在，我觉得老师也瞧不起我了，我上课时总是低着头，不敢吭声，几次想退学，可又觉得太可惜，对不起父母。我一天天地变得憔悴，每天独来独往，睡觉时噩梦不断，上课或走路时总是发现同学轻蔑的目光和从背后传来的嘲笑声。这样的日子我不知道还要熬到什么时候，上天对我真的太不公平了！我活着还有什么意义？我真的好想去死……

2. 讨论分析

⑴请同学们回忆自己学习生活中曾经产生过的自卑心理的情况，并说出带来的严重后果。

⑵对自己曾经产生的自卑心理，你采取了什么办法？

⑶这种自卑心理，现在是否还存在？

3. 辅导结束语：克服自卑心理，与人们正常交往

看了上面的案例，我们不难发现困扰这个女孩的心理原因就是自卑、自责、看不起自己。其实文中女孩的同学和老师并没有看不起他，也没有嘲笑过她，只是她一见到吃穿不愁的同学的样子，一听到同学们谈论的话题就觉得自愧不如，心存自卑，把同学们的一切谈笑都认为是在针对自己，所以自卑、退缩、防御的心理越来越盛。如果她继续这样的话，有可能真的会自毁前途。在生活中，大家是不是也有过这样类似的体验，你们是怎么做的？这种不良体验是不是还在困扰着你们呢？下面我们就来讨论一下：什么是自卑？产生的原因是什么？如何克服自卑心理，与同学、老师正常的交往？

自卑，就是自我评价过低，自己看不起自己，看不到自己的价值，十分担心失去他人尊重的一种心理状态，上面的女孩子就是典型的自卑，其实自卑心理在人群中也是常见的，并不可怕。

自卑心理形成的具体原因很复杂，有家庭的因素，有来自社会的价值观念，也有的是因为适应不了新环境，还有的是因为被人嘲笑，受到了打击。归纳起来有三个方面：①没有正确认识自我。②学习、生活中的挫折。③心理与身体上的缺陷。自卑的危害是同学们有目共睹的，它常常以消极防御的形式表现出来，自卑使人敏感，经不起任何刺激，并使人处于孤独、压抑、羞愧的状态之中。自卑心理强烈的同学处处怀疑自己的能力，办事缺乏信心，并且大多性格懦弱，严重地影响着学习、人际交往和日常活动，甚至会做出令人意外的破坏性行为。虽然自卑很可怕，但我们应该积极面对，因为它是一把双刃剑，处理得好就起促进作用，使自己超越自卑去寻求优越感；处理得不好就会演化成各种心理障碍和心理疾病。所以希望同学们能通过今

天的讨论，认清自卑的实质，勇敢地面对生活、学习中的困难和挫折，克服性格中的不足，以积极、乐观的心态去和周围的人相处，相信走出来就是一片天！

二、克服社交恐惧心理

[辅导目的]

1. 针对患有社交恐惧心理的学生，帮助他们了解社交恐惧心理产生的原因；

2. 使学生认识社交恐惧心理的表现，帮助学生克服社交恐惧症。

[辅导方法]

1. 团体辅导

2. 分组讨论法

3. 个别心理辅导

[辅导过程设计]

1. 导入课题

我们一起探讨社交恐惧心理产生的原因。原因可能有几个方面：

(1)学习、生活压力

(2)情感创伤：亲情，友情，爱情

(3)性格情绪倾向

(4)兴趣爱好

2. 讨论分析

(1)请同学们分小组讨论同学之间社交恐惧心理的表现，并深入探讨社交恐惧心理形成的原因。

(2)辅导员对学生中出现的社交恐惧心理作总结。

形成原因大致如下：

①内向、孤僻、胆小的性格特征是容易产生社交恐惧心理的内在因素。

②家庭教育是产生社交恐惧心理的最初因素，我们发现，有些父母性格暴躁，容易发怒打骂孩子，这些孩子容易形成社交恐惧心理。

③在学校里，老师当众的批评、挖苦所产生的羞辱反应会给学生在心灵深处留下负性心理印痕。这种印痕会由于日后的负性生活事件而被激活，对心理障碍的产生和发展起作用。

④在与同学相处中如果感到“好心未得好报”，反被误解，恶意相待，于是就会委屈、怨恨、愤激；又由于心理防御机制的作用，这些挫折反应在潜意识中被转换为对同学压抑的敌意和回避反应导致产生了泛化心理现象（即由对某一人的敌意、回避发展为对周围的人都产生了戒备心和回避反应）；另一方面，自责、自怨加重了学生性格中的羞耻心和胆怯。人际矛盾这种负性事件是导致对人恐怖的直接的、现实的诱因。

⑤当学生出现对人恐怖反应后，便批评、督促自己该怎样，控制自己不要怎样，这就产生了一种暗示、强化“症状”的作用。再加之愈感到“不自然”、“狼狈”、“难堪”，头脑中就愈多地出现“想像观念”。这进一步导致了自我感觉恶化。如此恶性循环，“症状”便日益严重了。在这种想改变又未能改变，想摆脱又无力摆脱的困境中，早年的负性心理印痕被激活了，与现实问题交织在一起，产生了综合作用。

⑥此外,女孩子在接受家庭教育(如父母对她交往中的禁忌以及灌输的与男性交往的"羞耻感及道德意识"),会使她的性格中形成了较强的羞耻心,这对人际交往起着阻碍作用。

3. 结束语:消除社交恐惧心理

针对同学们出现的社交恐惧心理,建议试着采用以下方法,树立信心,逐步克服社交恐惧症。

①每天试着写观察日记,着重观察周围人的举止言行和对你的态度。

②找两位老师和两位异性同学调查他们对自己的评价,证实自己的感觉是否正确。

③找两位关系较好的同学,请他们观察一下自己在与人交往中的反应,如脸红、发抖、目光恍惚等"不自然"状态是否确实。

④每天做二至三次想像——放松训练。即在想像中将最想见又最怕见的人及想回避又回避不了的人突然呈现在自己面前,体察自己的情绪反应和心理反应,然后放松,使情绪和肌体产生由紧张到松弛的反应,最后产生意向上的适应并扩展到现实行为中。

⑤加深对障碍产生原因的认识,淡化负性心理印痕,提高挫折承受力,树立正确的交往观。

⑥对照本书的介绍,或请心理辅导员帮助你测试,看你是不是一个缺乏控制能力的人。

⑦参阅心理学方面的书籍或者参考本书的内容,"学会放松方法。"

同学们,你们觉得以上建议有效果吗? 祝大家能轻松自如地与同学、老师、家人、朋友交往,有一个良好的人际关系。

三、宿舍人际关系辅导

●训练的方法:合理情绪疗法。

●参加人员:某宿舍全体成员。

●训练过程:

1. 分析宿舍人际关系紧张的原因。

2. 对抗不合理的情绪体验。

3. 寻找新的交往方法。

4. 心理游戏:让我牵你的手。

(1)游戏目的

认识朋友的重要性。

(2)游戏准备

在室内或者室外,要设置一些障碍物。

(3)游戏过程

用毛巾蒙住一个人的眼睛,请另一位同学牵着这个人的手,慢慢地走过障碍物,一边走一边轻声地告诉蒙眼睛者:"注意,这里有个障碍物。来,跟着我从这边走过去。"

5. 请你记录下与你一起训练的人员、训练的过程以及你的感受:

一同训练的朋友:

训练的过程:

谈谈你的感受：

四、师生关系诊断及辅导

(一)师生关系诊断

同学们对师生关系是极为敏感的，大家常常对自己与老师之间的关系感到困扰，了解这些的困扰，是改变师生关系的前提。请同学们做以下测验，每个问题作出"是"或者"否"两种回答。

	是	否
1. 你经常不能明白老师的讲解。	□	□
2. 某老师讨厌你或你讨厌某老师。	□	□
3. 老师常以纪律压制你。	□	□
4. 老师上课不能吸引你。	□	□
5. 老师不了解你的忧虑与不安。	□	□
6. 你的意见常被老师不加考虑地否定。	□	□
7. 老师把考试成绩看作衡量学生的尺度。	□	□
8. 你找不到一位能够倾诉内心隐私的老师。	□	□
9. 老师常体罚或变相体罚你。	□	□
10. 老师常给你增加学习负担。	□	□
11. 某位老师对你有点冷淡。	□	□
12. 你的思想常被老师支配。	□	□
13. 你的学习创见得不到老师的肯定。	□	□
14. 老师常因误解你的行为而斥责你。	□	□
15. 老师很少帮助你改进学习方法。	□	□
16. 老师很少与你倾心交谈。	□	□
17. 老师让你感到紧张与不安。	□	□
18. 你常屈服于老师的命令与权威。	□	□

评分办法：答"是"记1分；答"否"记0分。

总分10~18分：表明困扰的程度严重或较严重。

总分5~9分：表明困扰程度中等。

总分5分以下：困扰很小。

(二)师生关系辅导

1. 建立和谐的师生关系

师生关系有三种类型："和谐型"、"淡漠型"、"对抗型"。"和谐型"师生关系最突出的特点就是师生之间了解彼此的权利和义务，相互了解和理解，情感亲密深厚，教师热爱学生，学生尊敬教师，彼此心心相印，行动一致，配合默契；"淡漠型"师生关系的特点是师生之间很不了解，缺乏情感基础，既无所谓爱，也无所谓恨，有一定的心理距离，彼此很少接触，表现出漠不关心的样子；“对抗型”师生关系的特点是师生之间彼此产生了消极的认识，从而导致不满、敌对情绪的滋长和行为上的对抗。

不难看出，“淡漠型”、“对抗型”的师生关系都是心理不健康的表现。“和谐型”师生关系健康活泼，具有很强的吸引力。和谐的师生关系应该成为教育首要注意的问题。因为，和谐的师生关系具有很强的疏导学生情绪的作用，是开展教育工作的前提条件。从社会关系学方面讲，和谐的师生关系有助教师和学生的身心健康发展。为什么这样说呢?

我们知道，师生朝夕相处，师生情绪紧密相连，相互感染，教师情绪的好坏会通过其言行举止反映出来，影响到同学们的情绪，同学们的不良情绪也会直接或者间接地影响到老师的教学情绪与行为。因此，如果教师能充分地科学地认知学生的基本情况，包括学生的知识水平及结构，学生的个性特征，学生的学习心理需求，学生的思想及行为动态等，给予每一位学生应有的关心、尊重、理解和信任，尽力满足每位学生的学习需要，那么学生就会对教师产生一种积极的情感体验，就会尊重、亲近教师，从而热情地投入到学习中，与教师共同完成教与学的任务。如果学生积极配合，就能使教师产生积极的情感体验，并以更大热情投入教学中。

从教师的角度看，要建立和谐的师生关系，首先要求教师能理解学生，并能将这种理解传达给学生。另外，要求教师尊重学生，并能像朋友一样对待他们。所谓理解，就是自觉地设身处地地站在学生的角度了解学生的思想、情感和行为，替学生着想，切不可站在学生的对立面妄加指责，也不能只顾从自己的立场上去主观猜测。不论是优秀生还是后进生，无论其性格如何，也无论是学生的长处还是短处，我们都要接纳下来。也就是说，把学生当作一个人，一个具有个性的人来看待。对待学生，不能急于下结论“他是这样的人”，“他怎么这么不听话”，“他为什么这么懒，这么不可理喻”，等等，应该着眼于理解和尊重，着眼于把工作做好。比如说，“这个学生很有特点”、“学生肯与我交谈，说明我值得他信赖，说明他需要理解和帮助”、“学生能到学校受教育是件很好的事，我有责任把他教育好”等等，这些良好的认知能够有效地解决问题，帮助我们把本职工作做好。

对于学生而言，尊重老师的人格、尊重老师的劳动，积极地配合老师的教学活动，勤奋学习、刻苦钻研，是建立和谐师生关系的基本要求。

2. 师生关系辅导训练

● 辅导方法：合理认知师生关系、角色扮演法、沙龙对话等

●参加人员：某班级以及任课老师

●辅导过程设计：

1. 请学生评价一下自己的老师，请老师评价自己的学生，在卡片上写上每个人的建议，把卡片放在收集箱里。

2. 请师生坐好，嘉宾是教育学或者心理学老师。

3. 师生发言、主持人发言、嘉宾发言，共同讨论师生关系。

4. 师生角色互换，扮演自己的学生或者老师。

5. 主持人宣读卡片上内容，宣读过程中，可请嘉宾解释某些问题。

6. 师生文艺表演。

第七章　学生性心理辅导

第一节　学生性生理与性心理

[案例分析]一个烦恼的男孩

1. 背景材料

D今年18岁，是一名职业院校的学生，近半年来上课精神不集中，学习成绩下降，记忆力下降，乏力、失眠。

半年前，他曾到一个朋友家去玩，看见朋友家正放黄色录像，从看了黄色录像后，画面上的淫秽镜头，时常浮现在脑子里，下决心不去想，但总是控制不了，学习成绩下降，见到女生就尽量避开，不敢抬头正视。

2. 辅导经过

经过了解，D的父母都在外地工作，他从小跟着爷爷、奶奶生活，性格内向，平时与同学交往不多，班级活动参加不是很积极。

具体指导：

(1)从认知方面向其介绍性生理知识和性心理的发展，正确认识性意识和性冲动。

(2)鼓励其多与同学交流、交往。

(3)引导其参加集体活动，培养自己的兴趣爱好，转移注意力。

(4)采用“橡皮圈疗法”，在手臂上套个橡皮圈，当脑子出现淫秽画面时，就反复弹橡皮筋，引起疼痛为止。

3. 辅导效果评价：

经过辅导，D能够正确认识自己的烦恼，自责感减轻，参加了班级篮球队，学习生活基本恢复正常。

在D这个年龄，性心理的发育成熟，性心理进入旺盛的活跃阶段，出现性幻想和性冲动是很正常的现象。但D由于看到的黄色镜头加重了性幻想，经常陷入性沉思中，影响了正常的学习和生活，损害了身心健康，不能把旺盛的精力投入到学习和其他有益健康的生活中去，这就要引起我们的深思了。

〔心理常识〕

由于生理本能的缘故，年龄在15~20岁的职业院校的学生，是性能量的旺盛时期，加上书刊、影视作品中对性的描绘，会给我们的性神经带来强烈的刺激，使我们萌发了性意识和性冲动。但是，由于我国几千年的封建思想的影响，“性”被蒙上一层神秘的面纱，将“性”的问题视为禁区，大有“谈性色变”之势。性本能的冲动，加上得不到相关的性知识和必要的指导，会给处于这一时期的我们带来种种的困惑和烦恼。

现在，就让我们一起来了解一些有关性生理和性心理方面的知识吧！

一、性生理的成熟与性意识的觉醒

(一)性的含义

性是指男女差异及由此引发的一系列现象的总称。表现在生物学上有性征,在心理学上有性感,在社会学上有性角色。

(二)职业大学生性生理的发展

性是人类基本的生物学特征之一,进入青春期以后,在激素的作用下,男女两性的身体出现了一系列变化。性器官迅速发育,第一性征和第二性征相继出现,意味着性生理走向成熟。

首先,促使他们身高、体重及体内各系统(包括大脑)迅速发育。其次,促进了性的发育和成熟,出现了第一性征(性器官)和第二性征(副性征),标志着性的成熟。

人体青春期第一和第二性征发育顺序

年龄(周岁)	男性	女性
8~9		子宫开始发育
9~10		骨盆开始加宽,乳头发育
10~11	睾丸、阴茎开始增大	乳房开始发育,阴毛出现
11~12	喉结开始增大,前列腺开始活动	阴道黏膜出现变化,乳头、乳晕突出,内外生殖器发达
12~13	阴毛出现	乳头色素沉着、乳房显著增大并成熟
13~14	睾丸、阴茎急速增大	初潮(开始为不排卵的月经)、腋毛出现
14~15	腋毛出现、变声	月经变为规律的、有排卵的周期,有可能受孕
15~16	精子生成	变声、脸上长痤疮
16~18	开始长胡子等,脸上长痤疮	骨骺闭合,停止长高
22	骨骺闭合,停止长高	

职业大学生正处于青春发育期的后一阶段,个体的性生理已趋成熟,各种性生理特征明显,大多数学生已初步掌握了一些性生理卫生知识,但由于长期以来在这方面的教育缺乏系统和规范,学生的性知识还相当缺乏,由此带来的种种变化,是学生十余年的生命旅途中从未经历过的。面临着种种问题和烦恼,必将对学生的心理产生冲击和震撼,促成了性意识的觉醒和性意识的发展。

二、性心理的发展

(一)性心理

性心理就是有关性的心理活动,主要体现在性意识、性情感、性观念、性需求及性的自我调节等方面。健康的性心理则是在上述诸方面都符合社会文化的道德规范,有利于个体身心健康的发展。反之就是不健康的性心理。

随着性机能的成熟,初中时的男女生都能意识到自己的性别,对生殖方面的知识产生了兴趣，并注意到两性关系以及恋爱和婚姻问题。对文学作品和影视作品中有关性和爱情的描写，也产生了兴趣。意识到两性差异，他们开始关心自己的容貌打扮，同时，也产生了接触异性，与异性交往的强烈愿望。

（二）性心理的发展过程

一般来讲，青春期来临时，性心理的发展可分为三个时期，各时期无论在性心理或异性的交往方面，都表现出各自不同的特色。

1. 疏远异性的反感期

个体随着性成熟而在心理上产生了一系列变化，第二性征的出现，身心的剧变，有时会产生对性的不安、害羞和羞耻心，在异性交往方面，对异性的认识也发生微妙的变化，从而对异性采取回避、冷淡、厌恶的态度，不愿接近异性，产生暂时性的“性疏远”，这个阶段大约持续半年到一年左右。

2. 对异性的狂热期

这一时期，由于性的发育，对异性产生了新的体验。开始关注异性，对异性产生向往、思念和亲近，在各种活动中会努力引起异性的注意和喜爱。并想方设法寻找或制造机会接近自己喜爱的异性。喜欢与异性交往，但由于这时心理发展尚不成熟，仍然属于以性为契机的异性吸引，理想主义和自我意识较强，所以可能会遇到各种冲突，喜欢的对象也比较容易转换。

3. 浪漫的恋爱期

这一时期的特征是爱情集中于一个异性，只选择某个人作为固定追求的恋爱对象，对其他异性的注意力逐渐减少，喜欢与自己喜爱的人单独在一起，进入恋爱阶段。对和恋爱对象一起生活充满幻想和向往。

职业院校的学生，正处于对异性的狂热期向浪漫恋爱期的过渡阶段，这个阶段是性教育的重要时期，由于对性的好奇与性的无知，构成了这一阶段的特殊矛盾，即性生理的成熟，而性心理成熟的滞后。职业院校的学生还没有形成稳固的性道德与正确的恋爱观，加上自我控制能力不是很强，如果不能妥善对此加以引导和控制，极易发生各种以性为诱因的过失甚至犯罪行为。

三、性心理健康标准

（一）性心理健康的含义

1974 年世界卫生组织在一次关于性问题的研究会上，对性健康进行了表述：“健康的性，是融合了有关性的生理面、情绪面、知识面及社会面，并以此提升人格发展、人际沟通和爱等”。性心理健康指的是个体具有正常的性欲望，能够正确认识与性有关的心理问题，有较强的性心理适应能力，能够与异性进行恰当的交往，在免受性问题困扰的同时，还能使之增进自身人格的不断完善，促进自身身心健康的发展。具体包括：

1. 健康的性意识

包括正确的性别认同（与生物性别一致的性社会角色），正确的性对象（异性）及正确的性行为意识。这里也包含了性知识的渴求。

2. 健康的性情感

这是指正常的异性吸引(包括外形美与内在美,仪表、接近、互补等);从友情到爱情的转化;情爱与性爱的结合等。

3. 健康的性观念

应该是符合科学,合乎自然,适合社会文化的。对于传统文化中的性观念应以科学的态度进行研究,取其精华,去其糟粕。

4. 健康的性需求

受健康性观念、性情感和性意识约束的性需求。学生时期性需求具有冲动性,自我约束的程度就反映其性心理的成熟度。

总之,健康的性心理是社会、心理、生理三方面在性问题上的和谐统一。三者任何一环的偏离都会造成不健康的性心理。诸如性别认同障碍、不科学的性观念、不受理智约束的性冲动等都是不健康的性心理。

(二)性心理健康的标准

从以上关于性心理健康的内涵中可以看出,个体的性心理健康应该符合以下标准:

1. 能够正确认同与接纳自己的性别

一个性心理健康的人,能够正视自己的性生理发育和性心理的变化,同时他会自觉地把自己融入社会中去正确地认识自我,能客观地评价自己和他人。在生活与学习中,接纳并乐于承担相应的性别角色。

2. 具有正常的性欲望

想要拥有正常的性心理,首先得有正常的性欲望,对异性形象感兴趣,在性刺激下,会产生一定的性心理反应,这都是正常的。那些诸如性变态的各种性欲望,性欲望的对象指向同性或是其他的物品等替代物,都会对个体的身心造成很大的伤害。

3. 性心理特点与性行为符合性心理发展的年龄特征

我们知道,不同的年龄阶段,人的心理与行为都有不同的特点,性心理也表现出阶段性的特点。在每个不同的阶段,性心理也有不同的特征。如果一个人的性心理与大多数的同龄人格格不入的话,那就谈不上健康的性心理。

4. 有较强的性适应能力

性适应指的是个体在生长发育的过程中,性活动(包括性欲、性意识、性观念及相应的性情感、性行为等)与所处的社会环境与文化形态之间形成的一种和谐关系,性适应能力就是个体的性活动与外界形成的一种和谐关系。

5. 与异性关系保持和谐的人际关系

性心理健康的个体能够在日常的生活中与异性进行自然的、符合社会规范要求的交往,在日常学习生活中,保持独立而完整的人格,与异性交往能不卑不亢,做到相互尊重、相互信任,这是性心理健康很重要的一个方面。

6. 有正常的行为方式,性心理健康的人应具有符合社会规范的行为方式以及一定的性知识和性道德修养,接受社会道德和法律的约束。

第二节　学生性心理问题

[案例分析]性梦的困扰

1. 背景资料：

这是一位男生的来信："最近我一直在想一件事，不敢对别人讲，自己很担忧。前几天我在街上看到一个女孩子，我觉得她非常漂亮，当时就多看了几眼，心跳得很快。晚自习时我一直在想那个女孩。一天夜里，我做了一个梦，梦见和一个很熟悉的女同学发生了很密切的关系，还遗了精。早晨起床后，觉得自己很肮脏，不知道怎么会这样。再见到那个女同学，觉得她好像知道我晚上做了什么似的，不敢正视她的眼睛。我觉得自己很卑鄙，发誓以后再也不想这种事了。可是到第二天晚上睡觉时，又想起那种事，还做了类似的梦，这样反复了好几次，我觉得自己很可耻。"

2. 案例分析：

这位男同学反映的情况在学生中其实是比较常见的，这就是"性梦"。

3. 辅导建议：

遇到这种情况，最好的办法就是科学地、坦率地向来访者解释"性梦"的含义，"性梦"产生的原因和应对办法。

〔心理常识〕

进入职业院校学习的学生，在性生理成熟和尚未成熟的性心理之间发生的矛盾，加上性知识的缺乏，常常会陷入苦闷与彷徨，影响正常的学习和生活，因而，需要进行系统的性心理健康教育和调试。

大学生常见的性心理问题有：

一、性幻想与性梦

(一)性幻想

又称性空想或性的"白日梦"。是指个体以异性为对象，幻想着与对方约会，产生各种性行为而获得自慰与满足。几乎所有的人，无论男人或女人，都有程度不等、内容不同的性幻想，这些人中的绝大多数，都能正常的成长、生活和交往。性幻想是性冲动发泄的一种形式，在一定程度上能缓解个体的性需要。因此，多数学者认为性幻想是人类性心理发展所不可避免的过程，是性成熟过程中的一种正常心理现象。

但是，人若过分沉溺于性幻想中，甚至有意识地从中获得满足，就会带来一些不良反应，如性幻想的过度思虑，能引起消化不良，失眠等症状，影响身体健康，同时还会使人精神萎靡不振，注意力分散，记忆力下降，降低学习和工作效率，严重者可能出现性心理障碍。摆脱性幻想，首先要转移注意力，投身于学习和工作，参加各种文体活动，适当地与异性交往。

(二)性梦

是指与性活动、性爱刺激、性信号等有关的梦境，梦者有的在梦中仅与异性拥抱、抚爱、亲吻，有的在睡梦中与异性发生性关系。性梦可以是情节完整的，也可以是支离破碎。性梦是一个成年人正常性欲的反映，是正常的心理活动，可是不少人把梦与现实混淆，有人以性梦为耻，觉得自己出了问题，虽然人在清醒状态下可以控制性冲动的自我约束，但是，性梦是一种不由人的意志控制的潜意识行为，是在性欲不能通过其他途径宣泄时的一种变相的释放，大可不必因梦的内容自我谴责或自暴自弃。

性梦虽然是一种正常的现象，但如果性梦过于频繁，或如果经常以幻境代替实境，就可能引起心理失常，影响学习和心理的健康发展，应当加以注意和调节。

二、性别角色混乱

（一）性别角色

是指一人的性别特征所规定的社会行为规范，也就是说男女两性在社会中担任不同的社会角色，承担不同的社会责任，遵守不同的行为规范，形成不同的心理性别倾向和个性特征。通俗讲就是男人要像男人，女人要像女人。

（二）性别角色混乱

1. 表现和危害

进入青春期后，个别学生因各种原因出现性心理偏差行为，羡慕异性，自觉不自觉的模仿异性的言谈举止和穿着打扮，不认同自己的性别角色，而认同异性的性别角色，于是出现了与自己生理性别不协调的心理特征和行为，产生性别角色混乱，出现“娘娘腔”、“男人腔”等现象。严重者甚至千方百计要改变自己的性别。

性别角色混乱对学生的身心健康发展不利，由于男不男、女不女的现象，很难被周围的人和社会认同，因而会受到人们的指责，产生心理的压力，影响学习和生活，影响自己的全面发展。学生都应正确地对待自己的性别角色，悦纳自己的性别角色。

2. 产生性别角色混乱的原因

（1）生理异常：这种情况较为少见。

（2）环境与教养：有些父母将儿童作为异性身份去抚养，取异性名字，穿异性服装，当异性教育，有的因从小生活在异性世界，家长又不注意对其进行性别角色引导，自幼养成了异性的性格、兴趣爱好及思维方式。这就会使儿童缺乏适当的认同模式，导致日后的性别角色混乱。

（3）心理因素。有些女孩子由于对生理变化缺乏心理准备，因对月经等生理现象的厌恶而希望自己是个男子，不愿做女人。

3. 性别角色心理的自我调节

（1）愉快地接纳自己的性别身份。

（2）正确对待男女区别，消除对异性的羡慕感，发展理想的男性气质与女性气质。男性要注意发展理智、刚强、意志力强等品质，即“阳刚之气”。女性要表现温柔、细腻、富于同情心等品质，即“阴柔之美”。

三、手淫

手淫也叫性自慰，是用手或工具刺激生殖器官而获得性快感的一种行为，是释放性能量的一种方式,是学生中一种较常见的现象,是青春期最典型的性行为活动。

长期以来,人们对手淫问题有着许多不正确的看法,有关心理专家(1987)对548名学生调查,78%的男性和75.6%的女性认为手淫有害于身体,有害于大脑,有害性功能,是不道德的。手淫"有害"的思想使手淫的学生每次手淫前后,总是伴有一种犯罪的感觉和内心的紧张、忧虑、恐惧、焦虑等。这种心理矛盾还可能引起大脑神经过程的高度紧张而导致神经功能失调,因为"手淫有害"的思想和手淫的普遍性,手淫成为困扰学生的主要心理问题。

四、性心理障碍

性心理障碍也称性心理变态。在性欲望和性冲动的支配下,有些人在寻求性满足的对象和方法与常人不同,其性满足违反当时社会习俗。这些性障碍多发生在学生时期。这些性变态使他们内心充满压力,而且这种行为常常不容易克服,会使他们长时间处于一种激烈的心理冲突中,甚至可能成为他们一生的心理负担。同时,性障碍行为常常自伤还可能伤害到他人,对社会产生不良影响。因此,职业大学生需要了解、防范性变态行为,这也是性心理健康的一个重要内容。

(一)同性恋

同性恋是指经常以同性作为性欲满足对象的一种行为障碍。同性恋的产生有一定的生理原因与环境因素,比如说小时候父母的养育方式,期望角色等。将男孩当女孩养,有的将女孩养成"假小子",所以有些人在长大以后就有可能出现喜欢同性的倾向。职业大学生处于青春发育晚期,性生理和性心理的萌动是一种自然的力量,情感丰富,渴望得到爱,但是,由于复杂的原因,他们不能通过常态的两性接触和交往来满足性心理的需求,生理的能量不能通过两性的性行为得到宣泄,比较容易受到来自同性同学的引诱,而发生同性恋行为。因为这个年龄阶段的人性倾向会因时间和成长而改变,所以不要过早下结论,等到他们比较能够和异性自然交往或者能够进行常态的两性接触的时候,性倾向慢慢地就走向了常态。

(二)恋物癖

恋物癖者通过接触与把玩异性穿戴过或使用过的物品,来达到性兴奋与满足。恋物癖者以男性居多,他们多以收藏女性的内衣、胸罩、短裤、丝袜、头发等以获得性的满足。有些恋物癖者为了得到他们想要的东西,常常可能发生偷窃行为。实际上,恋物癖不是流氓性骚扰者,也不是小偷,他们的目的是为了获取性的满足,内心往往会充满矛盾、自责与悔恨,只要积极配合医生,是有可能治疗的。

(三)窥阴癖

窥阴癖是指通过偷看异性裸体、异性性器官或性生活而获得性快感与性满足的行为,以男性为多见。窥阴癖者常常夜晚潜于窗外或高处偷看女子洗澡、或窥视女厕所。发生这种行为时,他们心里一般比较清楚,只是难于控制,常常会因不能控制自己而过分自责。

(四)露阴癖

这类行为也以男性多见。他们通常在僻静的地方遇到女性时解开衣服暴露自己的生殖器。从异性的惊恐逃离中获得性满足。这种情况也有时发生在拥挤的场合,有时靠用生殖器摩擦异性的身体而获得性满足。暴露癖者一般不会发生性攻击,只是给异性留下惊恐和厌恶。

当出现这种情况时，女学生不必过于惊恐，了解这是一种变态行为，大胆严厉斥责，或置之不理，他便会自觉无趣，无地自容。

此外，性心理障碍还有易性癖、恋童癖、性虐待狂等。长期以来，人们对这些心理行为问题不能正确对待，将其视为道德品行问题，往往以舆论甚至是法律的角度加以制裁，这在某些程度上对他们的治疗也是不利的。

五、性伤害

性伤害是指由性行为给受害者心理上造成严重伤害体验的现象。除了严重的性伤害行为如强暴之外，一些非身体接触的行为如：强迫看色情影片或图片、裸露行为、窥淫行为、语言骚扰猥亵动作、猥亵电话等也可视为性伤害行为。

性伤害行为带给受害者的不只是生理上的痛苦，更严重的是长期的心理影响，他们会因恐惧产生强烈的不安全感，妨碍其成年后和异性交往的能力，会因羞耻感而觉得丢脸，自尊降低，认为自己没资格过正常生活等心理伤害，在相当长的时间无法修复。

六、性偏离行为

在性需求的驱使下，人的性冲动得不到有效合理的管理，人就会以异常的、不符合道德规范的方式满足个人欲求的一些行为。学生性偏离行为包括以下情况：

（一）性骚扰

性骚扰是对异性或同性（同性恋倾向者）做出一些与性有关的、在语言上或行为上的骚扰或伤害。在校园里，性骚扰在男生中较为多见，而女生常成为被骚扰的对象。表现为言语骚扰和行为骚扰，如在女生面前说污言秽语，开下流的玩笑；做出违背女生意愿的亲昵行为等。

一般而言，缺乏道德教养，个人素质较低的男生容易对某些女生产生性骚扰的行为；受到性骚扰的女生往往是一些相貌比较好、平时容易开玩笑、喜欢与男生单独相处的人。

（二）性放纵

由于自我的克制能力较差，受到性解放观念的影响，加上黄色刊物、光碟、网站等的诱惑，有的学生随意与异性发生性关系，或者出现边缘性的性行为。

没有规范的性行为，只能导致性混乱，这不但是人性的堕落，损及个人的身心健康，更会造成社会的混乱，并会传播危害身体健康的种种可怕的疾病。大家知道，目前世界流行的性病种类就有20多种，最常见的是梅毒、淋病、软下疳、尖锐湿疣等，当然，艾滋病则是对人类性放纵行为极端的惩罚。这些疾病对人类而言，无异于巨大的灾难。因此，同学们应自觉地加强自己的文化及道德修养，正确认识自己的性心理发展规律，自觉地提升自己的生活品位。

（三）早孕

近年来，越来越多地出现学生早孕的个案，其中大部分是由于无知，不了解最基本的性生理卫生知识，更不懂得如何避孕。对于早孕的少女来说，无论最初发生性行为是出于自愿还是被迫，都会陷入极大的恐慌之中，对其身心的伤害非常大。

（四）性犯罪

个人的性行为危害了他人的利益，并给社会造成了危害，违反了法律，就构成了性犯罪。

学生中常见的性犯罪有猥亵、强奸、卖淫、滥交等。近几年,涉及学生性犯罪的违法行为已居学生各种犯罪的前列。

第三节 学生性心理保健

[案例分析]

1. 背景资料:

"老师,我怀疑自己是在同性恋。因为我本人是女孩,却对一位女生产生了触电的感觉。她是一位很漂亮、很温柔的女孩,自从我看见她,就深深地喜欢上她,并且不能自拔。后来我向她表白了我的感觉,出乎意料地,她对我也有好感,于是我们之间的情感迅速地发展。我现在似乎一刻也离不开她。在宿舍里,我真想为她做任何事情,我的情绪完全围绕着她转,她开心我就快乐,她伤心我比她更难受。我觉得自己可以随时为她付出一切,我希望能够宠爱她一生,保护她一辈子。然而,我不是个男孩,为此我怨恨上天对我的捉弄。老师,我这正常吗?我也是个漂亮的女孩,也有男孩喜欢我。可我就是没有那种感觉。我现在很矛盾很痛苦,因为过分地在乎一个同性比在乎一个异性更令人痛苦,我害怕别人说闲话,我担心有一天她会永远地离我而去……老师,我该怎么办?"

2. 案例分析:

这是一位女生的来信,来信中,她比较详细地描述了自己的"恋情"。她是个女孩,为什么对另一个她"情有独钟"呢?经过分析,我们了解到这位女孩"迷恋"的对象是一位十分出色的女孩,无论是长相,还是为人处世,都很不错,她们俩人互相关心、互相理解,有着许多共同的话题。她们常常觉得无法分离,并非出于生理方面的需求,而是一种心理需求,她们把彼此当作自己的精神寄托,产生一种"恨不能朝朝暮暮、生死与同的感情。"这同样是一种合理的情感。但是由于她们都产生一种害怕别人说闲话的心理,仍然需要进行心理辅导。

3. 辅导方案:

(1)从认知方面,提高来访者(最好是邀请这两位女生一起参加辅导)对青春期友情发展特点的认识。

(2)建议两个人放松身心,享受友情,并积极参加集体活动,广交朋友。

4. 辅导效果评价:

经过两次辅导,来访者和她的朋友表示愿意"顺其自然,享受友情"。我们有理由相信,她们的这份友情将永远持续下去,她们的生活也将由于这份友情变得更加愉快。

〔心理常识〕

一、正确对待手淫

适度的手淫是无害的,手淫的危害不在它本身,而在于对手淫的担忧,大学生要正确对待手淫,避免沉醉其中。

1. 科学地认识手淫

步入青春期后,一个人的性生理发展趋于成熟,但一个人从性成熟到合法的满足性需求——结婚,这中间要经历很长一段时间,这段时间被称为“性待业”期。而此时,人的性能量往往处于较高的水平,所以就需要寻找一种方式来排解性压力。手淫一般是独自在暗中进行,不影响他人,于是就成了最安全、最合理的缓解性冲动的方式。所以手淫是人类正常性活动的方式,也是学生性成熟的一种生理表现。对手淫所持的悔恨、自责的心理,甚至恐惧感、犯罪感,形成沉重的精神负担,是没有根据的,也是不必要的。

20 世纪 60 年代,美国著名的医学权威玛斯特斯和约翰逊博士以先进的实验仪器描述了实际性生活和手淫所引起的身体的种种变化,结果发现两者毫无差异。70 年代,国际上广泛接受了有关手淫无害的新观点。适当的手淫不影响性功能,也不影响未来的生育功能。有的学者认为适度的手淫可以缓解性心理和性生理的紧张,能对不能实现的性满足起到补偿作用。是青春期个体解决性需求的较好的方式。

2. 手淫要适度而有节制

说手淫无害,并不等于说手淫必需,更不是说手淫可以无度。手淫只是一种泄欲方式,如果过于频繁,或由于手淫带来的快感驱使学生形成习惯,甚至过度手淫,对个体的身体健康是不利的。不过度就是不迷恋,不影响正常的学习和生活。

3. 培养丰富兴趣,避免不良刺激

大学生要积极参加丰富多彩的文体活动,投身紧张的工作和学习,培养其他健康兴趣,使多余的精力得到正当的宣泄,减弱性冲动,此外,要做到尽量远离黄色书刊和色情影视之类的强烈性刺激;避免穿过于紧小的裤子,裤子不要过厚过紧,睡时不要俯卧,保持生殖器清洁。

二、预防性伤害

(一)保护自己,注意防范

一般来说,少女遭受来自于男性的性伤害较多,平时要注意保护自己,为防止性伤害要做到:

1. 与男性交往时要把握住分寸,避免僻静场所与男性单独相处,保持身体距离,举止端正。
2. 衣着得体,别太暴露身体。你有权力表达你身体的美,但请不要以失去安全为代价。
3. 远离属于成人的娱乐场所,不结交“背景复杂”的同性和异性朋友。
4. 面对挑逗和骚扰的语言及亲密的肢体触碰,只要你感觉不舒服或不确定,请勇敢拒绝。

(二)避免“二度伤害”

对性行为的发生,受害者应有勇气面对,对触犯法律的性伤害行为应敢于告发,因为默默承受不仅不能让加害者受到惩罚,反而助长其恶行。如果没有勇气告发,可以找亲近的人倾诉,也可以向心理老师寻求心理帮助,释放负面情绪。对于已经发生的性伤害,社会应避免“二度伤害”,给予受害人关爱和理解,明确告之,错不在你,不要让受害人曝光,理解并接受被害人的害怕、愤怒、敌意、泣丧、自责等负面情绪,让受害人感受到支持的力量,获得安全感,信任感,调节心理压力,重建自尊。

三、学会应对性骚扰

“岁月无涯,青春有限”。每个人最终都非常需要一个稳定的家,而不是绚丽刺激的“恋情”。我们希望同学们成长为自爱、自信、自立、自强的人，不要随意对待自己，更不能作践自己。洁身才能表现自爱。应该学会拒绝异性的性要求，与异性相处应保持分寸。当对方有试探性的企图时，应该断然拒绝。如果受到纠缠，应及时找学校解决或者诉之于法律。

作为一名未婚青年，未来社会的建设者，学会保护自己，要敢于捍卫自己的尊严和人格，不应抱有怯懦和畏惧心理。要知道沉默也许会变成一种默许，退让就意味着纵容。在我们周围，有一些人，尤其是年轻的少女在受到性骚扰时，往往采取“保全自己的声誉”的做法，结果不但自己受到伤害，其他的女同胞也会继续受害。2003 年 6 月，中国第一桩“性骚扰司法纠纷”成功地为受害者伸张了正义。这是社会的一种进步，是我国法制建设的成果。

避免性骚扰的方法有：一是平时应注意安全，避免单独到僻静的地方，注意防范那些陌生的性骚扰者；二是尽量避免与骚扰者单独相处，注意防范那些所熟悉的性骚扰者。遇到性骚扰后，如果感到屈辱和恐惧，可以向亲朋或者心理医生倾诉，以减轻心理上的压力；如果身心受到侵害，可以向上级部门投诉，甚至诉诸法律，这样可以有效地制止骚扰者继续侵害你或其他人。

四、谨防早孕

对于一个未婚者来说，最好的避孕方法就是避免与异性发生性关系。发生性关系时一定要做好避孕、防护等措施，使用避孕套或避孕栓等避孕方法都比较安全。如果发生意外事件，也可以采取紧急避孕的办法进行补救，以避免早孕。

对一个平时月经比较正常的少女而言，与异性发生性关系以后，月经如有异常，推迟 14 天后仍没有来，就应到正规的医院做早孕检验，这种检验非常简便，只需检验尿液就基本知道结果了。如果检验结果呈阳性，那就证实已经怀孕，需要做人工流产等处理措施。

五、学会应对性冲动

每一个人在性生理成熟以后，到结婚之前，不可避免地有一个 10 年、甚至更长时间的“性适应期”。在这期间，每一个人都应该懂得合理地管理自己的性需求心理，懂得应对自己的性冲动。

首先，人可以控制自己的性冲动，也非常有必要这么做。人类不像其他动物，虽然有冲动，但更重要的是人类有自制力。人类文明正说明人有能力对自身的性冲动加以制约。如果缺乏管理，性冲动无疑会给你带来许多麻烦，甚至会令你一失足成千古恨。

其次，“修身先修心”，要避免性冲动，就必须自觉地加强自己的道德修养，一个人的道德修养高，就会有坚强的意志力，就会懂得尊重他人，懂得自重和自爱，也值得别人信任和尊重。相反，如果缺乏意志，热衷阅读黄色刊物、观看黄色光碟、光顾黄色网站；或者无心学习，沉迷于恋爱当中，不能自拔。

再次，避免和异性单独相处，广交朋友，积极地参加集体活动，多参加体育锻炼，多培养一些个人的业余爱好，比如看课外书、写日记、进行网络学习或其他的专业技能操作等。

六、坚决抵御性犯罪

一般而言，对男生而言，发生性犯罪行为的人很可能是一些个人的成长环境不理想，具有反社会型人格的人，道德修养差、带有攻击性、敌对性的人；对女生而言，那些缺乏关爱和家庭教养的，或者曾经受到诱惑而失身的，容易产生无所顾忌的心理或报复心理，卖淫或引诱同学去卖淫，或帮助他人实施性犯罪。

犯罪必须受到法律的制裁。我国法律对强奸罪、流氓罪、卖淫等犯罪行为进行了非常详尽的规定。比如对强奸罪的界定"强奸是指以暴力、胁迫或者其他手段，违背妇女意志，强行与其发生性交的行为。"又如对妇女卖淫的处罚规定也是非常清楚有力的，对卖淫者和嫖宿者，处十五日以下拘留，警告、责令其悔过或者依照规定实行劳动教养，可以并处五千元以下罚金，情节严重者需要追究刑事责任。请同学们自觉地抵御发生性犯罪行为，让自己的青春吐露芳华。

七、正确对待"性梦"

有一位比较内向的男生曾经很困惑："但最近我在梦里梦见自己与女孩子拥抱、接吻，我很想知道这到底是怎么一回事，我正常吗?" 根据我们所学的有关知识，大家可以很清楚地知道，这位男生的梦可以称作"性梦"。《红楼梦》里也曾经详细地记载了贾宝玉的一次性梦，预示着贾宝玉已经长大，已朦朦胧胧地有了性意识。

这一位男生性格比较内向，白天想得比较多，对自己的要求也往往比较严格，又不敢与别人倾诉，缺乏人际沟通的技巧，潜伏在性意识里的一些想法就会在梦里出现。这是正常的，不必对自己责备求全。

克服"性梦"现象的办法很多，主要是能在理解这一现象的基础上，改变自己的心情。比如说学会与人沟通，努力增加自己的爱好，参加体育锻炼等。

如果做梦已经严重影响自己的正常学习和生活，那就有必要请心理辅导老师或心理医生进行诊治。

八、正确对待遗精现象

遗精指的是男人在没有发生性交行为的情况下射精的现象。睡梦中因性交梦境引起的射精，我们称之为"梦精"；清醒的时候遗精称为"滑精"。一般情况下，遗精并不是一种病，它是一种正常的生理现象。

进入青春期以后，男孩的睾丸增大并能够制造较为成熟的精子细胞，这些精子需要进行自然的新陈代谢，属于"精满自溢"的正常的生理现象。因此，进入青春期的男孩都会出现遗精现象，遗精和女孩子的月经一样，是青春期性成熟的最重要的标志之一。

男孩遗精的年龄大约是十四五岁左右，当然也有个体上的差异。首次遗精的精液里可能并没有成熟的精子。随着体格的发育以及性器官的进一步成熟，精液里开始有了成熟的精子，因而也就具备了生殖的能力。首次遗精对男孩子的身心都有很大的影响，家长、学校和社会应该及时地对他们开展性教育。有了科学的常识以后,男孩子们就能够健康而快乐地成长起来。

如果遗精过于频繁,或者在清醒的时候也出现遗精,而且,遗精以后出现疲劳等不适感觉,那就属于不正常的现象了。引起这种不正常现象的原因主要有:

●阴茎包皮太长,尿道发炎,或者前列腺炎等疾患,只要治疗及时、方法合理,就可以改变这种不正常的射精现象。

●色情意念太重,经常想入非非,使大脑中管理性冲动的性中枢控制功能过于疲劳,控制力失调,精液往往容易向外流。

●所穿内裤太紧,或者睡觉的姿势不正确,压迫阴茎,引起刺激,引发射精。

发生遗精现象,请你不必过于担忧,如果遗精后并没有疲劳感觉,就请你了解一些有关的知识,减轻自己的心理压力,积极参加体育锻炼,注意劳逸结合。如果觉得疲劳,就请你针对以上情况认真分析,及时地就诊。

九、正确对待阴茎勃起现象

我们知道,随着青春期的到来,男性睾丸增大并能制造成熟的精子细胞、前列腺及精囊开始分泌、阴茎膨大、阴囊的皮肤增厚、出现阴毛和腋毛。另外就是长出胡须、体毛以及嗓音改变等。

就男性而言,他们则迫切希望引起女性的注意和好感,特别喜欢在女性面前表现自己的能力和才华,甚至还会以一些超乎想像的方法来引起女性的好感,有的男性甚至喜欢挑逗、捉弄女性,以期引起异性的注意。见到自己喜欢的女生或者漂亮女性时会出现阴茎勃起现象,甚至会流出体液,是男性性兴奋时的正常生理反应,这并不能认为他是个下流的男生。这种情况民间称作“见色遗精”,其实流出来的不是精液,而是尿道球腺和尿道旁腺所分泌出来的一种液体,其功能一般是起性交润滑剂作用的。

早晨醒来阴茎勃起也是一种正常的生理现象。有人以为这是因为睡觉时梦见有关性的问题或者憋尿引起的,实际并非如此。经过科学验证,人的睡眠可以分为“徐波睡眠”和“雷姆睡眠”,从躺到床上到进入深睡之间的一个半小时内的睡眠称为“徐波睡眠”,从翻身到不停改变睡眠姿势的二三十分钟内称为“雷姆睡眠”。通常我们一个晚上都是重复4次这种类型的睡眠,而且是周期性地循环进行,“雷姆睡眠”时阴茎会变热变大,即勃起,而其他时间阴茎则缩小、温度降低。所以早晨若是从“徐波睡眠”中醒来,阴茎是下垂的;若是从“雷姆睡眠”时醒来,阴茎则是勃起状态的。

阴茎直接受到刺激或者看、听、想像一些与性有关的故事或情节都会产生兴奋;生殖器摩擦到衣服或者淋浴时也会有勃起的现象。不过,假如没有上述情况阴茎勃起也是正常的,不必担心。

发生晨起阴茎勃起等现象时,不必慌张,而且也不必刻意去控制它,因为对大部分男性而言,想控制这些自然勃起的现象是不大可能的,而且可能引起更深的罪恶感、恐惧感或者焦虑,况且勉强控制可能对以后的性生活造成一定的影响。事实上,假如自己不刻意去注意它,通常这种情况几分钟就会消失。

十、正确对待同性恋现象

1. 科学看待同性恋现象

在人们传统思维中，“大部分男人爱女人，所以男人应该爱女人，所以男人爱男人是不正常的”。然而，同性恋在自然界也是存在的。科学家观测到一定比例的灵长类动物会在青春期时候偏向同性，有些物种的这种偏好的比例则会相当的高。这些都证明了很多同性恋是天生的。当然，也有一些同性恋是后天逆转的，这些和家庭影响、社会风气有关。比如在军队里，同性恋的情况间或发生。社会风气也会影响人们的性取向。在西方的古希腊和中国的魏晋南北朝，是一个男子注重仪容风貌的年代，那个时代，同性恋现象也最为盛行。古希腊的柏拉图和苏格拉底，都是同性恋者，在他们观念中，成年男子和青年男子的爱情比男人和女人的爱情还要高尚。

2. 正确对待有同性恋倾向的人

首先，要将他们当作普通人对待，接纳他们。

其次，由于同性恋违背常规和习俗，往往会受到世人的厌恶和嘲讽。有很多因同性恋导致心理矛盾、焦虑，影响学习和生活。单靠自己很难改变现状，必须消除羞耻心理，求助于心理医生。

第四节　心理辅导训练

［案例分析］女孩的心事

1. 背景资料：

一个刚入校的女生，进咨询室寻求帮助，她说进入大学以来，班上许多同学非常活跃，朋友多，而自己关系好的只有女生，与班上男同学交往很少，一说起话来心里就紧张，不知道说什么好，总认为自己嘴很笨，不能像其他女生活泼大方。而内心又希望与男同学多交往一点，能够很随便自如地去打交道，却不知道怎样做才好。和男生在一起总觉得不自然，手脚不知怎么放才好，惴惴不安甚至脸红，不敢正视男生，常常觉得无话可说。同学都说自己傲气，难以捉摸，不好接近，自己不知如何辩解，整天心事重重，非常苦恼。

2. 案例分析：

这是一例涉及男女同学异性交往的问题，在学校心理咨询中比较常见，对于花季的少男少女来说，有着许多这方面的内心困惑。经了解该女孩是一个属于性格偏内向型的学生。平时沉默寡言。从小家教很严，父母教育自己要好好学习，初中时很少和男生交往，怕别人耻笑，久而久之就不敢去接触了。

3. 辅导经过：

（1）建立辅导关系，和她一起探讨并制订辅导方案。

（2）对其进行以下几方面的具体指导：1）安排班上积极活跃的男女同学多关心、多接触她，给她表现的机会、培养她的自信心；2）鼓励其多交往，参加集体活动，可以先后与自己最熟悉的男同学多交流；3）采用系统脱敏法对其进行治疗。

4. 辅导效果评价：

经过三个月的指导,该女生的症状得到较大改善,与男生说话时不再脸红,能正视男生,自如交流。

[心理辅导训练]

一、把握异性交往的尺度

[辅导目的]

1. 分析异性交往中的问题、困惑。

2. 掌握异性交往的原则与方法。

[辅导方法]

1. 团体辅导

2. 分组讨论

3. 个别心理辅导

[辅导过程设计]

1. 热身活动

(1)学生分组(八人一组,男女生各若干),设组长一名。共四、五组。

(2)游戏——信任圈

目的:增进彼此合作,建立信任感,培养团体气氛。

时间:大约二十分钟。

操作:每组围圈,邀请一位成员到中间,其他成员手拉手围圈。练习开始时,圈内人闭上眼睛,自觉舒适地倒向任何一方,其他成员必须手挽手,形成保护圈给予保护,不能让圈内人摔倒。如此倒下、接住,使中间的成员从紧张到很放松,可以换人到圈内去体验,活动充分体现团队的合作。

2. 导入课题

异性交往是人类社会生活中不可缺少的重要组成部分。对于大学生来说,男女同学之间的正常交往不仅有利于学习进步,而且有利于个性的全面发展。但是,如果交往不当,也会影响学习和身心健康,给少男少女们带来困扰。

3. 分组讨论

(1)在男女生交往中存在哪些问题和困惑。

(2)组长发言,汇总讨论结果。

(3)异性交往的两个误区:

①不敢交往

②男女同学交往过密

4. 教师导引:涉世不深的大学生应如何与异性交往呢?

一般来说,应该树立正确的交往动机,坚持自然、大方、文明的交往方式。从青春期男女青年自身来说,正值钟情怀春的初期 ,男女交往时应心地坦白、自然大方。当对某个异性产生好感时,要学会用理智控制自己,战胜情感的冲动。男女交往时要注意时间、地点、场合,把握情感的分寸,讲究仪表谈吐,做到文明礼貌,既要热情大方,又不可轻浮放荡;还要注意交往双方那种“言者无意、听者有心”、“自作多情”和“互相猜忌”的事情发生。

具体要求：

首先，与异性同学交往要坦然。在交往中必须做到：一要大胆破除"男女授受不亲"的封建残余思想和社会偏见，努力提高自己的心理成熟程度和道德水平，使自己在异性同学中做到坦然自若。

其次，与异性同学交往要适度。这里指的是把异性同学交往控制在合适的状态上，异性同学之间离得太近或太远，都不是最佳状态。那么，怎样把握好"度"呢？一是与异性同学交往时要约束自己的言行，给异性留下美好的印象；二是与异性同学交往不能影响学业，不能影响身心健康，更不能为今后成家立业留下遗憾。

5. 话题拓展：如何对待早恋

(1) 原因：青春期性心理发育的客观规律。15～16 岁之后，学生进入青春期后期，向成年人过渡加快，开始在心中编织"理想模型"，并希望把异性间的群体交往转向对个别异性的依恋。

(2) 怎样看待：早恋是学生性心理发育到"对异性狂热期"阶段，必然出现的对异性的渴望和需求。这种需求在生理、心理上都是自然发育的结果，是正常的；早恋不是一种错误、罪过，不要因此背上沉重的心理包袱，自责、内疚；但是，这个阶段的爱恋又有一个最大的特点：性的冲动胜过理智、幼稚的行为大于成熟的思考。此时，少男少女的情感恰似飘忽不定的风雨，他们既无法把握自己的感觉更无法掌控对方的感情，所以在事实上，早恋常常会给正常的学习、生活造成困扰，学生的心理也会被伤害。

(3) 如何回应异性的爱慕："拒绝"的技巧：明白的态度、坚定的立场、委婉的说辞；既要令对方知难而退，又尽量不要伤及对方的自尊，保留一段纯真的友谊。

(4) 如何避免过早地恋爱

①要分清友谊与爱情的区别。男女同学之间应存在正常的友谊，不要把友谊当成爱情而想入非非。②转移注意力。把注意力转移到学习上来，认真搞好学习，或在烦闷的时候多干一些自己喜欢干的事，或与知心好友谈谈，不要老是往这方面想。③树立远大的目标和切实可行的近期目标，把时间和精力放在对目标的追求上。④多参加集体活动，在活动中充实自己。⑤多交一些朋友，多看一些优秀的文艺作品。

6. 辅导结束语

音乐"友谊地久天长"，结束。

二、女生性健康心理辅导：清水出芙蓉

[辅导目的]

1. 引导女生悦纳自己，塑造青春美的形象。

2. 增强自我保护意识，远离伤害。

[辅导方法]

1. 团体辅导

2. 分组讨论法

[辅导过程设计]

1. 准备：(1) 组织学校女生参加；(2) 制作多媒体课件。

2. 导入课题：

（1）播放歌曲“我是女生”。展示表现女生青春美的图片。

（2）引入正题：塑造美丽形象

3. 分组讨论

请同学们讨论女生的美体现在哪些方面？

组长汇报小组的讨论结果，共同分享。

汇总：

（1）健康即是美：身体健康 心理健康

内在美：品格、修养、气质

（2）着装：体现年龄和身份

（3）化妆：学生不宜化妆和佩戴首饰

（4）言谈举止：文明、自尊、包容

（5）公德意识：忌粗俗、轻浮、尖刻

4. 话题讨论：爱自己是自己的责任——如何对待婚前性行为？学生的婚前性行为大多是“偷吃”的性质，一般都偷偷摸摸地进行，内心常伴发紧张、害怕、恐慌等，事后又觉得不道德，产生羞愧感，极易引起性焦虑的发生而导致性心理病症，尤其是女孩，婚前性行为对你的伤害更大，更应该理智地面对情感问题。

5. 轻率的性行为会对未成年少女产生怎样的影响：

（1）资料展示；

（2）小组讨论：“对未成年女孩来说，什么情况下容易发生性行为？我们该如何预防和自救？”

（3）教师导向：“轻率的性行为将给未成年少女造成巨大的伤害，未成年少女不要轻率地发生性行为”（具体阐述包括：生理、心理、学习与生活、人际环境等）；

（4）总结归纳：

①“为爱献身”——轻信“男朋友”的甜言蜜语，草率失身。策略：不过早涉入“爱河”，不草率结交男朋友，更不能轻易答应对方的性要求。

②“上当受骗”——轻信陌生人的话，被其以带路、找工作、提供帮助等理由所骗，或误食带有迷幻剂的食品。策略：对陌生人要心存警惕，不要随便独身一人与对方到僻静处，也不要轻易透露有关自己的详细信息，不食用陌生人提供的食品、饮料。

③“遇到袭击”——走夜路或在偏僻处，遭到犯罪分子的袭击。策略：尽量避免走夜路或到僻静的地方去，如有需要，要结伴而行（最好三人以上）；遇到袭击时，要保持冷静，想办法大声呼救和报警；记住犯罪分子的相貌特征、衣着等，帮助警方把罪犯抓获归案。还要及时到医

院接受检查和治疗。

(5)及时调整好心态,从受害的阴影中走出来。假如你是一个受害者,没有必要为之悔恨而一蹶不振。应尽快地从这段痛苦的经历中解脱出来,调整好自己,平静地生活。

(6)辅导结束语:歌曲《挥着翅膀的女孩》,让花儿尽情绽放,让青春无悔。

三、你如何了解性知识

[辅导目的]

了解同学们获得性知识的渠道,帮助大家掌握科学的、规范的途径以获得性知识。

[辅导方法]

1. 男女生合班举行心理常识讲座。
2. 个别辅导。

[辅导过程设计]

1. 你从什么渠道了解性知识?请你坦率地把自己的情况写在卡片上(无需写上姓名)。
2. 辅导教师把大家的卡片汇总起来并加以总结。
3. 同学们自由提问,心理辅导教师现场做解答。

教学建议

1. 此活动可以事先制作好一份调查表。同学们按照调查表填写,教师进行归纳总结。
2. 总结的时候,无需进行任何批评,只做解释。
3. 有条件可以选择性教育影片放映。

第八章 学生恋爱心理辅导

第一节 学生恋爱心理

【案例分析】烦恼的女生

1. 背景资料

某班女生在初中时认识同班的一名男生,两个人很合得来,一起学习一起进步感情很好,虽然两个人没有确定朋友关系,但事实上都对对方有好感。这种情况一直持续到了初中毕业。其间那个男生曾想明确一下关系,但被她拒绝,她怕关系太近影响学习。那个男孩考上了职业技术学校,她来到学校,但是经常通信,每次收到信她都感到很快乐,她以为这种关系可以持续很长时间。职业技术学校学习很紧,她很长时间没有收到他的来信,也没觉得有什么异常。但后来听说那个男生和他们学校一名很不错的女生好了,自己便很难过。她觉得自己很失败,自己不如那个女生,同时觉得自己没有好好把握机会,当它溜走之后才感到后悔自责。再有就是对那个男生的怨恨,恨他感情淡薄移情别恋。这种失去自信后悔自责与怨恨的情感交织在一起让她非常痛苦,实在难以自拔,所以才抱着试试看的心理来到咨询室。

2. 辅导经过

(1)建立辅导关系

她在一个中午怯生生地来到咨询室,不断捻动的手指可以看出她很紧张。面对无语的她,我先缓和气氛:你是哪个班的学生?吃过饭了吗?经过几句闲聊,她的情绪有所缓解,我开始询问她有什么困惑。她先从学习说起,说自己的不适应,说自己混乱成一团,上学校之后一切都变了。我开始对她进行学校生活的适应辅导,但是效果不大。她还是充满了疑问和烦恼,我开始意识到她的主要问题不是学习而是其他东西。在咨询的同学里绝大多数人的问题是学习问题,自信心问题,与家长的关系问题和恋爱问题。我试探地问她的家庭状况,她说她的父母都很疼她,家里挺温暖和睦。看来应该是恋爱问题了。我顺势说了一句,你多幸福,一定有很多人羡慕你。今天也有一个女孩找我,她和你一样既漂亮又聪明,但是也是不开心,她在和男生的交往中出现了一些问题,让她很烦恼。她听到这里眼睛一动,似乎想要流泪,我知道问题就在这里了。

(2)辅导谈话摘要:

辅导师:在你的眼中那个男生十分完美,简直万里挑一,认为以后再也没有这么优秀的男生了,对吗?

来访者:嗯。

辅导师:你现在多大?

来访者:16岁。

辅导师:我希望你明白在人的一生中16年是多么短暂的一瞬间,你的路才刚刚开始,还有更多的机会和选择,怎么能把自己的视野放在这么小的世界里?你现在接触的是××县的一个男生，以后绝对会走得更远接触更多的人，也许是全北京市的人，也许是全中国的人，还可能是国外的人。有更大的范围就会有更多的机会，更多优秀的人，那些机会你绝对不应该放弃。因为你本来就是一个目光挺远大的女生，你应该相信自己一定会遇到一个更好的男生。而且初中的恋情本来就是不成熟的不牢固的，即使在职校、大学相爱的人又有几对可以最终结合？分手是必然的，只是时间早晚的问题。你觉得呢？

来访者：嗯，可能吧。

辅导师：其实一个感情失意的人不一定是因为有多爱对方，而是很自爱。觉得自己被对方放弃很失败，自信心被严重挫伤。但是一个自爱的人也应该会自救，不能让痛苦一点一点地吞噬着他们的自信，应该和它斗争。你知道自己的优点吗？

来访者：不是很清楚。

辅导师：你是一个干净漂亮的女生，很文静很秀气。通过刚才的交谈我知道你学习成绩不错，人也蛮聪明的。你这样的女孩最惹人喜欢了。

来访者：（微笑了一下）……

辅导师：但是一个女孩子如果因为自己漂亮，整天沉浸在镜子中或整天幻想着自己的白马王子，这样会有什么结果？

来访者：当然很不好。

辅导师：我很高兴你可以认识到这一点，一个人要想让自己真正美起来，必须提高自己的素质和修养，而学习知识、看书是最好的途径。每个人都会寻找自己的终身伴侣，而两人的素质则是相互匹配的，它就像是一架天平，一方如果是一斤对方绝对不可能是五两。所以如果想拥有真正的爱情，在未来有一个如意的白马王子，我们应该怎么做呢？对，在自己身上加分量，自己的每一步提高或每一点进步都是在提高自己未来男友的素质。

来访者：老师我懂了，谢谢。就走出了咨询室。

3. 辅导效果评价

通过分析了解，我想现在最重要的就是让她从死胡同中走出来，纠正她的错误观念，加强她的自信心，让她明白什么是爱，怎样才能得到真爱。她走出咨询室时，看着她轻松起来的背影我也轻松了。

〔心理常识〕

院校的学生谈恋爱似乎已经成为校园里不可或缺的风景，虽然爱情是人类永恒的话题，但在大学生中普及是不是为时过早了一些？由于心理方面存在着很多不成熟的因素，因此，如果想要涉足爱河，必须要有一定的心理成熟度，因此，了解学生恋爱心理和恋爱形式的特点，对每个职业大学生正确地对待爱情会有很大的帮助。

一、学生恋爱的动因

1. 性心理原因

大学生年龄一般都在 15 ~20 岁之间，他们正处在学生生理发育的高峰期。生理发育的成熟促使他们渴望并寻求与异性交往。现在是个开放的、咨讯传递快速、信息交汇很广的社会，学生了解性知识的渠道十分多，对性生理的成熟、性知识、性心理知道得也不少，知识的丰富和性意识的觉醒唤起他们对美好生活的向往。当遇到自己钟情的异性时,爱慕之情便油然而生。因而,现代职校生的“恋爱”普遍多了。

2. 社会环境原因

(1)影视作品、流行歌曲的影响。如今的学生是看电视长大的一代,尤其是近几年,反映学生恋爱的影视作品日益增多,他们模仿力很强,而辨别力不够。同时,不良碟片、书刊和网站,也对学生有一定误导作用。

(2)家庭中的某些不良刺激是学生“恋爱热”出现的催化剂。有的家庭夫妻长期失和,整日为小事争吵不休,或者天天为工作奔波,为钱操劳,往往忽视了亲子之爱,让孩子长期体会不到家庭的温暖,也容易导致孩子寻找异性寄托情感。

(3)就学校的环境来看,学生男女之间年龄、阅历相似、学历相同,在共同成长过程中很容易产生感情共鸣。这种相似性强,接触频率高,为他们提供了相互了解和感情交流的机会。近年来,“读书无用论”在某些职业技术学校再次抬头,加之精神文化生活的单一,使部分学生感到精神空虚,于是想通过恋爱来寻找自己的精神寄托。

3. 个人心理原因

个人心理原因是职校生恋爱问题产生的内在动因。

(1)把异性之间的相互吸引等同于爱情。如“觉得他(她)好”、“总希望看到她(他)”、“控制不了与他(她)的相处”等。这是把青春期异性的自然吸引当作爱情的典型表现。

(2)学习成绩差。一个学生对学习丧失信心,感到毫无乐趣,就会把兴趣和精力转移到其他方面。

(3)思想上比较消沉。大多数的学生在中小学受到家长老师的各种打击,对国家和个人前途不抱什么希望,事业上无所追求,容易过早地追求异性的温暖。

(4)由于学习、家庭生活、人际交往等方面受挫而选择恋爱得以缓解或抚慰。如“与父母谈不拢,但他(她)理解我”、“班上我一无是处,他(她)却是我的抚慰者”等。

(5)盲目的从众心理。“别人能找到对象,我也能行。”这是在从众心理影响下对待谈恋爱的态度。特别是好朋友之间,容易相互“传染”,有时甚至会成为一种炫耀的资本。

总之,导致学生出现恋爱行为的原因既多且复杂,有可能是某一因素起着主要作用,有时则是几种因素同时作用的结果。正是种种外界影响作用于职校生未成熟的心灵并激起了强烈反响,才引发了他们恋爱的行为。

二、学生恋爱的过程

1. 好感阶段

对某个异性产生特殊好感后,爱慕还藏于内心,但开始对其各种行为给予特别关注,并在其面前想尽量把事情做得好一些,以吸引对方对自己的注意和好感。

2. 接近阶段

假借读书、作业、会议、班级工作、文体活动等途径进行接触和交谈。

3. 迷恋阶段

通过各种方式,借助各种手段,如表情、动作、写纸条、情书、约会等,热烈地表达自己的倾慕之情。

三、学生恋爱的特点

1. 不成熟性。恋爱中的学生由于对于恋爱关系的发展结局并不明确，他们渴望与异性单独接触，但是对未来组建家庭，如何处理恋爱关系和学业关系，如何区别友谊和爱情都缺乏明确的认识。

2. 公开化。如今学生的爱情没有隐蔽性可言。热恋的男女携手相拥出入校园，同桌学习、同桌吃饭，相互依偎甚至于众目睽睽之下搂抱接吻者也不足为怪了。恋爱时不仅让同学朋友知道，有时还将恋人带到寝室，让室友们评头品足，成双成对，频频约会于花前月下，这已成为校园恋爱中的一景。

3. 普遍性。爱神过早地闯入的校园，这是带有一定普遍性的问题。这里面既有当代学生的生理、心理发育提前的原因，也有社会环境的各种刺激在起作用。

4. 浪漫化。浪漫化的集中表现为只重过程而不看结果，信奉"不求天长地久，只求一朝拥有"。因此恋爱中追求快乐，追求现代化，寻找刺激、消遣成了一种时尚，而把缔结婚姻抛到了脑后。

5. 单纯性。大学生投入恋爱的情感因素多数较为纯真，较为单纯，这种单纯性与他们自身的经历、阅历、知识、生活经验和社会经验有着极大的关系。他们不懂得什么是真正的爱情，多数只是把男女之间的异性吸引以及青春期特有的对异性的性冲动来作为爱慕的因素，作为爱情对待。

第二节　学生恋爱心理评价

【案例分析】网恋，现代人的童话

1. 背景资料

阿涛平时很喜欢上网聊天，不久前在网上认识了一个在外地职校读书的女生"小雨"。两人聊得很投机，渐渐地产生了好感，不久他们就陷入了爱河。

由于两人相距太远，一时无法见面，就约好每天下课后就去网上聊天。两个人把省吃俭用的饭钱全花在了那个诱人的聊天室，有时一聊就是一整夜，这样一聊就过去了三四个月，慢慢地阿涛开始上课开小差，常在课堂上睡大觉，甚至叫同学帮抄写作业。后来终于忍不住对小雨的思念之情，奔赴异地与"小雨"相见。然而，网上高大健壮的"涛哥"在小雨的面前却一身斯文书生气，身为北方妹的"小雨"高大壮实，对眼前这个文弱书生坚决说"不"，深陷情网的阿涛差点"命断网桥"。

回到学校，阿涛一直还是对小雨难以忘怀，还是经常去网吧傻傻地等待。但是一切都像是一场梦。由于这几个月"堕入情网"，阿涛拉下了许多的功课，现在觉得一切都很吃力。

2. 辅导谈话摘要

辅导师：你相信网恋吗？

阿涛：相信又不相信。

辅导师：如何理解？

阿涛：当我在与对方交谈的时候，我的感情是真实的。但是，当我走进现实生活中时，现实却是很残酷的。其实我也有一个同学,他在网上认识了一个女孩子,两人聊得很投机,也是很快从网聊发展到网恋,等到两人见面的时候才知道原来都在一所学校里读书。我的这个同学说,如果不是网络,他不可能认识他,更不要说恋爱了,网络给了他们很多的机会。

辅导师:在你的同学中有没有网恋失败的呢?

阿涛:当然有啦。我有一个朋友,见了他的“网上情人”回来后失望地对我们说:“真没想到,天天说自己明眸善睐的人却是一个高度近视。”而这个朋友在网上说自己“高大英俊”,实际上他只有一米六。

辅导师:哦,那你怎么看这些网恋的失败呢?

阿涛:校园本是一个充满着浪漫气息的地方,上网聊天和网恋已经很流行。如果你上网还没有经历过网恋,就会被人笑你是老土了。

辅导师:那为什么同学们一定要上网聊天或网恋而不是在现实生活中交朋友谈恋爱呢?

阿涛:可能是出于好奇吧。也可能是年轻人对浪漫的向往吧。在生活日益紧张的现代社会,人们渴望宣泄自己的情感,同时又不想暴露自己的真实身份,而网络恰恰提供了这样一种宽松的环境。在网上“没有人知道你是一条狗”。这是我们流行的一句话。

辅导师:正如你所说的,网恋更符合人们对浪漫爱情的渴求,及满足自己好奇的心理。与现实生活中的爱情相比,网恋不需要你去考虑房子、收入、家庭背景等诸多对爱情、婚姻起到重大作用的制约的因素。这样,两人可以全心全意地投入到感情的交流中去,一种纯粹属于心灵的交流,所以尽管双方彼此尚未谋面,而在感情上的交流已经比生活中还要深刻了,这也是为什么大部分人明知这种恋爱很可能没有结果却仍乐此不疲,越陷越深的原因之一。

3. 辅导效果评价

在网上这个完全虚拟的世界里面,他或她扮演着可能与现实生活中完全不同的角色,而彼此沟通的工具与其说是网络不如说是自己的想像力。由于缺乏任何现实中的接触,恋人们往往只靠网上聊天的直觉和自己的想像来爱恋对方,把自己理想的爱人的条件统统赋予了他(她)。所以在这种情况下,爱情也就显得格外的美丽。在辅导过程中,引导来访者把网络看作是一个虚拟的、与世隔绝的世界,引导他们正确地看待想像中“恋人”。

阿涛的恋情在网络中开始,也在网络中结束了。

〔心理常识〕

一、学生恋爱的误区

1. 恋爱游戏

有的同学在青春期心理需要的驱动下，有强烈的与异性交往的愿望。还有一部分学生由于受一些言情小说的影响，向往那种神仙式的爱情（因为小说中的男女主角从来没有衣食住行之虑）而坠入爱河。但未考虑后果，只管满足当前需要，未作长远打算，更谈不上为对方负责。

2. 找一个倾诉对象

有的学生可能在学习上、生活中遇到很多麻烦，尤其是人际关系紧张，深感寂寞孤独，需要有人倾诉。而青春期的学生心理具有很强的隐蔽性，不轻易向别人吐露，包括父母、老师。特别是性格较内向的学生。因此，他们希望找一个可以信赖的人，而此时有一个异性同伴能理解他（她），愿意跟其谈心，就感觉得到了安慰，大有情投意合，觅到知音之感，因此，容易误入爱河。

3. 单相思

这主要是一种不合理认知所致。有的同学错把友情当爱情，把异性对自己的关心、帮助、爱护错误定位在恋人的行为上；有的被对方潇洒的外表、风趣的谈吐、优秀的成绩所吸引，幻想成为自己的恋人。少男少女情窦初开，常常构想自己的"梦中情人"、"白马王子"。当有一天在校园里突然发现某人正好和自己心中的标准吻合时，顿生爱恋之情。而这种感情常常是一方的主观意愿或错觉，得不到对方的回应。

4. 从众心理或竞争行为

现代大学生恋爱现象越来越普遍。他们有的是想体验一下这种情感的滋味，有的是出于从众心理作祟，看见校园里、马路边结对而行觉得自己落伍了，于是也寻觅一个渲染一下自己单调的生活。也有的同学觉得谈朋友可以证明自己的魅力，满足他们的竞争心理和自我表现欲望。

5. 网络的困惑

处于青春期的学生在生活中承受着学业和各方面的压力，复杂的情感长期为现实环境所禁锢和封杀，而网络则为他们提供了一个无约束的自由环境空间。网络中的异性更容易相互吸引，时空的距离使彼此增加许多想像的成分，增添美感，同时也可以放心地交流感情。网络里最让人流连忘返的是聊天室。聊天其实很无聊，无聊生情，于是就生出了许许多多的网上爱情故事。不少学生断言："凡是上网的同学几乎人人都有一次网恋经历。"大学生网恋不仅具有比例高、公开化的特征，而且轻率、速成的程度令人瞠目结舌。有些同学同网友聊过一次天、发过一次 E－mail 后，便一见钟情，相见恨晚。并迅速在网站上确立恋爱关系。

因此，学生恋爱问题已成为学校、社会、家长和师生普遍关注的现实热点问题，迫切需要对他们进行正确的恋爱观教育和引导。

二、对职校生恋爱的评价

职业大学生的爱情，既不违反法律，也不一定败坏道德，从这个意义上说，它并不是不合理的。但是，从它对个人成长发展的意义上来看，它是不恰当的。

1. 心理尚未成熟：学生的知识面比较单一，社会阅历浅，缺少实际经验，看问题易片面、偏激和走极端，认为好的便好得不得了，坏的便坏得不得了，可因一点小事而激动兴奋不已，也可为一点小事而消极悲观至绝望。而缺少自控力又会导致接触过度造成性行为，给学习生活造成阴影。

2. 学业重时间紧目标任务尚未达成：这个时期是人生之黄金期，人的注意力最易集中，精力最充沛，求知欲最强，是打好人生基础的最佳期；随着现代科学技术的突飞猛进，人们在进入社会以前，必须接受长时间的教育和训练，否则难以胜任今天的许多工作。恋爱是会使人精力分散的，尤其是大学生，由于其智力、情绪、社会经验等方面的不成熟性，很难把握好自己，也很难处理好其中一些麻烦的问题，因而容易影响学习，影响自己的发展。如果因为对异性的追求冲淡了自己对远大理想的追求，以至荒废学业，就得不偿失了 。

3. 经济上供养不起：现代的"爱情"常常需要一些小玩意烘托，职校生自身靠父母养活，只好用节省生活费或向父母骗取等手段来向"恋人"奉献，久之则会带来一系列生活问题。

4. 成功率极低。往往是一朵迅速凋谢的不结果实的花。但它却浪费了时间，耽误了学业，有时还会造成心理创伤，甚至更加严重的后果。

5. 极大影响人际关系：大学生还有一个任务是与同龄人之间建立广泛和谐的人际关系，学会与各种人交往。而恋爱总是把精力放在一个人身上，大大剥夺了与其他人交往的频率，从而失去与许多同龄人结交的机会。特别值得一提的是：恋爱的同学很易与其他同性成为"情敌"，与其他异性又不敢正常交往，这在客观上极大地影响人际关系。

第三节　学生恋爱心理辅导

【案例分析】爱情离去以后

1. 背景资料：

有一位男生 X 感到非常痛苦，他与她交往了几年，她在他毫无心理准备的情况下提出分手。

2. 辅导经过：

（1）建立辅导关系

这位来访者是个外表显得安静的男生。他走进辅导室，一脸的惆怅，他一时不知道该说什么……

辅导师：你坐下，好吗？……先喝口水吧。

来访者：谢谢您，老师。我现在很痛苦，我失恋了。

辅导师：我想我能够理解你的痛苦，那是一种撕心裂肺的伤痛。

（2）辅导过程：

来访者:我从来就没有过任何防备心理,我们交往好几年了,她就这么与我分手,我不想让她看到我的伤心,努力表现出冷静的样子,但我知道我不过是在欺骗我自己。我不停地告诫自己:“不要伤心,赶快把她忘记掉。”然而,一切的努力都失败了,我真是痛苦极了,睡不着觉,吃不下饭,十几天就消瘦了十几斤……我们是在不平凡中相识、相恋的,又共同走过那么多艰苦的日日夜夜,我们所拥有的感情并非肤浅。然而,她却提出分手……

辅导师:我能够理解你现在的心情,分手给被动分手一方造成的痛苦是很大的。痛苦是一种极其强烈的情绪体验,也是一种不适应状态。

来访者:我希望老师您帮助我。

辅导师:我很感谢你能信任我,我愿意帮助你。我们一起来分析一下,你为什么这样伤心,你很爱她,是吗?你从来就没有思考过分手的可能性,是吗?你觉得自己再也不可能爱上别的人了,是这样吗?能不能和我谈一谈她的情况,她是一个什么样的人呢?

来访者:老师说的情况很符合我目前的心情……她善良而有礼貌,爱学习,很孝敬父母。

辅导师:这次分手与她的父母有关系吗?比如她的父母知道了你们的关系,提出了强烈的反对,她因此而考虑与你分手。

来访者:是这样的。但我想我们这么长的路都走过来啦,双方都应该珍惜这段情感。

辅导师:如何去珍惜呢?你能理解那位女孩的父母吗?她的父母无疑也是很珍爱自己的女儿的,他们当然希望你是个能够负起责任的男人,然而你现在……如果你能够勇敢地面对现实,把对女友的爱转移到对学业和事业的追求上,你的女友会怎么看你呢?

来访者: 她也许并不在乎这一切。

辅导师:曾经爱过,怎么会不在乎呢?我相信你们曾经彼此相爱过、真心地付出过,因为初恋是纯洁的、无私的。我想你一定也有过拒绝别人的爱恋的时候,你为什么拒绝?当然是因为你不爱对方,或者你认为自己不能给予对方真正的爱,是这样吗?

来访者:是这样的。我认为不爱或者不能真爱,就一定不能彼此欺骗。

辅导师:我很高兴你能这样想问题。被拒绝的滋味是很痛苦,谁都不愿意经历这样的痛苦,可是,我们谁都没有理由说这样的痛苦就永远不会落在我们的头上。

来访者:是啊,我很想调整一下自己的心态。我什么时候才能摆脱这种痛苦?

辅导师:调整痛苦的时间因人而异,有的人大约需要经过两三个月,有的人需要半年时间,有的人需要一两个星期。在这期间,你需要朋友、家人、老师的理解和帮助,需要转移注意力,需要进行一些放松活动等,甚至可以找个没有人的地方大哭一场,或者参加一些比较激烈的运动,也可以把你的痛苦写在日记里。

来访者:我想先学一学放松方法。

辅导师:好的,请你做一下准备。我们进行十分钟的放松训练。

……

3. 辅导分析:

通过合理认知,来访者基本能够接受失恋的现实,主观上能够认清情绪调整的必要性。

经过放松训练,来访者感觉到自己的痛苦有所缓解。需要继续进行两次指导性放松训练,直到来访者完全掌握要领。

〔心理常识〕

大学生恋爱问题已成为学校、社会、家长和师生普遍关注的现实热点问题，迫切需要对他们进行正确的恋爱观教育和引导。

一、作为学生，应该学会如何对待爱情

1. 不应看不适宜的报纸杂志和影视节目。把精力投入到学习中去，培养自己的意志力，树立远大的奋斗目标；正确对待异性交往，因为异性交往是人类社会生活中不可缺少的重要组成部分，异性交往在个体成长历程中的各个阶段都是必不可少的。学生心理萌发的异性吸引是性心理和性生理走向成熟的必然结果，是一种正常的自然表现。许多调查研究证明，青春期健康的异性交往对学生的身心成长是有益的，应该得到支持和理解。

2. 应该升华自己的情感。爱的本质是彼此的心灵丰润、健康成长与成熟、体现人的尊严与价值。学生恋爱发生的基本动机是情感交流的需要，满足这种需要的途径有许多，这种"谈恋爱"的游戏虽然在某种程度上可以达到动机的目的，但不是最佳的选择。本阶段的特定任务是长身体、学知识、修品德、增本领，使自己走上一条真爱的宽阔的人生之路。若沉浸于狭隘的恋爱之中，则有可能跌进"美丽的陷阱"之中而自毁真爱的前程。

3. 学会如何面对失恋。

(1)合理认识与评价。错误的认识助长了失恋的痛苦，而人若一味沉浸在痛苦的深渊中，则可能作出一些愚蠢的行为。所以，如果要走出失恋的痛苦的话，则必须正视恋爱中存在的问题。

(2)树立"留得青山在，不怕没柴烧"理念。失去爱情，但不能失去理智、失去自尊与自我。爱情是一个伟大的导师，它教我们如何做人。爱情毕竟只是我们人生的一个部分、生命乐章中的部分音符，它不是我们人生中的全部。有了朋友、同学、亲人在，有了美好的生命存在，有了坚定自己的信念、孜孜不断进取和追求，真正幸福美好的爱情会迟早降临到我们的身边。

(3)"酸葡萄"与"甜柠檬"效应。酸葡萄效应指失恋或单恋者为了缓解内心痛苦，像伊索寓言里的狐狸说"葡萄是酸的"一样，指出以前恋人和单恋对象的一些缺点。"甜柠檬"效应则是罗列自己的各项优点，找出自己的美好之处。利用好这两种效应，都有助于恢复自信、减轻痛苦。

(4)转移注意力。失恋后如果总是想着失恋这个沉重的打击，那就无法从失恋的阴影中走出来。因此，这时应设法把自己的注意力从失恋这件事情转移到自己感兴趣的事情上去，如听听音乐、看看电影、跳跳舞、打打球、找知己朋友聊天等，以冲淡心中因失恋而产生的挫折感和压抑感。

二、作为家长，应该帮助孩子处理好几个关系

1. 既要反对"男女授受不亲"的封建观念，又要注意"男女有别"的基本事实。要告诉孩子，交往的双方只要是出于正当的友谊，就完全可以堂堂正正地接触。但这种友谊是发生在男女之间的，因此彼此间的接触要有分寸、有节制、有礼貌，还应注意环境和场合。

2. 既可亲密交往，又不要套上成年人的恋爱模式。男孩子和女孩子在爱慕期间的交往，并不是真正意义上的"恋爱"，但两者表面的相似性常常使孩子们误认为自己已进入了"恋爱"。

因而,他们模仿成年人恋爱的方式和举止。对此,家长们一定要清醒,切忌由于“过敏”而随便斥责孩子,或简单粗暴地要他们“分手”。这种做法,不仅会强化孩子的“恋爱意识”,还容易造成不良后果。

3. 既可个别交往,更要提倡群体交往。异性孩子间的交往,常常会出现一对一的个别交往。要告诉孩子,如果对象仅限于某一个人或一个小范围,将会失去与大多数同学、朋友的接触机会;现代学生应该多交朋友,多交几个性格、兴趣迥然不同的朋友,多进行社会活动。只有这样,才能更加深刻地体会到人与人之间的纯洁情谊,互相帮助,共同进步。

三、作为老师和学校,要及时教育与疏导

1. 要及时发现学生的恋爱倾向,及时引导

一般认为,恋爱发现得越早,解决起来越容易。前苏联教育家马连柯曾经说过“恋爱是不可禁止的”,在教育中如果学校把“你们必须停止来往”换成“我们非常想帮助你更好的成长”,在学生的心理上会产生完全不同的反应。面对学生的恋爱现象,教师须冷静对待,在保护学生的自尊心的前提下,动之以情,晓之以理,耐心细致地做说服教育工作,引导学生树立正确的人生观,帮助他们解决成长中的情感问题。

2. 正确对待已经发生的恋爱

大禹与其父治水,父亲堵而贻害千里;大禹疏而变害为利。同样是水,同样在治,功过不在于水,而在治水之人。这对教育者正确疏导青春期的情感萌动具有深刻的启示。任何事情都具有两面性,若能以积极的一面为契机,引导学生正确认识自己的情感变化,进而学会把握、升华情感,或许就会取得更大的教育效果。所以讲究方式,尊重人格,促进学生心理的成熟,就变得非常关键。

3. 应提倡异性同学之间的正常交往

教师要深入了解学生的心理特点,充分信任他们,提倡和促进大学生正确地与异性交往,像兄弟姐妹一样友好和睦相处,使他们对异性的关注和好奇心得到合理的满足。另外,学校还可以建立热线信箱,热线信箱十分有利于与学生进行交谈,这种方式对一些尚不善于进行面对面谈话的学生十分方便,而有些话又是碍于颜面的,所以信箱可省去害羞的忧虑,而且学生又可以把自己的思考在信中组织得更为严密。这样可以使老师更有针对性地解决中学生成长中的情感问题。

4. 对症下药,关怀成长

一般来讲,沉迷于恋爱的学生往往是父母感情不好、气氛紧张、单亲家庭,他们在家庭中沟通不良、得不到应有的温暖以及得不到足够的理解与支持,实质上是寻求一种情感上的一种补偿。这就需要教育者在日常的学习与生活中给予足够的关怀、理解与温暖,使他们的情感得以满足。

5. 学校可开设青春期教育课程

课程的内容既要全面,又要有一定的针对性。应包括性生理知识、性心理认识、性道德培养和建立、性法制观念的确定和性美学的指导等,在教育方式上要讲究策略,尊重信任与严格要求相结合,让学生在自我感知、自我体验、自我控制、自我教育中得到发展。青春期教育要以学生性健康发展为主线,以学生为本,关爱学生,站在学生的角度看问题,而不是跟踪盯梢、棒

打鸳鸯。

6. 增多丰富多彩的活动

相当数量的学生“恋爱”的直接原因是学校集体活动少、社交范围狭窄，如果设法增多集体活动，丰富学生的社交内容，扩大他们的交往的范围，而不是单独与某一个异性伙伴独处，这样就可以避免许多酸涩的“青苹果”早熟。教师要充分运用主、客观因素，让学生意识并能接受自己和他人的情绪，能自由表达自己的情感和有效处理情绪问题；同时还要让学生充分认识和实践寻求他人支持与帮助的重要性，从而形成独立自主学习与生活的品行。

职业大学生恋爱方面存在的问题是客观的、正常的，关键是我们如何化消极为积极，变被动为主动，解决学生深层次的思想问题，并以此为突破口帮助学生树立正确的人生价值观、恋爱观，为21世纪培养合格的建设者和接班人。

第四节 心理辅导训练

【案例分析】恋爱女孩

1. 背景资料

虽然这位女孩有名有姓，但是把她称作“恋爱女孩”其实很恰当。她今年刚满十七岁，但她的恋爱历史已经三年多了。为了她心中的爱情，她真的可以舍弃一切，甚至毫不爱惜自己的身体，先后三次怀孕并三次人工流产。

十四岁那年，她爱上了自己参加军训时结识的一位军人。她非常爱这位军人，和他难舍难分，当军人退伍回到家乡的时候，她瞒着家人和老师，辍学跟从自己的恋人回归故里。

一年后，军人不知去向，听别人说他出外打工去了，没有给女孩留下一句话。女孩痛苦万分，无奈之下，回到父母的身边。老父亲把女孩送往学校里读书，然而，女孩似乎并不需要知识，她急需找个人谈恋爱，她希望新的爱情能够填补自己空虚的心灵。

在学校里，她看上一位高年级的男生，竭尽全力，想得到这位男生的欢心。这位“恋爱女孩”的行为引起了班主任的注意，班主任建议女孩接受心理辅导。

2. 辅导过程：

(1)建立辅导关系：

经过深入细致的交谈，心理辅导员与女孩之间建立起一种相互信任的关系，对女孩的内心状态有了一个基本的认识。

女孩的父亲是一位相当严厉、刻板、粗暴、极爱面子的男人，母亲是一位家庭主妇，她对自己的孩子百般宠爱，万般照顾，女孩的外公外婆都很疼爱孩子，有时候女孩的父亲管教太严厉，他们就暗地里教孩子许多应对办法。父亲刚刚训斥完女孩，外公外婆就把孩子带出去大吃一顿，以此安慰孩子。女孩就在这种矛盾的环境中不知不觉地长大了。

女孩过早谈恋爱，其实际目的就是为了找个依靠，以便摆脱父亲的管教和家庭的矛盾。在她看来，恋爱才可以让自己自信起来，但是，爱情并没有带给她快乐，她的身心经受了无情的伤害。

(2)制订辅导方案：

第一，帮助女孩树立自信心。女孩文学基础很好，为班级出墙报，参加学校文学社，逐渐发挥自己的特长，逐步提高自信心。

第二，建议班主任与家长沟通，为家长提供合理的教育方法。家长需要协调一致，共同培育孩子，改善孩子的心理状态。

第三，引导女孩注重学习，充实自己的生活。

第四，帮助女孩合理地认知爱情，克服依恋感。

3. 辅导效果评价：

女孩从小生活在家庭矛盾当中，心理压力非常大，她常常无法辨认是非。她非常需要真诚的帮助，但是矛盾的心理使她很难相信老师和长辈。因此，心理辅导员对女孩进行更加细致耐心的辅导。经过辅导，女孩的自信心明显提高。

【心理辅导训练】

一、心理训练活动：姑娘与水手

［**辅导目的**］澄清个人价值观

［**辅导时间**］约 60 ~ 70 分钟

［**辅导准备**］事先准备好顺序选择表及小组统计表。学生每 8 人分成一个小组。

［**辅导过程**］

1. 老师给同学们讲一个故事《海滩的爱情故事》。

有五个人共同乘坐的轮船，突然遭遇大风袭击而沉没。所幸他们搭上了两艘救生艇。一艘为年轻女性玛丽和水手杰克以及和蔼老人罗勃共乘，另一艘则为玛丽的未婚夫彼德和其亲友麦克。在狂暴的浪涛中，这两艘救生艇被吹散了。

玛丽的救生艇漂流到一个小岛上。玛丽祈祷生死未卜的未婚夫彼德能够安然无恙。她不放弃任何线索，想尽办法要找到彼德的踪影，但是毫无所获。

过了两天，暴风雨停了，天气晴朗得可以清晰地遥望对岸的岛屿。玛丽暗自认为，彼德一定是漂流到对岸的岛屿上去了。玛丽不放弃寻找未婚夫的念头，于是向杰克请求："你可否将此船修理好，载着我去找彼德？"而杰克也答应修好船，但是条件是玛丽要与他共度春宵。玛丽听后甚是困扰，于是去找老人罗勃商量："我真的很为难，不知道如何是好，你可否替我想个对策？如何选择才是对的？"老人罗勃没有告诉她如何去做，只是说她必须自己去做最明智的抉择。几经懊恼后，玛丽终于答应了杰克的要求。

第二天，杰克将修复好的船，载着玛丽朝彼德滞留的岛屿划去。

靠近那个岛时，彼德果然在那里。玛丽狂喜之极，迫不及待地从船上跑下来，急迫地投入了彼德的怀抱。被彼德温暖怀抱紧紧拥抱的玛丽不断被昨夜的事情困扰，最后，她还是决定要对彼德坦诚相告。

彼德听完后，十分激怒，几乎是疯狂地叫道："我再也不要见到你了！"然后就消失得无影无踪了。玛丽在伤心欲绝下，泪眼婆娑地奔向沙滩。

见此情景，彼德的亲友麦克走到玛丽前面安慰她："玛丽，我以前就非常喜欢你，但因为彼德也深爱着你，所以我才不敢向你吐露真情。现在事情已经很明显，你和彼德已经结束了，那我就向你求婚。"

事出突然，一时玛丽愣然而不知所措。

2. 故事讲完后，老师给每一个成员发一张表，要求学生将刚才故事中出现的5个人物，按照自己的好感程度排序，然后简单地写出原因。

好感的顺序	登场人物	理由
	杰克（水手）	
	玛丽（姑娘）	
	罗勃（老人）	
	彼德（未婚夫）	
	麦克（亲友）	

选择完后在小组内交流，每个人说出自己的想法，并统计全班的倾向性意见。

小组统计表

小组成员 / 出场人物	1	2	3	4	5	6	7	8	小组决定
杰克									
玛丽									
罗勃									
彼德									
麦克									

通过听取他人意见，小组成员受到启发，可以修正自己的意见。每个小组派代表在全班交流。通过共同讨论可表现出每个人的价值观，也可了解他人的价值观，促进大家深入思考，逐渐确立正确的价值观。注意：活动必须留有充足的时间。

第八章

二、心理测试：你是否拥有正确的爱情观

1. 你认为恋爱作为人生一个极其重要的环节，其最终达到的目的应该是

A. 找到一个情投意合的伴侣。

B. 成家过日子，抚育儿女。

C. 满足性的饥渴。

D. 只是觉得新鲜有趣，没有明确的想法。

2.（以下两个小题男女单独做）

（1）你是一个小伙子，你对未来妻子的要求主要是

A. 善于理家做活，利落能干。

B. 容貌漂亮，风度翩翩。
C. 人品不错，能体贴帮助自己。
D. 只要爱，其他一切无所谓。
(2)你是个姑娘，你对未来丈夫的要求主要是
A. 潇洒大方，有男子风度。
B. 有钱有势，社交能力强。
C. 为人诚实正直，有进取心，待人和蔼可亲。
D. 只要他爱我，其他都不考虑。
3. 你决定和对方建立恋爱关系时的心理依据是
A 彼此各有千秋，但大体相当。
B. 我比对方优越。
C. 对方比我优越。
D. 没想过。
4. 对最佳恋爱时间的考虑
A. 自己已经成熟，懂得人生的意义和爱情的内涵。
B. 随着年龄的增大，自然贤妻和好丈夫会光临，“月老”不会忘记每个人的。
C. 先下手为强，越早越主动。
D. 还没想过。
5. 你希望自己是怎样结识恋人的？
A. 青梅竹马，情深意长。
B. 一见钟情，难舍难分。
C. 在工作和学习中逐渐产生恋情。
D. 经熟人介绍。
6. 你认为推进爱情的良策是
A. 极力讨好取悦对方。
B. 尽量使自己变得完美。
C. 百依百顺，言听计从。
D. 无计可施。
7. 你希望恋爱的时间是
A. 越短越好，最好是“闪电式”。
B. 时间依进展而定。
C. 时间要拖长些
D. 自己无主张，全听对方的。
8. 谁都希望全面地了解对方，你觉得了解他(她)最佳途径是
A. 精心布置特殊场面，连连对恋人进行考验。
B. 坦诚相待地交谈，细心地观察。
C. 通过朋友打听。
D. 没想过。

9. 你十分倾心的恋人，随着时间的推移，暴露出一些缺点和不足，这时候你
A. 采取婉转的方式告知并帮助对方改进。
B. 因出人意料而伤脑筋。
C. 嫌弃对方，犹豫不决。
D. 不知道如何是好。
10. 当你初涉爱河以后，一位条件更好的异性对你表示爱慕时，你于是
A. 说明实情，挚情于恋人。
B. 对其冷淡，但保持友谊。
C. 瞒着恋人和其来往。
D. 感到茫然无措。
11. 当你倾慕一异性已久并发出爱的信息时，你突然发现他（她）另有所爱，你
A. 静观其变，进退自如。
B. 参与角逐，继续穷追。
C. 抽身止步，成人之美。
D. 不知道。
12. 恋爱进程很少会一帆风顺，恋爱中出现了矛盾、挫折，你
A. 最好平静些，既然已经出现了，也是件好事，双方正好乘此了解和考验对方。
B. 感到伤心难过，认为这是不幸。
C. 疑虑顿生，就此提出分手。
D. 没对策。
13. 由于性情不合或其他原因，你们的恋爱搁浅了，对方提出分手，这时候你
A. 千方百计缠住对方。
B. 到处诋毁对方名誉。
C. 说声再见，各奔前程。
D. 不知所措。
14. 你十分信赖的恋人背信弃义，喜新厌旧，甩掉你以后，你
A. 当自己瞎眼认错了人。
B. 你不仁，我不义。
C. 吸取教训，重新开始。
D. 痛苦很难自拔。
15. 你爱途坎坷，多次恋爱均告失败，随着年龄增长进入“老大难”的行列，你
A. 一如从前，宁缺毋滥。
B. 讨厌追求，随便凑合一个。
C. 检查一下选择标准是否实际。
D. 叹息命运不佳，从此绝望。

计分方法：

题号	A	B	C	D
1	3	2	1	1
2	2	1	3	1
3	3	2	1	0
4	3	2	1	0
5	2	1	3	1
6	1	3	2	0
7	1	3	2	0
8	1	3	2	0
9	3	2	1	0
10	3	2	1	0
11	2	1	3	0
12	3	2	1	0
13	2	1	3	0
14	2	1	3	0
15	2	1	3	0

测试解释：

35～45 分，科学正确。你是一个成熟的学生，你懂得爱什么和为什么爱。

25～34 分，尚可。你向往真挚美好的爱情，却屡屡失败，不妨多看看成功的人士，看看他们是如何追求美好的感情的。

15～24 分，需要重新考虑，你的恋爱观存在不少的问题，甚至有不健康之处，如果你已贸然进入爱河，劝你及早退出。

7 个以上 0 分，还没形成的爱情对你是个迷茫的世界，你需防备圈套和袭击。建议等到稍许成熟些，再涉爱河也不迟。

通过以上的测验我们可能发现，其实我们很多时候并不真正了解爱情到底是什么。我们只知道爱情是山盟海誓、矢志不渝，却不知道爱情需要有很多的培养和爱护，如果不能满足它成长的需要，它就会迅速枯萎。

三、校园恋情的喜与忧

[辅导目的] 可以设计为一次主题班会，90 分钟。帮助同学们合理地认知校园恋爱行为，理解爱情的含义。

[辅导方法]

1. 案例分析法。

2. 辩论法。

[辅导过程设计]

1. 背景资料：

有位男生在中学时就暗恋过一位女生。来到高一级的学校以后，他一直不愿谈恋爱。但是后来在别人的撮合下，他和一位暗恋着他的师妹走到了一起。可是，仅仅半年时间，他俩就分手了。原因是那位师妹说他是个不专心的男孩，她爱他永远比他爱她更多一些。这位男生从此沉默了，他说："我没有想到相爱是那么困难，她原来是那么爱我，可是现在她简直就是恨我，她对我百般挑剔，令我非常痛苦。爱情怎么这样脆弱？"

2. 请你阅读背景资料，谈谈自己的感想（自由发言，每人 2 分钟）。

3. 采用辩论法：校园恋情的喜与忧。按要求大家分成两大组，自由选择，观点无所谓对错，只需要双方把各自的观点表达清楚。

4. 教师总结发言：爱情也是一种情绪体验。

爱情也是一种情绪体验，会产生、会消失、有高潮亦有低潮。人在热恋时期，情绪处于高度激动状态，这时候更愿意相信想像中的一切，而想像的总是会很美好的。所以，一旦冷静下来，就会发现原是那么完美无缺的对方也有许多缺点，现实与想像存在着差距，由此影响了原有的热情。

由于热恋，人会发挥一切能量，采取各种方法去表达自己心中的爱恋，也会有意无意地夸大自己的优点，掩藏着自己的缺点。但是，生活的内容不仅仅只是爱情，自己的优点和缺点总会在平日的生活中或多或少地表现出来，因此，当热情冷却下来以后，恋人们暴露出了自己的缺点，双方往往会以为对方原来在有意地欺骗自己，也会认为对方没有从前那么爱自己了。

实际上，人的情绪不能永远保持在高潮状态，人永远也不可能十全十美。热恋中的双方所面对的是一种比较单纯的两人关系，但当双方的生活恢复正常，情绪逐渐趋于平静以后，彼此所要面对的关系就比较复杂了，琐琐碎碎的事情很多，各自的需求也很多，往往双方还无法相互包容，因此，彼此之间的争吵就成了无法避免的事情。争吵往往又加剧了热情的冷却，甚至加快了爱情远去的步伐。

爱情，雾里看花，水中望月，而时间老人却如同一块试金石，终会使爱情现出原形。有的人可能一无所获，有的人收获美好的未来。

[**辅导建议**]

1. 辅导教师注意做到公正，注重引导。

2. 无论是正处于恋爱中的学生还是正希望尝试爱情的学生来说，都渴望得到老师真诚的、具有建设性的建议。

第九章 职业心理辅导

第一节 职业心理辅导的意义

[案例分析] 目标明确,执著追求

1. 背景资料:

学生小周,1997 年至 2000 年在一所学校学习电子技术专业。在校学习时,他就做了个比较详细的社会调查,他认为未来二十年中国市场对通讯设备的需求量非常大。于是,他把自己的奋斗目标定在经营通讯设备方面。毕业时,他首先到一家通讯设备有限公司的门市部里当售货员。在这期间,与他一同工作的同学都说学不到什么新知识、硬本领。可小周并不这么认为,他一边工作,一边自学了有关营销学的知识,很快他对自己的顾客有了比较深入地了解,他把自己的顾客分成不同的类型,根据顾客心理做好自己的销售工作。

小周的老板是个白手起家的企业家,他对小周的表现看在眼里,他对小周说:"努力干吧,你帮我挣钱,我让你学习真本领。"小周在公司里工作大半年,他做过售货员、仓管员、业务员、手机维修工等,工资从 400 元增加到 800 元。老板想让小周担任门市部主管,但小周拒绝了。他仍然希望自己能够更大限度地学习新的知识,他决定辞职。

小周来到另一个城市,到另一家全国著名的通讯设备公司应聘并被这家公司聘用。然而,对于小周来说,这是他学习新知识,接受新挑战的又一次机会。他渴望通过自己不懈的努力,积累经验以后,开一家属于他自己的公司。记得小周曾经说过一句话:"会学习的人,总是认定方向,主动地去学习,永远地学习。"

2. 案例分析:

做事情看不见目标,容易使人产生畏难的情绪,往往是快要到达目的地的时候却因为一些小小的困难放弃了自己的努力,与成功失之交臂。小周在学校里就已经制订好具体的、可行的目标了。他说:"我要花费三年的时间掌握通讯设备企业经营的方法,五年之内自创自己的公司。总之,我不会停下前进的脚步。"他要永远地学习,他要自主创业,他要开创自己多彩的人生。

〔心理常识〕

一、职业心理辅导的意义

1. 21 世纪的三张通行证。进入 21 世纪以后,人们认为的三张通行证就是电脑、外语和驾驶执照,实际上这只是现代就业者所需要的一部分技能,进入 21 世纪的三张通行证是:学术能力、职业能力、事业心和开拓能力。职业心理辅导,可以帮助同学们自觉地培养自己这三方面的能力。

2. 现代教育是进行社会角色分配和培养,为社会主义现代化建设培养较高素质的技能人才。同学们毕业后就要面临着求职择业的问题。大家需要在学校里就对自己专业的培养目标、专业的应用范围、岗位需要等问题进行充分的了解。

3. 合理地选择职业,是人生的一项非常重要的抉择,它不仅决定了人的今后发展方向,而且也在很大程度上决定了一个人将来的生活——生活内容和生活方式等,因为每一个人的一天中大部分的时间将在工作岗位上度过。职业对人实在太重要了,它几乎贯穿着人生的全过程。职业是一个人实现其社会价值的重要途径,尤其是技能型的人才,选择合适的职业和岗位是其发挥专业特长及创造能力的基本条件。

4. 我国就业形势及其严峻,今后十年,我国每年新增劳动力1,000万。大约1.2亿左右的农民劳动力要向城市转移,在国有企事业单位还存在着2,000多万隐形失业者。此外,每年还有数百万下岗职工。在严峻的就业形势下,在校学生自觉地进行职业心理辅导,做好职业选择,具有极其重要的意义。

二、选择职业的基本依据

1. 全面了解职业类型与要求

职业类型包括职业的性质、工作的环境、工作的方式、福利待遇、管理的风格、劳动的强度等。职业对劳动者的要求包括文化水平、能力倾向、特殊技术、个性特征等等。

2. 全面地了解自己

影响职业选择的自身条件主要包括生理、身体特征和心理素质等。身体方面主要包括身高、体重、身材、力量、耐力、视力、健康状况等。对心理素质的要求则指一个人的能力倾向、专业兴趣、专业特点、专业适应的范围、学生本人的个性特征以及所持的职业的价值观等。

3. 全面了解社会需求

了解社会对新增劳动力的需求量,有的职业虽然对毕业生很有吸引力,但需求量少,在选择时就必须慎重;有一些"热门职业"竞争非常激烈,因此,在选择职业时,应该了解所选职业的竞争状况等。及时纠正自己错误的择业观念,理顺社会需求与个人择业需求之间的矛盾。具体地说,同学们必须弄清楚以下几个问题:

第一,你想干什么(即职业期望值的确定)。

第二,你能干什么(即职业素质的具备状况)。

第三,你面临的就业环境允许你干什么(即机会、条件、渠道是否具备)。

三、职业心理辅导需要解决的基本问题

2005年10月,某技工学校的职业指导老师让临近毕业的学生就求职择业及将要面临的供需见面洽谈会提一个自己最为关心的问题。下面是几个同学们提的典型问题:

问题1:"明年就要毕业了,可我不知道应该去做什么工作?不知道什么工作适合于我?"

问题2:"谈到就业去向,我有时想去南方挣钱,有时想到国家机关工作,有时又想,干脆到我们那的小工厂干算了,为此我很苦恼,请帮帮我。"

问题3:"我是一名女生,学习成绩还比较优秀,但即使这样,我仍然竞争不过男生,请问我该怎么办?"

问题4:“看到周围同学要么有亲戚在政府当官,要么家里比较有钱,看他们成绩虽然不如我,工作已经有了着落,我感到很不公平,请问我将怎样进行职业选择?”

问题5:“我们很想到专业对口的行业里工作,可是我们技术水平太差了,好难找工作啊。”

分析以上问题,我们可以看到:(1)在校学生大都存在自我认识过于笼统、模糊,缺乏对自己的深刻剖析,不知道自己的长处在哪里,不知道自己的性格、气质等适合做什么样的工作等问题;(2)大多数临毕业的学生对自己的职业取向不清楚,有时甚至连自己想干什么和能干什么都不清楚;(3)不少学生对当前的就业形势认识不清,没有认真分析当前的就业状况和就业形势,并把它们和自己的职业取向结合起来;4.也有的学生常常过高地估计自己的价值,过高地提出自己的就业期望值,眼高手低,脱离现实。

以上问题已经明显制约着同学们的就业,应该怎么解决这些问题呢?我们认为大家有必要认真地接受职业心理辅导。

四、职业心理辅导的内容

主要是帮助同学们提高对自己专业的认识以及定位,对未来职业进行合理地设计,帮助同学们认识自己的职业倾向、职业个性、职业能力等因素,帮助大家掌握求职技巧,实现顺利就业。另外,通过职业心理辅导,同学们在学校学习期间能够自觉地培养良好的创业素质,做好创业心理准备。

第二节　职业倾向测试

[案例分析] 无怨无悔的选择

1.背景资料:

小陈,一个普普通通的中技学生,她从小就有个梦想:能够在舞台上翩翩起舞,用自己优美的舞姿来表达对生活的理解和热爱。她也是在对梦想的孜孜追求中度过了快乐的小学和初中阶段,她想上高中,想考取艺术院校,实现自己儿时的梦想,然而,她的身体条件却迫使她不得不放弃自己的梦想,重新确立人生的理想。这对她来说,是一个艰难的过程,而最艰难的事情就是树立一个切实可行的职业理想。

2.辅导方案:

(1)帮助小陈充分了解自己和职业环境。小陈是一个外向开朗的女孩,具有良好的沟通能力和语言表达能力,具有很强的责任心,她就读的专业是中文秘书,她希望自己成为一名高级秘书。

(2)经过职业倾向测试,按照老师的指导,她参与职业素质测评,结果显示,她属于“高资料型、高人际型”的人才,符合秘书的职业岗位要求。

(3)引导小陈制订职业发展的阶段性目标:

第一学年:努力掌握专业基础知识,考取计算机办公软件初级操作证。

第二学年:积累专业素养,通过计算机办公软件高级操作资格考证和速记员资格考证。

第三年:参加全国秘书资格的考证,取得中级资格证书,此外,还要积极地参加课外实习、实践活动,掌握职业技能。

第五年，参加全国秘书资格等级考证，取得高级秘书资格证书或者涉外高级秘书资格证书。

3. 辅导效果评价：

小陈的职业生涯规划的过程并不是一次性完成的，经过一个多月的深入思考，她确立了理想，有了具体的目标，有了前进的信心和方向。为了实现目标，她付出了艰辛的努力。课堂上，认真听讲、积极思考、做好笔记，课余时间，大量阅读积累课外知识，积极参加学校举行的各项活动。更可喜的是，她始终没有放弃自己的特长和爱好，文娱晚会上，留下了她翩翩起舞的身影，班级活动上同样徜徉着她可爱的笑脸。

为了增强自己的社会实践能力，小陈还利用节假日参加实践活动，曾经做过速记员、资料员、商品促销员等工作。这些实践活动更加坚定了她实现理想的信心。

〔心理常识〕

一、就业与升学评定量表

由于每个人的家庭背景、社会经历、兴趣爱好、文化水平、能力结构以及价值观等不尽相同，最适于从事的工作也不一样。对这些个人特征的综合评定，可以帮你确定努力方向。《评定量表》将指出你适合哪类职业，但并不限定某一具体的工作。因为具体工作的选定，除了要考虑你个人的条件外，还要考虑人才市场的不同需求，考虑实现的可能性。

为了帮助你选择适合自己的专业或职业，本量表从下列四个方面对工作进行区分：

(1)与人打交道的工作。这些人是你服务、关心和售卖物品的对象。售货员、业务员、客户代表、销售代表、保险业务员、导游、个体经营者、医护人员、教师、心理咨询师的工作主要与人打交道，这部分人员一般擅长人际交往，属于高人际型人才。

(2)与资料打交道的工作。事实、数字、档案、业务程序等都是资料。会计、出纳员、档案管理员、公司文员、速记员、计算机程序员的工作主要与资料打交道，这类人属于高资料型人才，擅长于资料整理和分析。

(3)与物打交道的工作。机器、工具、生活资料、食品原料、木材和金属材料等都是物。各类技工、厨师、机械师、仓库保管员、物料员等的工作主要与物打交道，这类人属于高物质型人才，擅长于动手操作。

(4)与观念打交道的工作。用言语、公式或符号等表达的思想内容就是观念。数学家、科学家、艺术家、评论家等的工作主要与观念打交道，这类人属于高观念型人才，擅长理论研究和分析。

任何工作都要同人、资料、物和观念打交道，但大多数工作主要涉及这四个方面中的一二个方面。《评定量表》将从这四个方面对你做出分析判断，给予你帮助。

量表中的问题无所谓对错，回答不限时间，答案可随意修改。有不理解的词句可向别人询问。为使评定结果准确，以便更好地向你提供帮助，请仔细阅读每个题目和每一部分开头的说明，务必真实作答，以免做出错误的分析和判断。

请把你的回答填写在“信息反馈表”(见后表)的各个栏目里，不要在量表正文上做任何记号。

第一部分 兴趣——你喜欢做什么

下面列举了一些十分具体的活动，这些活动无所谓好坏，如果你喜欢某一活动，就在“信息反馈表”的相应题号旁边划个“b”或“r”；如果不能够确定你是否喜欢，就划个“?”这一部分内容主要确定你的兴趣，而不是让你选择工作，你喜欢某种活动并不意味着一定要从事这种活动。答题时不要考虑你是否干过这种事情和是否擅长这种活动，只根据你的兴趣直接判断就行了，用不着深思。要尽可能明确是划“b”或“r”，少划 ?”

人

1. 向人介绍电影或电视节目
2. 帮别人制订工作计划
3. 当领导或者当头头
4. 组织文体活动
5. 帮助解决朋友之间的矛盾
6. 带头组织俱乐部或业余爱好小组
7. 当教师
8. 做宣传工作
9. 当导游
10. 帮助别人解决困难
11. 做服务性的工作
12. 参加集体活动
13. 为别人出主意
14. 同别人谈心
15. 做少先队校外辅导员

资料

1. 办事前先做预算
2. 收集并分类保存各种资料或物品
3. 校对文章或笔记
4. 打算盘
5. 做记分员
6. 统计调查数据
7. 计算集体活动的开支
8. 清点生活用品
9. 计算存款的利息
10. 管理档案或图书
11. 核查个人收支情况
12. 核对账目和单据
13. 当会计员
14. 抄写文章、表格
15. 当现金出纳员

第九章

物

1. 种植花草
2. 编织毛衣或刺绣
3. 操作计算机
4. 制造玩具
5. 修理仪表
6. 安装、修理电器
7. 操作、检修机器
8. 驾驶摩托车
9. 做衣服
10. 制作或加工食品
11. 修理自行车、缝纫机等
12. 做家具
13. 为别人理发
14. 画机械图
15. 使用电子仪器、电动工具

观念

1. 读科幻小说
2. 观察植物的生长情况
3. 在动物身上做实验
4. 阅读自然科学书籍或杂志
5. 搞技术革新
6. 做化学实验
7. 做物理实验
8. 读推理小说
9. 研究哲学
10. 创作歌曲
11. 画画
12. 猜谜语
13. 阅读社会科学方面的书籍或文章
14. 写小说、诗歌或别的文艺作品
15. 解数学题

好,你已经完成了以上四部分题目。下面数一数每部分划“b”的数目,填入“小计”栏中,便是你在这部分的得分。哪一部分的分数高,表明你在这方面有更多的兴趣,或者说你更喜欢这方面的活动。如果你在部分或几个部分中所得的分数差不多,请检查一下你的每一个回答,必要的话做一些改动,尽量减少“?”,如果仍看不出有什么偏重,那也没关系,继续做下一个单元。

第二部分 经历——你曾做过什么

下面列出了一些日常活动的例子。请考虑你从事这项活动的经常程度。然后在“信息反馈表”的相应题号旁写一个数字:若没从事过这项活动,请写0;若只从事过一二次,请写1;若从事过三次以上,请写2。注意,这一部分主要了解你从前干过些什么,与你喜欢干什么、擅长干什么没有必然联系。

人

1. 组织春游或者郊游
2. 调解同学、同事或邻里关系
3. 主动向新来的人介绍情况
4. 慰问军烈属或孤寡老人
5. 给别人介绍朋友或对象
6. 参与筹备一项社会活动
7. 被大家推选为某个人买礼物
8. 说服别人按自己的意见办事
9. 混乱场合主动维持秩序
10. 帮助某人做出重要决策
11. 通过讲故事、讲笑话、模仿滑稽动作等来逗乐
12. 在公共场合主动与陌生人交谈

资料

1. 列物品清单(如工具、衣物、食品等)
2. 详细记录自己的花销
3. 收到钱以后写收条
4. 把信件或者报纸整理分类,以便好找
5. 根据报刊上的广告提供的信息购买东西
6. 为别人校对或者抄写文章
7. 把邮票分类
8. 为自己或集体列预算表
9. 卖东西
10. 为俱乐部或其他的社会团体管理财物
11. 为别人采购东西
12. 为买或者卖某物与别人讨价还价

物

1. 修理玩具
2. 修理或油漆家具
3. 修理房屋
4. 使用电锯、电钻等工具
5. 修理钟表
6. 拆开机器以便了解它是怎样工作的

第九章

7. 使用油印机、复印机等办公室用具
8. 按照说明书装配玩具或电器
9. 种植、养殖
10. 烹调
11. 改装机器以提高性能
12. 收集岩石、昆虫、贝壳等

观念

1. 参观自然、历史博物馆或科技展览
2. 阅读美术或音乐方面的书籍或杂志
3. 讨论人口问题
4. 向别人请教或查阅有关书籍,以搞清家用电器工作原理
5. 参加知识或智力竞赛
6. 阅读报刊上对新书、电影、戏剧或音乐的评论
7. 收看电视中的科学专题
8. 搞小发明
9. 参观各类艺术展览
10. 了解健身或卫生知识
11. 听文学艺术讲座
12. 阅读诸如《大众科学》、《科学实验》、《科学画报》等科普杂志

现在你已经做完了有关经历的题目,请把每部分的数字相加,写在"小计"栏里,便是你在这方面的得分。哪方面的分数高,说明你在哪方面的经验丰富。如果四个方面的分数差不多,请你再回头来看各个题目的记分有无错误,重新算一下各部分的分数。如果确实无误,那么把结果写上就行了。

第三部分　技能——你擅长做什么

这一部分内容把侧重与人、资料、物、观念打交道的活动各列出三种,确定你具备哪一方面的技能。回答时,只考虑对所列活动是否擅长,不要考虑是否喜欢这种活动。

第一步:比较每一方面活动的三个例子,把你认为自己比较擅长的活动的题号填在"信息反馈表"的相应栏目里。注意:每方面必须只能选一个。

人

1. 帮助他人解决问题或为他人服务
2. 会见陌生人并与他们交谈
3. 使别人接受你的观点

资料

1. 做会议、晚会、运动会的预算
2. 记住一些人的通信地址或电话号码
3. 分类保管图片、相册、集邮册等,以方便查找

物

1. 烹调或缝纫

2. 使用木工、钳工或电工工具

3. 自己制作某种东西

观念

1. 理解数学法则、科学概念以及社会发展的规律

2. 理解诗歌、绘画、戏剧或故事的含义

3. 通过文艺作品表达自己的思想感受或用公式、定理概括自己的发现与研究成果

第二步:比较一下你所选的四项活动,从中再选出一个你认为最擅长的活动,在你刚写的相应题号上画个圈。这个题目属于哪个技能范围(人、资料、物、观念),便说明你在哪方面技能最强。

第四部分 价值——你对工作最看重什么

这部分内容列出了人们在寻求工作时最看重的东西,在你尝试选择职业时,它将帮助你清楚地了解自己的价值观。

几乎是没有一项工作能够满足下表中所有的价值。例如:较轻松的工作不一定是报酬高的,可能是社会地位比较低的;使你感兴趣的工作可能是不太稳定的,如此等等。因此,在选择职业时,很少能处处满意,你只需选出自己最看重的价值就行了。

请仔细看下面列出的项目,确定出哪三种价值对你是最重要的,然后把号码填在"信息反馈表"的相应栏目上。如果你最重要的方面这里没有,就请自己写出来。

工作价值选择

在选择工作时,你最看重的方面是:

1. 工资高

2. 福利好

3. 工作容易找

4. 工作环境好

5. 工作稳定

6. 能提供较好的受教育的机会

7. 有较高的社会地位

8. 工作轻松

9. 能充分发挥自己的才能

10. 工作符合自己的兴趣

11. 与领导、同事的关系好

12. 工作的社会意义大

第五部分 条件——你对工作环境的偏好

不同的职业,工作环境不同,你愿意在哪种条件下工作呢?

下面列出了四对工作条件,从每对中选出你所喜欢的,在"信息反馈"表的相应字母上画一个圈。

1. (A)在室内工作

(B)在户外工作

2. (A)主要是与别人一道工作

(B)主要是独立工作

3. (A)工作任务经常变换

(B)集中于一种单一的工作任务

4. (A)主要从事体力劳动

(B)主要从事脑力劳动

第六部分　志愿——你的初步选择

也许你对未来的职业早有考虑,它可能很具体,也可能抽象些,它是什么呢?这部分内容是要了解你初步的职业选择。请把你最想干的三种工作或最想读的三种专业,按顺序写在"信息反馈表"的相应栏目里。

这不一定是最终的选择,以后你还可以改。只要把你喜欢并认为有可能实现的志愿写下来就行了。

第七部分　结果分析与忠告

到此,你已经完成了评定量表的全部项目,对自己有了一个比较全面的了解。现在,你能综合起来考虑,确定自己的专业或职业方向吗?如果你的兴趣、技能、过去经历都指向与物打交道的工作,你的初步工作选择也是与物打交道(比如做一个机械工人),而且这种工作也能满足你最看重的工作价值与偏爱的工作环境,那么你的职业选择问题就十分清楚了。下一步要做的就是按照这个方向,把愿望付诸行动——去切实地了解这种工作(与人交谈、去工厂参观等),调查什么地方有这方面的空缺,看看从事这项工作还需要具备什么条件。如果你现在的文化水平或技术水平还不能达到这种工作的要求,你就应该考虑如何通过学习提高自己的水平。《评定表》已帮助你把工作方向的选择建立在科学的基础上,下面就看你自己的了。

但是,你的兴趣、技能等也有可能不一致。比如,你的兴趣在与人打交道的工作方向上,而工作经历却主要是与物打交道,你会感到一时无法做出决策。怎么办呢?别着急,本量表毕竟已经使你对自己的各方面情况有了明确的认识,你已经前进了一大步,接下来的问题是把这些因素综合起来考虑。前面已经说过,每种工作都要与人、物、资料、观念打交道,只是偏重程度不同,你的兴趣、技能、经历的不同偏重也是可以调和的。另外,在确定工作方向时,还要考虑个人的知识结构,以及所在地区是否有这方面的就业机会等现实问题。

你还应该明确,选择职业只是计划未来的第一步,为了得到一份称心如意的工作,你还需要学习、训练;为了实现自己的理想,你可能受到各种各样的挫折。但是,只要你把个人志愿与国家的需要结合起来,脚踏实地奋斗不息,就一定会到达胜利彼岸。有志者,事竟成!

这是一个提倡人才合理流动的时代,每个人一生中都有可能多次变动职业,经常用这份量表评定自己,会使你受益无穷。

二、升学就业指导信息反馈表

兴趣					经历				
题号	人	资料	物	观念	题号	人	资料	物	观念
1					1				
2					2				
3					3				
4					4				
5					5				
6					6				
7					7				
8					8				
9					9				
10					10				
11					11				
12					12				
13					13				
14					14				
15					15				
小计				小计					

续表

技能				价值	
人	资料	物	观念	最看重: 其次看重: 再次看重:	
条件				志愿	
1. A　B 2. A　B 3. A　B 4. A　B				升学	就业
				第一: 第二: 第三:	第一: 第二: 第三:

第九章

第三节　职业心理辅导

[案例分析]因错得福的选择

1. 背景资料：

晓梅同学就读计算机专业，她的性格外向活泼，在校期间喜欢参加各类社团活动，不过晓梅对计算机的兴趣不大，也不清楚自己的兴趣在哪里。毕业以后，晓梅来到一家计算机公司工作。工作三个月，她丝毫没有感到工作的乐趣，而且越来越烦，心理压力很大。一想到每天需要面对那部冷冰冰的计算机，她的心情就开始变得沉重起来。虽然她的同事与她的关系很好，工作待遇也不错，但每天要接触冷冰冰的机器，实在是枯燥、无聊。

2. 辅导方案：

(1)与晓梅一起深入分析引发其烦躁的原因，充分了解她目前工作的环境。

(2)给晓梅提出以下改进建议：

第一，建议晓梅向上司提出要求，安排她在一个人员多一点的办公室，方便晓梅与人沟通。

第二，建议晓梅工作一段时间后，起身活动一下，并逐渐将工作段的时间延长，渐渐减少工作中起身活动的次数。

第三，建议晓梅在自己使用的计算机中存入一些自己喜爱的东西，并为自己的计算机起一个昵称，逐步消除与计算机的距离。

第四，建议晓梅在心烦的时候，多想想一些愉快的事情，提高个人认知水平。

3. 辅导效果评价：

我们知道，每一个人在进入职业的初期，他们的性格可能表现出与自己所从事的职业不一致，但是人的性格是可以调适的，人的职业性格是能够调适和逐步完善的；职业和职业性格的协调统一，对从业者来说意义重大。晓梅经过心理咨询后，不但喜欢主动地与人接触，也喜欢日复一日地面对着自己的计算机。她说：“当时我错误地认为计算机是没有生命的东西，总希望避开它；现在我觉得计算机就像我的好朋友，默默地为我完成一项又一项工作，安安静静地陪伴着我。现在，谁想把我从计算机身旁拉走，是一件十分困难的事情。选择计算机，对我来说，真是一个因错得福的选择呀。”

〔心理常识〕

一、培养职业兴趣

同学们在学校学习期间，除了要掌握专业知识和专业技能以外，应该通过参加丰富多彩的活动培养自己的职业兴趣。

首先，应该培养广泛的兴趣。具有广泛兴趣的人不仅对自己职业领域的事物有浓厚的兴趣，而且对其他方面的事物也存在着兴趣，很多事业成功的人，都具有广泛的兴趣。

其次，形成一个中心的兴趣。浮泛的兴趣是没有什么意义的，只有广且精，才能够学有所长，获得专门的职业知识，为社会作贡献，实现自己的人生价值。

再次，保持稳定的职业兴趣。一个人的职业兴趣一旦形成，不容易改变，也不应该轻易改变。稳定的职业兴趣能够使人以高昂的热情和饱满的精力投入到职业之中，朝三暮四、见异思迁，往往导致自己一无所获。

最后，培养切实的职业兴趣。职业兴趣与其他方面的兴趣不太一样，它可能伴随人的一生，因此，同学们在培养职业兴趣的过程中，应该对自己有一个客观的认识和评价，既要考虑社会环境的因素，也要切合自己的实际情况，知己知彼，量力而为，切不可好高骛远，不切实际。

二、深入了解自己的职业性格

职业性格一般可以划分为九类：

1. 变化型

变化型性格的人能够在新的或意外的工作情境中感到愉快，喜欢工作内容经常有些变化，在有压力的情况下工作往往更出色。他们追求并且能够适应多样化的工作环境。

2. 重复型

重复型性格的人一般适合并喜欢连续不断地从事同一种工作，喜欢按照一个固定的模式或别人安排好的计划工作，爱好重复的、有规则的、有标准的职业。

3. 服从型

服从型性格的人喜欢配合别人或者按照别人的指示去办事情，愿意让别人对自己的工作负责，不喜欢自己承担更大的责任，也不愿意自己独立做出决策。

4. 独立型

独立型性格的人往往比较喜欢计划自己的事情，也喜欢指导别人的活动，善于从事独立的、负有责任的工作，并从中获得快乐，喜欢做出决定。

5. 协作型

协作型性格的人往往会对与人协作感到愉快，善于引导别人按照客观规律办事，喜欢与同事在一起，渴望得到同事的喜欢。

6. 劝服型

劝服型性格的人一般乐于设法使别人赞同自己的观点，并且能够通过交谈或者书面文字达到自己的目的，对别人的反应具有较强的判断能力，并且善于影响他人的态度、观点和判断。

7. 机智型

机智型性格的人具有较强的应变能力，在紧张、危险的情况下能够很好地执行任务，在意外的情况下，能够自我控制、镇定自若，工作出色。

8. 自我表现型

自我表现型性格的人喜欢表现自己，通过自己的工作和情感来表达自己的思想和观点。

9. 严谨型

严谨型性格的人注重细节的精确，愿意在工作过程的各个环节中，按照一套规则、步骤将工作过程做得尽善尽美，工作严格、努力、自觉、认真，保证质量。

在现实生活中，大多数人都兼有多种性格类型，但有的性格类型会占主导地位，同学们在选择职业的过程中，应该注重分析自己的性格类型，也可以求助心理辅导、职业指导老师，通过职业倾向测评深入了解自己。

职业性格并非天生，它是人在与职业环境相互作用的过程中逐渐形成并相对固定下来的个性品质。同学们在学校学习期间,应该树立正确的职业观,积极地探索符合自己职业发展的性格特征,调适那些与职业要求不一致的性格特征,最终使自己的性格特征与职业要求达到高度的统一,促进个人事业的发展。

三、提高个人的职业能力

1. 能力和职业能力

能力是直接影响人们活动效率、保证人们顺利完成某种活动所必需的个性心理特征。将能力按照不同的标准进行分类,一般可以分为一般能力和特殊能力,模仿能力和创造能力,优势能力和非优势能力等等。

职业能力是在职业活动和学习活动中发展起来的,它直接影响着人的职业活动效率,职业能力与职业兴趣和职业性格有一定的关系,从事同一职业的人们,在其他条件相同的情况下,如果其职业兴趣、职业性格不同,那么,他们的职业能力也会出现差别。

2. 职业能力的形成

每个人的职业能力的形成都需要经历一个从无到有、由弱变强的过程。各种职业均要求从业人员接受相当的基础教育和职业教育培训,并且达到某一种职业所必备的水平。同学们进入学校学习以后,应该自觉地了解自己所学专业对应的职业群中有哪些岗位适合你,这些岗位对你的职业能力有哪些具体的要求,应该取得哪些专业资格等。对专业有一个全面的认识,自己几年的校园生活就有了明确的目标,通过加强职业培训和专业技能学习,逐步提高自己的职业能力,使自己的能力符合职业的要求。

值得一提的是,每个人都蕴藏着潜能,如果同学们能够有意识地提高和拓宽自己的职业兴趣,加强自信心,大胆地尝试一些自己不在行或者未曾做过的,但又有益于专业发展的事情,很可能挖掘出自身的潜能,拓宽自己的职业适应范围,促进个人职业生涯的发展。

第四节　创业以及创业品质的培养

[案例分析] 贫苦家庭走出来的总经理

1. 背景资料:

对于从小就喜欢东摸西捣尤其喜欢摆弄电器的欧可辉来说,进入技工学校学习无异于如鱼得水。看着实验室里的电视机故障模拟实验板,他可以一声不哼呆呆地看上大半天;做实验时,他不放过任何一个疑问,直到完全理解;下课后,他经常拉着老师虚心求教;休息日,他拿着心爱的电烙铁在电子世界里遨游。

欧可辉深知知识是成功的基础,而知识只有通过努力才能获取。在校期间,他灵活运用所学到的理论知识,结合自己的实践经验,自行设计出"防盗电无功耗电度表"。此表除可防范各式各样的偷电手法外,难能可贵的是本身不需耗费任何电能。专业老师对这项发明给予了高度的评价,同学们也赠予了他"小鲁班"的美称。

两年的学校生涯,欧可辉就像干涸的海绵一样拼命汲取着水分。多年后,回顾自己的求学历程,欧可辉仍感触良多,他充满深情地说:"大学是我生命中重要的转折点,在那里,我打下了坚实的基础,为我后来事业的发展积蓄了无穷的能量。没有学校的培养,就没有我今天的事业！”

毕业以后，欧可辉以优异的成绩被推荐到深圳市华发电子公司工作。当时的华发公司可谓人才济济，但欧可辉对自己充满了信心，他不耻下问虚心向工人师傅讨教，凭着他的全身心投入和在大学掌握的扎实理论及操作技能，使他很快就崭露头角，短短几个月的时间便一跃成为公司里数一数二的技术骨干，维修水平明显超过了公司里原有的大、中专毕业的老牌技师。

4 年后的一天，欧可辉怀揣四年打工的全部积蓄 8,000 元钱，在领导挽留、同事惋惜之中义无反顾地离开了华发公司，和两个同学一起成立了深圳飞黄有限公司，走上了自我创业的艰辛之路。

经过一段时间的磨合，公司并没有什么起色。面对眼前的危机和创业的艰辛，面对旁人的冷嘲热讽，两位合作伙伴实在熬不下去了，一合计，干脆又吃了“回头草”。面对伙伴的反悔，欧可辉并没有过多的责难，他东挪西凑毅然决然地买下了伙伴的股份。他只知道，自己已经孤注一掷没有退路了，只有破釜沉舟才有可能在激烈的市场竞争中杀出一条血路！

“人要像石灰一样，别人越是泼冷水，自己越是热气沸腾”，这是欧可辉的座右铭。

在艰苦的创业中，欧可辉从没有放弃过研发新的产品。他发明的“散热器熔铸方法”打破了传统的工艺手法，不用模具而只采用自己制作的组合式工装，造出来的散热器耗散功率成倍增加且大大降低了成本；他发明的“变频调速自动控制器”，科技含量颇高且有着广阔市场前景，这个产品使飞黄公司在首届中国国际高新技术成果交易会上一炮打响，一举夺得了多个奖项（其中包括法国 ATN 高科技产品将项）。

2. 案例分析：

欧可辉同学是千千万万个职业院校毕业生中的一个，他雄心勃勃，他有许多梦想：他想凭借自己的调速器专利和船艇知识建造喷射式变频调速豪华快艇；他想让自己亲手设计制造的电动小车驰骋在世界各地；他想凭借自己已获取的国家金奖专利——散热器熔铸技术，向精铸业进军，再拓一片新天地；他想将自己发明的自动激光对焦电子显微镜推向市场，造福人类！他还想……

欧可辉同学用他的行动告诉了我们这样的道理：不干，不会遭遇失败，但永远不会取得成功！

〔心理常识〕

一、创业应具备的条件

创业者进入创业实践前要经历一个精神力量和物质力量的集聚过程。它为日后的创业实践奠定思想和物质基础，也是创业前的“模拟”演练。创业者具备一定的条件，对事业的成败起着决定性作用。

（一）自身素质及技能

同学们毕业以后，可以选择继续升学深造，但大多数的人会选择就业，工作三年五年以后，不少人也许就开始打算实现自主创业。要实现自主创业，从现在开始就应该做好心理准备，积极地储备知识，练就过硬的技能，塑造一个具有创新品质的人格。拥有一家企业做老板是许多同学的理想,如今这样的理想并不难实现,主要取决于你的素质以及你的个人愿望。有了愿望就应培养自己的素质,靠素质取胜是根本的途径。这些基本素质和技能包括:

●敏锐的观察力
●丰富的想像力
●独特的判断力
●广泛的兴趣和好奇心
●大胆的创新能力
●一定的心理承受能力
●较强的组织管理能力
●良好的人际交往能力
●良好的专业技能

现代化企业的老板首先必须是个出色的人,具有一些必备的人格特征,比如说正直、仁慈、温和、坚定、耐心、心胸宽阔并善于接纳别人,等等。这些基本素质也是我们的立身之本。同学们如能拥有这些素质,实际上你已经可以尝试做个小企业的老板了,你可以大胆地去筹资、立项、找场地、组织人员等。经过点点滴滴的实践活动以及经验积累,你就能够成长为一个真正的老板。不过千万别忘了,良好的身体素质是每一个人的基本素质,做老板也要先做人。

二、创业的物质基础

筹集创业资金一般有两个渠道:一是创业的资本金,二是银行贷款金。专家们还建议可以采用合伙创业、家庭创业等形式,或从低成本的虚拟店铺开始入手。

三、了解创业的法规政策

(一)创办企业的相关法律

主要有《中华人民共和国公司法》、《中华人民共和国公司登记管理条例》、《中华人民共和国企业法人登记管理条例》和《中华人民共和国私营企业暂行条例》等法律、法规和规章。其中还包括注册资金的最低限额限制。

(二)优惠政策

为鼓励毕业生创业,国家出台一系列优惠政策,如免费风险评估、开展创业指导培训、担保贷款筹资等。各级政府也成立了"促进就业基金",愿意为毕业生创业提供担保。此外,个体经营也可以享受不少的实惠。目前,我国正在逐步建立有效的导向机制和激励机制,促进大学生毕业以后自主创业。

四、寻找创业途径

初步预选好一个项目之后,必须对所选的项目进行深入、细致、认真的市场调查,以确定是否选择该项目进行投资开发。要全面了解其可行性、风险的大小及前景,还需要进行周密的市场调查,比如,创业项目的市场需求调查,长远项目的购买力与供应量关系调查,创业的竞争对手经营状况的调查等。在此基础上,从技术和经济角度对所选项目进行评估、测算,最后确定切实可行的创业项目。

在市场调研基础上，对所欲创业的产品进行市场预测。市场预测的主要内容包括：市场需求预测、消费品购买力及其投向预测、市场商品价格变动趋势预测、商品市场寿命周期预测、市场占有率预测、营销发展趋势预测、产品所需资源预测、产品出口与国际市场竞争力预测等等。

在分析自身条件和了解创业机会的基础上，创业者可以对创业项目做初步的选择，即选择创业的切入点。创业者首先要对现阶段国家政策进行认真的学习，深刻的领会，明确哪些行业是鼓励发展的，哪些是加以限制的。选项一定要有发展前景，绝不能因利益驱动的短期行为而贻误远大前程。其次应从有助于自己熟悉的社会经济热点入手。再次，从传统市场中找一块适合自己生长发展的空间，也有助于成功的创业。

还有非常重要的一个环节，就是撰写一份高品质创业计划书，包括以下基本内容：

1. 计划概要

这部分主要说明资金需求的目的，并摘要说明整份计划书的重点，目的是为吸引投资者进一步的评估的兴趣（一般不超过 2 页纸），主要内容为：公司名称与经营团队介绍；产品介绍与市场前景；经营构思与策略；申请融资的金额、形式、股权比例、价格及时机；资金需求的时机与运用方式；总计划成本与预算资本额；整份计划书的重点摘要；投资者可望获得的投资报酬、变现方式及期限。

2. 简介

公司成立时间、形式与创办者；公司股东结构，包括股东背景资料、股权结构；公司发展简史；公司业务范围；公司的未来策略。

3. 组织与管理

经营管理需要学历与经历的背景资料、专长与经营理念；说明拥有的成功经营经验与组织管理能力；企业的组织结构，以及未来组织结构的可能演变（图表）；人力资源发展计划，包括各职能部门人才需求计划、公司薪资结构、员工分红与认股权利、招募和培训人才的计划等。

4. 广告与专业

专业环境与发展历史；产品发展阶段（包括创意、原型、设计、产量）、开发过程是否已有专利；产品的功能、特性、附加价值，以及具有的竞争优势；公司产品与其他竞争产品的优劣比较。

5. 市场分析

明确界定产品的目标市场，包括销售对象与销售区域；过去、现在以及未来的市场需求与市场成长潜力；过去、现在以及未来的市场价格发展趋势；说明现在以及未来的公司销售量、市场成长情形、市场占有率变化情形，主要目标市场的顾客特征，其接受公司产品的事实证据，以及该产品对顾客的具体利益与价值；说明市场上的主要竞争者，包括竞争者的市场占有率、销售量、排名，彼此的优劣势与业绩以及对应的竞争策略（包括价格、品质和创新等）。若尚无竞争者，则分析未来可能的发展与竞争者出现的几率；说明其他替代性产品的情形，以及未来因新技术发明而威胁到现有产品的可能性与后果，并提出相应对策。

6. 营销计划

说明现在与未来五年的营销策略，包括销售与促销的方式、销售网络的分布、产品定价策略、不同销售量水平下的定价方法以及售后服务；说明销售计划与广告的各项成本。

7. 技术与研究发展

说明产品研究和开发与生产所需的技术来源，以及技术与生产团队的专长与特点；说明技术特性与应用此技术所开发出来的产品，技术研究所具有的竞争优势与利益，以及技术未来的发展趋势；说明企业的技术发展战略，包括短、中期计划，技术部门的资源管理方式以及持续保持优势的策略；说明未来研究发展计划，包括研究方向、资金需求与预期成果。

8. 财务会计与投资报酬分析

提供融资后五年至七年的财务预估，说明每一项财务预估的基本假设与会计方法。

9. 风险评估

列出可能的风险因素，并估计其严重性和发生的几率，同时提出解决方法。从事风险分析是为确认投资计划伴随的风险，并以数据方式衡量风险对投资计划的影响，目的是向投资者说明风险的应对策略。

10. 结论

此部分综合前面的分析与计划，说明企业整体竞争优势，并指出整个创业计划的根本利益所在，尤其强调投资项目可预期的远大市场前景，以及对于投资者可能产出的显著回报。

11. 证明资料

附上能够说明前述各项计划的资料证明，附上详细的制造流程与技术方面资料；附上各种参考佐证资料；附上创业者详细经历与自传。

五、企业建立程序

（一）注册企业

注册企业，创业者创办的企业要具有法人资格，必须进行企业法人登记注册。注册包括企业法人名称、住所、经营场所、法定代表人、经济性质、经营范围、经营方式、注册资金、从业人数、经营期限和分支机构等。

1. 确定企业法人名称

2. 确定经济性质（选择公司的法律形式）

3. 经营范围

（二）招聘人才

（三）购置物品

（四）实施筹建

生意人人会做，各有妙处不同。自主创业靠的是观念和技能，而不是靠资源；做老板真的并不难，只要你家里人给你几万块钱，你就可以当个小老板；然而，自主创业是需要脚踏实地经营，必须让本金不断地增值，才能创造出价值。

“垃圾大王”L的成功之道，也许能给大家一些启示。

L是一所技工学校的学生，毕业后在一家工厂里打工，工厂的经济效益不太好，工资往往不能按时发放。经过一年的思考和市场调查，L决定从事收购垃圾的工作，他用自己打工挣来的钱买了一辆三轮车收购垃圾。一年以后，他筹集资金买了一辆大货车，每月收购垃圾近千吨，成为一个名副其实的“垃圾大王”。他是老板，但没有一个固定的帮工，搬搬抬抬的事情大都是自己一个人完成的。不少人对他从事这么一种不太体面的工作感到不理解，但他真诚地告诉大家:“我实在没有什么特长,学习上更没有优势,家里经济也不好。收购垃圾,名声不好听,但能自食其力,不需要大本钱,慢慢积累了资金后,我就可以开一家公司了。”

在L的身上,我们似乎看不到什么新意。其实不然,自主创业并不是什么心血来潮、或者讲究体面的事情。创业应该从小企业起步。应该选择那些投资小、见效比较快的项目,并且符合个人的实际。能够认清自我,各取其趣、各得其所、各得其乐,这就是创业。弄清楚自己的志趣所在,树立起具体可行的目标,就不断地、执著地去追求。不管是干哪一行哪一业,只要干好了,精益求精,都会取得成就,都能够创造财富,虽然看起来起点低,规模也不大,甚至被别人看不起,但实际上可能就是一条创业捷径。

第五节 职业生涯设计

[案例分析] 人生需要职业生涯设计

1. 案例背景:

某大学小吴,临近毕业的时候,认真聆听了老师的讲座,了解了职业和职业生涯设计的内涵,希望给自己制订一个具体可行的职业生涯计划。他前来咨询,希望得到具体的指导。小吴的专业是电子技术,但他本人对专业的认识不足,没有潜心学习专业技能,他很喜欢与人交往,在校期间,积极参加各类活动,还多次组织班级的同学参加校际比赛。

2. 辅导经过:

经过职业素质测评,小吴的兴趣和特长属于高人际型,经过交谈,老师发现小吴倾向选择营销方面的工作。但是他的家人却认为,营销工作不是技能型工作,比较辛苦,不稳定。为此,小吴感到有些不知所措。经过深入的交流,老师给小吴提出以下建议:

(1) 在老师的帮助和指导下,进行个人职业定位,制订岗位、待遇、技术发展等方面的具体目标。小吴的兴趣和特长属于高人际型,可以选择他自己喜爱的营销工作。

(2) 与家人沟通、商讨,争取得到家人的支持和理解。

(3) 根据自身的情况,确立自己的职业目标,包括岗位、待遇、技术情况、社会效应、家庭目标等等,确立职业发展时期的具体目标:职业前期(21~26岁):经过奋斗,成为电脑销售方面的能手。

立业期(26~35岁):考取高级营销员证书,成为一名销售总监。

中期(35~50岁):尝试开发经营自己的企业,以电子产品为主要方向。

后期(50~60岁):主要从事人才培养,企业策划等工作。

3. 辅导效果评价:

接受辅导之前,小吴很害怕踏入社会,主要是很迷茫,不知道自己可以做什么工作,接受辅导以后,他的思路很明确,信心得到了极大的提高。

〔心理常识〕

一、职业生涯设计的意义

生涯?同学们,生涯是什么?生涯就是生命的历程,职业生涯就是我们职业发展的整体

"路线图"。进行职业生涯设计,就是充分挖掘我们自身的力量和潜能,制订好我们长期发展的目标,以及实现目标的步骤和具体活动的规划。

我们不难明白这样一个道理,进行职业生涯设计就是进行人生策划。因为我们人生中的大部分时间都是在自己辛勤工作的岗位上度过的,我们的社会价值需要通过职业加以实现。在我们身边,有很多人都是在平凡的岗位上印证了自己辛勤耕耘、默默奉献的价值观。

"凡事预则立,不预则废。"如果人生没有目标、没有进行合理的规划,可想而知,这种人生将会一无所获。

相信大家都是怀揣着"尽快掌握一技之长,成为一名高技能人才"这样的梦想来到中职学校读书的。然而,如何选择专业?如何确立奋斗目标呢?这是我们必须面对的问题。

有一些同学凭着道听途说获得的信息选择自己的专业,没有明确的目标,也不能正确地认识自己的能力和自身条件,无法确定自己的兴趣方向,往往进入学校以后,发现自己根本无法适应专业学习。有的同学学习就像蜻蜓点水,什么都会一点,可是临毕业时却觉得自己处于一知半解的状态,并不知道自己应该去寻找什么样的工作,感觉很迷茫,只好随便找一份工作,可是很快就会感到厌烦,然后再去寻找另一份工作,当新的工作无法满足要求的时候,再次择业的问题又摆到了面前。这样频繁地更换工作。浪费了大量宝贵的时间和精力。

同学们正处青春年华,正是进行职业生涯设计的大好时机。

二、职业生涯设计的步骤

(一)全面了解职业和职业生涯设计的内涵

1. 同学们要全面了解职业类型与要求,职业类型包括职业的性质、工作的环境、工作的方式、福利待遇、管理的风格、劳动的强度等。职业要求就是职业对劳动者的文化水平、能力倾向、特殊技术、个性特征等因素的要求。

2. 全面了解社会的需求,即了解社会对新增劳动力的需求量,慎重地对待自己的职业,明白职业的内涵,及时纠正错误的职业观念,理顺社会需求与个人择业需求之间的矛盾。

职业是个人谋生的手段,也是个人实现人生价值、为社会作出贡献的根本途径,职业没有贵贱之分。作家罗兰在《罗兰小语》一书中曾经说过:"一个人要觉得自己有用,才会快乐。无论所做的是哪一行,只要对别人有贡献,对社会有好处,就会觉得自己有价值。"

实际上,同学们在学校里学习三年或者五年,除了学习理论和专业知识以外,还应该积极地参与各种集体活动,提高个人的综合素质。另外,还应该积极参与社会实践,把社会实践能力作为考核自己专业技能的标准之一,认识社会、摆正自己在社会中的地位,树立"人人为我,我为人人"的社会服务观念。

3. 要用发展的眼光看待自己的职业生涯。

职业生涯设计一经确立,就具有很强的指导意义,但是职业生涯设计又是一个需要不断地发展、修正的过程。我们处于一个提倡人才合理流动的时代,加上重要资源、企业目标、工作规则、个人年龄等方面因素的变化,每个人一生中都有可能多次变动自己的职业。如果学会用发展的眼光看待自己的职业生涯,学会职业生涯设计,同学们将会受益无穷。

(二)全面地了解自己,合理地进行职业生涯设计

这是职业生涯设计的重要内容,需要做以下几个方面的工作:

1. 认清自身的条件

我们知道，影响一个人职业选择的因素很多，也很复杂，但是个人的自身条件是非常重要的因素，这些自身条件包括生理、身体特征和心理素质等。身体方面主要包括身高、体重、身材、力量、耐力、视力、健康状况等。对心理素质的要求则指一个人的能力倾向、专业兴趣、专业特点、专业适应的范围、本人的个性特征以及所持的职业的价值观等。这些因素将直接地、长久地影响着个人的职业发展，因此，同学们需要认识这些因素。

一般来说，我们可以通过职业倾向评定等办法深入而全面地了解自己。这方面的评定办法很多，我们应该选择符合自己职业选择特点的办法，可以选用职业指导书籍上的办法。

2. 树立职业理想，设立职业目标

实际上，大家实现就业并不困难，困难的是我们很难给自己的职业准确的定位。不少人理想中的职业与社会现实往往存在很大的差距，造成有的人就业遭受挫折以后，出现悲观失望、不思进取、自暴自弃、自卑、焦虑、抑郁等心理，甚至出现情绪失控现象。为什么会出现这种情形呢？主要的原因就是缺乏坚定的职业理想，无法正视理想与现实之间的矛盾。

一般来说，从事自己感兴趣的职业活动以及从事自己理想职业时，可以激发强烈的进取精神和创造热情，可以全身心地投入工作而心甘情愿，一般不会因为遭受挫折而轻易放弃自己的理想，也不会感到悲观失望。因此，树立远大的职业理想显得非常重要。

以“案例分析”中的小吴为例，他进行职业生涯设计的时候，遇到过这样的难题：他的专业是电子技术，他的兴趣和特长却在营销方面。经过充分讨论和分析，小吴把自己的职业目标设定为：从事营销类工作。

除了分析自己的职业兴趣、职业性格和职业能力以外，小吴填写了一个“生涯选择平衡单”。

生 涯 选 择 平 衡 单(原始分数)

姓名：　　　　填写日期：

考 虑 选 项	1. 电子技术工作		2. 市场营销工作		3. 管理类工作	
	得(+)	失(-)	得(+)	失(-)	得(+)	失(-)
1. 适合个人兴趣		-1	5		5	
2. 适合个人性格		-1	5		5	
3. 符合个人能力		-2	4	-1	2	-3
4. 符合个人价值观	3		3	-2	3	-2
5. 环境阻力		-1	2	-3	1	-4
合计	3	-5	19	-5	16	-9
总分		-2	14		7	

小吴客观地依照适合自己的兴趣、性格、能力、价值观、实现职业的环境阻力等，认为适合自己的用 0～5 的正值，程度越高，分数值越高，认为不适合自己的用 -5～0 的负值，程度越高，分数值就越小。

考虑的选项也是根据实际情况和需要变化。但这个平衡单还只是一个原始分数统计，需要做一些修正，因为每个考虑选项的重要程度并不一样，小吴特别看重职业兴趣，他渴望从事自己感兴趣的工作，因此他需要加大这个选项在总分中的比例，他根据选项的重要程度进行加权，重要性越强，系数就越大。下面就是小吴加权后的生涯平衡单。

加权后的生涯选择平衡单

姓名：　　　　填写日期：

考虑选项（加权范围1～5倍）	1. 电子技术工作		2. 市场营销工作		3. 管理类工作	
	得（+）	失（-）	得（+）	失（-）	得（+）	失（-）
1. 适合个人兴趣（×5）		-5	25		25	
2. 适合个人性格（×3）		-3	15		15	
3. 符合个人能力（×3）		-6	12	-3	6	-9
4. 符合个人价值观（×3）	9		9	-6	9	-6
5. 环境阻力（×2）		-2	4	-6	2	-8
合计	9	-16	65	-15	57	-23
总分	-7		50		34	

通过加权后的平衡单，我们可以看到最适合小吴的选择是：市场营销工作。

3. 制订职业行动计划。

做出了选择，确立了未来奋斗的目标，接下来就应该制订具体的行动计划了。制订行动计划的步骤主要有：

- 了解实现目标需要考虑哪些因素。
- 搜集有关的资料和信息。
- 做出行动决定。
- 制订执行的时间表。
- 确定整个行动计划方案。

以上步骤同学们可以参考本章的“案例分析”。

4. 修正生涯设计方案

做出决定以后，可能会出现一些新的情况，需要根据实际情况进行及时的修正。有的同学可能认为：“计划不如变化快，船到桥头自然直，有必要这么早做职业生涯设计吗？”

职业生涯设计是一种人生计划，通过认真的设计，你的选择能力将会大大地提高，随着人生经验的积累，你的设计也将会朝着科学的方向发展。

第六节　心理辅导训练

［案例分析］吃苦耐劳也是一种竞争优势

1. 背景资料：

小英出生在一个不幸的家庭，父母、弟弟长年有病，家里惟一的收入是父母靠微薄的力量在田地里耕作换来极少的经济收入，这些收入难于支撑整个家庭的生活，但由于小英特别渴望上学，她的父母就向亲戚朋友们借钱供小英到某技工学校读书，这对自尊心很强的小英来说不是件轻松的事，她心想："我已经长大，有手有脚能吃苦，我不能总依靠别人，我能自食其力。"

为了能够自食其力，顺利完成学业，小英参加了学校组织的勤工俭学活动，课余时间她到外面做一些勤杂工，解决自己的伙食费。每年寒暑假她到职业介绍所报名，从事家政工作，这些工作很艰苦，但可以解决小英一部分学费。当同学们节假日闲聊、玩耍、逛街购物时，小英却在不停地忙碌着；当同学们假日回家与亲人们团聚时，小英留在广州做临时工。一切的苦和累对她而言都算不了什么，因为，她从小已经吃惯了苦，她热爱劳动。劳动创造价值，劳动创造了美。小英曾经说过："说实话，我也羡慕有的同学能够有个好家庭，但我更庆幸我的家庭打造了我顽强的生命力，我要用自己的奋斗改变家庭的境况，我决不向命运低头。"

是啊，"不经历风雨，怎么能见彩虹？"从这个方面来分析，从小懂得生活的艰辛，从小承担家庭责任的人，就容易养成勤劳、节俭、勤奋的好品质。这些人能够在学习上勤奋进取，在集体劳动中积极肯干，在家里分担父母的劳动，在工作岗位上也能够任劳任怨。贫穷就是一种磨砺，"穷则思变"，"节俭朴素，人之美德；奢侈华丽，人之大恶。"

小英在校求学三年。三年来，她做过饭堂勤杂工，做过某公司产品促销员，做过工厂流水线上的插线工人、做过家政人员等，一切都需要付出辛勤的汗水，付出的汗水换来她三年来的学习费用以及生活费用，换来她不怕苦、不怕累的良好品质。三年来，她学习勤奋、工作努力。毕业面试时，用人单位特别青睐这位能吃苦、肯奋斗、不服输的女孩，当即录用了她。

刚刚接手工作，小英遭遇了很多困难，但由于她是一个不怕吃苦、勤奋好学、奋斗不息的女孩，她对自己的未来充满信心："我觉得吃苦耐劳也是一种竞争优势，现在的苦和累算不了什么，最重要的是，我能够通过自己的努力改变生活。"

2. 案例分析：

吃苦耐劳是一种优良品质，也是一种竞争优势，勇于磨炼自己也是企业需要的人才品质之一。同学们文凭不高，能力不强，更应该学会面对现实，敢于吃苦，从低层工作做起。工作不在于贵贱，只要合适自己，能够胜任本职工作，就是最理想的选择。小事情、小人物，往往能成就大事业。小英虽然能力不算强，但我们有理由相信，她一定能成就自己的事业。因为，成功者并非很聪明、很能干的人，但必须是做事情很努力的人。

[心理辅导训练]

一、职业心理测试：你是个有责任心的人吗？

下面是以问答题形式测试你的责任感。每题有三个选择：是，不确定，不是。

1. 你是否具有过强的自信心？
2. 你是否上课不迟到，不早退？
3. 你容易被同学信赖吗？
4. 你总是以严肃、负责的态度对待生活吗？
5. 你是否从不食言？
6. 你有给人回信的习惯吗？

7. 你认为自己是守信用的吗?

8. 当早晨需要准时起床到校上课,你上闹钟吗?

9. 你是否奉行这样的准则:先苦后乐?

10. 你从不随手扔纸屑果皮吗?

11. 你每天是否早晚两次刷牙?

12. 如果你在街上拣到一件值钱的东西,你能否上缴或寻找失主?

13. 你是否觉得,为自己生活消费的事精打细算毫无意义?

14. 你信守"只有自己感兴趣的事才做得好"的格言吗?

15. 你是否喜欢放任自己的生活呢?

16. 你习惯于事情到非做不可的地步才去做吗?

17. 你是否有这样的思想:任何事均听天由命?

18. 你觉得万事开头难,就尽量捡容易的做吗?

19. 你是否难于做那些需要持久集中注意力的事情?

20. 你是否常常丢三落四?

21. 总的说,你是一个不爱动脑筋的人吗?

22. 你对写文章投稿从不问津吗?

23. 你被认为是一个不容易相处的学生吗?

24. 在学习时你是否经常草率粗心?

25. 你对未来是否不太关心呢?

26. 你是否赞成"多一事不如少一事"的信条?

27. 偶尔你也旷课逃学吗?

28. 你不太关心班级的卫生值日表吗?

29. 你对自己的身体情况不太注意吗?

30. 你是否有时找借口设法推卸责任呢?

计分标准:

1~12 题,肯定回答得 1 分,否定回答不得分,无法确定的得 0.5 分,13~30 题,肯定回答不得分,否定回答得 1 分,无法确定的不得分。

分析评价标准:

得分 15 分以上的,属于认真谨慎,稳重可靠,责任心强,甚至可能有点强制性;得分 15 分以下的,属于平时随随便便,漫不经心,不拘礼节,毁约失信,难以预测,多少缺乏社会责任感、义务感。

怎么样?对你的测试结果满意吗?如果结果表明你是一个不负责任的人,那么从今天开始,你可要培养自己的责任感了。怎样才能培养自己的责任感呢?第一,当学生干部、参加义工活动都是培养责任感的很好的途径;第二,我们认为学生按时完成作业、学好每一科的理论知识和技能,就是对自己的未来,对社会负责任的体现,否则,就是一个没有责任感的人,一个对自己都不负责任的人,我们还敢期望他对工作负责吗?

二、求职面试技巧辅导训练

[辅导目的]

1. 通过辅导,帮助同学们掌握求职面试技巧。

2. 提高同学们的求职应对能力。

[辅导方法]

1. 团体辅导

2. 小组讨论法

3. 个别心理辅导

[辅导过程设计]

1. 导入课题

有的同学认为求职面试的时候,要充分表现自己的优点,尽可能地吹捧自己;有的同学认为招聘人员只注重一个人的外表,并不看重实际能力,所以一切表现都是徒劳的;有的同学可能认为求职根本上说就是碰运气等等,求职准备并没有多大的作用。实际上这些观点是极其错误的。今天我们一起探讨求职面试的技巧问题。

2. 讨论分析

(1)你有什么求职优势?

(2)你需要做哪些准备工作?

(3)我们进行一次模拟的求职面试活动。请每位学生参与模拟面试,并且准备个人求职资料。

(4)请大家注意以下问题:

●你的衣着、仪容是否整洁?

●你的行为、举止、口语是否得体?

●你的态度是否诚恳?

●你是否表现得轻松自然、自信沉着?

●回答问题时,是否切合主题,逻辑思维清晰?

●考官对你的话是否感兴趣?

3. 模拟求职面试活动

(1)分组进行准备。设计好场景,选择好模拟公司以及招聘人员,设计求职应聘者评价项目和各项目得分的分值标准,总分10分。

(2)由辅导老师以及“招聘人员”,向每一位“求职者”提问。

(3)招聘人员提问范围:

●请你做个自我介绍吧。

●请你谈一谈,你的主要缺点是什么?

●你认为自己能否胜任这项工作?

●你觉得自己在学校里最大的收获是什么?

●你希望多长时间得到公司的提升?

●你希望在这里工作多长时间?

●你觉得自己与其他的应聘者有什么不同之处?

●你对本公司有什么要求?

●这个工作为什么吸引你?

●你做过哪些工作(兼职)?

●我们公司规模不算大,你为什么不到大公司去面试呢?

●你希望自己每月工资是多少?

●如果你对上司不满,通常情况下你会怎样做?

●你对本公司有哪些了解?

●你通过了哪些专业技术考试?

4. 进行岗位竞争:事先拟定好可供同学们竞争的岗位,比如业务员、业务经理、人事主管等,每位参加竞争者需要做一分钟竞岗演说。

5. 教师总结模拟面试的基本情况。

三、职业生涯设计辅导:“我的一生该这样度过”

(可以设计为一次主题班会,大约 90 分钟)

[辅导目的]

1. 引导同学们合理认知职业生涯设计。

2. 帮助同学们进行职业生涯设计。

[辅导方法]

1. 讨论分析法

2. 个别心理辅导

[辅导过程设计]

1. 请同学们认真阅读三遍加拿大幽默大师史蒂芬·利柯库的话:

“人生的进程实在很奇妙,孩童时常说:如果,我长大了,要如何、如何……;到了少年期则说:如果我会赚钱的话,要如何、如何……;成年之后又说:我结婚以后要如何、如何……结婚以后呢?只有再延续下去,等我退休以后……他终于退休了。当他回顾过去时,只觉得一片朦朦胧胧,像冷风吹过,犹如轻烟弥漫一般,根本看不到他当初所界定的东西,待他领悟人生其实就是当日当时的生活连续的时候,他距离永远地离开这个世界的日子已经为期不远了。”

2. 请同学们思考 5 分钟,写一份以“我的一生该这样度过”为主题的演讲提纲或者打一个腹稿。

3. 请一些志愿者登台演讲,每人演讲所用时间控制在 3 分钟以内。

4. 如果你不愿演讲,就请你把你的想法牢牢地记在心里。以此告诫自己,鼓励自己,别停止你的奋斗。

[辅导建议]

1. 向同学们提供实际例子,用榜样的力量激励同学们树立职业理想。

2. 建议请优秀毕业生做嘉宾,请他们介绍自己的职业规划。

四、创新能力检测

[辅导目的] 帮助同学们认识创新能力的重要性，培养创新意识。

[辅导方法]

1. 活动法
2. 讨论法
3. 作品展示法

[辅导过程]

1. 设计方案：以“我的职业理想”为主题设计一份活动方案，具体方案的表现形式可以灵活多样，比如演讲、舞蹈、歌曲、诗歌、小品、辩论等。既可以采用单一形式，也可以是综合表现形式。

2. 分组讨论：以小组为单位，选出小组设计比较好的活动方案，大家给予补充之后，选出2个最能代表本组水平的活动方案。

3. 参加竞标：以小组为单位参加全班或者全年级最佳设计方案竞标，在竞标中各组需要派出代表论述本组方案的合理性、有效性和创新点。

4. 选出最佳方案：以最佳方案为基础，吸取其他方案的创新点，由活动的领导小组（包括班主任、心理辅导师、职业指导师、各小组代表等）确立本次主题活动的实施计划。计划包括：本次主题活动的内容、场地布置、经费来源和使用、卫生和安全、来宾接待、人员分工等。

5. 筹备和实施：每个同学根据自己的特长，申请完成计划中的某一项任务，活动领导小组确定项目执行人。按照计划开展主题活动，活动的领导小组留意并记录每个人在活动中执行任务的表现。

6. 评价每个人的能力：每个人需要用文字总结自己参加活动的心得体会以及完成任务的效果。

7. 展示作品：用小组交流、全班演讲、墙报或者其他形式展示每位同学的总结。

8. 进行表彰：活动的领导小组对本次活动进行全面总结，表彰在活动中表现突出的小组和个人。

[辅导建议]

1. 如果让不同专业同学在一起交流，可以取得更多的启示。
2. 整个活动需要心理辅导老师或者班主任细致的指导。

参考书目

1. 郑日昌、伍新春主编:《职业技术教育心理学》,北京师范大学出版社,1999 年 5 月
2. 汤家彦主编:《现代管理心理学》,电子科技大学出版社,1999 年 9 月
3. 刘红松主编:《军人心理学》,国防大学出版社,2000 年 7 月
4. 冯江平、安莉娟:《青年心理学导论》,高等教育出版社,2004 年 11 月
5. 汪海燕:《高职高专学生心理健康指导》, 高等教育出版社,2005 年 12 月
6. 张小乔主编:《心理咨询的理论与操作》,中国人民大学出版社,1998 年
7. 张春兴著:《现代心理学》,上海人民出版社,2001 年
8. 汪艳丽 朱桂琴 王良云主编:《心雨》, 地震出版社,2002 年
9. 邢邦志主编:《心理素质的养成与训练》,复旦大学出版社,2002 年
10. 张梅主编:《心理训练》,华中科技大学出版社,1999 年
12. 郑日昌主编:《大学心理辅导》,2001 年
12.《青春期心理测试与辅导》,中国时代经济出版社,2002 年 8 月
13. ——夏洛尔:《EQ 自测》,中国城市出版社,2002 年

参考书目

读者反馈意见

亲爱的读者：

感谢您对《学生心理健康教育》的学习支持和热爱，为了今后为您提供更优秀的服务，请您抽出宝贵的时间来填写下面意见反馈表，以便我们更好地对本教材做进一步的改进，同时如果您在使用本教材的过程中遇到了什么问题，或者有什么好的建议，也请您来信、来电告诉我们。

地址：北京市丰台区科学城南极星大厦108室

电话：010－83795649/83794403

电子邮箱：caikai6223@263.net　QQ：649319527　QQ：1694299827

网址：WWW.KFHWH.CN

教材名称：《学生心理健康教育》

个人资料：

姓名：________ 年龄：________ 所在院校/专业________

文化程度：________ 通讯地址：________

联系电话：________ 电子信箱：________

您使用本书是作为：□指定教材、□选用教材、□辅导教材

您对封面设计的满意度：

□很满意、□满意、□一般、□不满意　改进建议________

您对本书印刷质量的满意度：

□很满意、□满意、□一般、□不满意　改进建议________

您对本书的总体满意度：

从语言质量角度看：□很满意、□满意、□一般、□不满意

从科技含量角度看：□很满意、□满意、□一般、□不满意

本书最令您满意的是：

□指导明确、□内容充实、□讲解详尽、□实例丰富

您认为本书在哪些地方应进行修改？（可附页）

____

____

您希望本书在哪些方面需进行改进？（可附页）

____

____